JN025494

世界文化シリーズ 7

Russia

ロシア文化55のキーワード

沼野充義／沼野恭子／平松潤奈／乗松亨平 編著

ミネルヴァ書房

まえがき

ロシアに対する日本人一般の好感度はあまり高くない。俗に「おそロシア」という言葉があるように（本書の編者としてはこんな表現は広めたくないのだが）、「なんとなく怖い国」というイメージが先行して、この国に関する具体的な知識が伴っていないのが現状のようである。日本の内閣府が二〇一九年に行った世論調査によれば、日本人のうちロシアに親しみを感じる者は二〇・八％にとどまるのに対して、親しみを感じない者が七六・二％にものぼる。一方、アメリカに親しみを感じる者は七八・七％、感じない者は一九・一％なので、対ロシア感情をちょうどひっくり返した関係にあることが分かる。

それでは、ロシア人は日本に対してどんな感情を持っているのだろうか？　ロシアの非国営社会調査機関として信頼されているレヴァダ・センターが二〇一八年に行った世論調査の結果を見ると、「日本についてどう思いますか」という問いに対して、「よく思っている」が六一％（内訳は「とてもよい」一〇％、「おおよそのところよい」五一％）であるのに対して、「悪く思っている」が二〇％（内訳は「おおよそのところ悪い」一三％、「とても悪い」七％）である。多くの日本人にとって意外なことに、ロシア人の日本に対する好感度はとても高い。ロシアに対する日本人の好感度が非常に低いのと正反対だ。ロシアに旅行すると誰でもすぐに感じることだが、ロシア人の多くは実際とても親日的で、日本の進んだ科学技術を高く評価しているだけでなく、日本文化に関心を持ち、日本の文学や映画や美術を愛好する人たちも少なくない。ロシアの素朴な民衆でもたいていヒロシマとナガサキのことを知っていて日本に同情してくれるし、インテリならばクロサワ（黒澤明）の映画やなんと『源氏物語』まで絶賛する。日本とロシアの間でどうしてこのように、相手に対してほとんど正反対な態度が生じてしまうのだろうか。そこには両国間の複雑な歴史的関係が影を落としていることは確かだが、それだけではなさそうだ。日本人はロシアの文化を十分によく知らないために、誤解したり怖がったりし、親しみを感じられないという側面があるのではないだろうか。人は自分がよく知らないものに対して、親しみを覚えることはできないからだ。

単純な例を一つ挙げよう。ロシア人はあまり笑顔を見せないので、怖く見えると感じる日本人は少なくないのだが、これは別にロシア人が愛想の悪い国民だからではない。ロシア人にとって笑顔は礼儀正しさの印ではない。理由のはっきりしない微笑みは、多くのロシア人にむしろ不誠実な、気持ち悪いものととらえられる危険さえある。大統領などの要職にある政治家が写真を撮られるときに微笑むことがあまりないのも、そのためである。意味もなくにこにこ笑う政治家は重みに欠け、信頼されない。明るい「スマイル」を見せることが社交の規範になっているアメリカとは正反対と言ってもいい。つまり、「笑顔の文化」が根本的に異なっているのだ。政治家が怖い存在であるかどうかは——ロシアに限ったことではない——笑顔を見せるか見せないかによってではなく、実際に怖い政策を行っているかどうかによって判断しなければならない。

笑いをあまり見せないからと言って、ロシア人が感情の起伏に乏しいわけではない。ロシア人は友達付き合いを大事にし、本当の友達に対しては感情をあけっぴろげにする。そういう場合、喜怒哀楽の表情は日本人よりずっと激しい。ロシア語で「友達」は「ドゥルーク」というが、ロシアの日本学者アレクサンドル・メシチェリャコフが言うように、これは「とても重い言葉」であって、英語の「フレンド」や日本語の「友達」のように軽々しく言えるものではなく、「何かもっと大きなもの」なのだ。「単なる友達」という表現はロシア語ではありえない。

もちろん、日本でロシアの文化や芸術が知られていなかったわけではない。本書でもかなりの項目を割いて解説しているように、文学、絵画、音楽、バレエ、演劇、映画など様々な芸術の分野でロシアは世界最高水準の天才を次々に生み出し、そのような「素晴らしいロシア」は多くの日本人を魅了してきた。今年ちょうど生誕二〇〇周年を迎える一九世紀ロシアの文豪ドストエフスキーが一番頻繁に翻訳され、一番熱心に読まれているのは、日本ではないかと思われるほどだ。しかし、そういったいわゆる高級な文化（ハイ・カルチャー）だけでなく、日常生活や習慣から心の持ち方にいたるまで幅広く文化をとらえることによって、ロシアはもっと親しみの感じられるものになり、その本当の魅力も理解できるようになるだろう。

残念ながら、そのような観点からロシア文化を解説するような入門書は――もっと高度な専門書は数えきれないほど書かれてきたけれども――あまりなかった。本書は七つの分野に分けてロシア文化の様々な側面を解説し、ロシアをもっとよく知りたいという読者の要望に応えようとするものである。第1章「ロシアは広すぎる」は、ロシアの桁外れの広さと多様さについて、地理的にだけでなく、個人の「魂」から「宇宙」までを扱い、第2章「聖なるロシア」ではロシア人の宗教心の特別な幅の広さを見る。そして第3章「ロシア史の光と闇」では歴史を通じてロシア人が発揮してきた素晴らしさと恐ろしさの両面を検証し、第4章「花開くロシア芸術」では壮麗な劇場から小さな民芸品まで、ロシア芸術の様々な輝きを眺めたうえで、第5章「何よりも大事な文学」では、ロシアの知識人が伝統的にすべての芸術の中でも特に大事にしてきた文学に焦点を合わせる。第6章「日常生活」では、大部分の日本人がまったく知らない、普通のロシア人の暮らしに迫り、最後の第7章「ロシアと日本の深い関係」では、意外にも濃密であった両国の文化交流を辿っている。

目次の順番通りに通読すべき本でもないので、読者は必要と興味に応じて、どこから読んでもかまわない。それぞれの分野の専門家が、最先端の学問的な知見に基づきながら、平易に、そして誤った俗説や偏見をしばしばくつがえしながら解説する文章を味わっていただきたい。本書は矛盾に満ちた、圧倒的な魅力をたたえながらもしばしば不可解な謎のロシアへのパスポートである。この小さな本で巨大なロシアのすべてが分かるわけではないが、これ一冊あれば、ロシア文化のどんな側面にも分け入っていくことができる。正直なところ、編者は読者の皆さんがうらやましい。こんな本は私たちの学生時代にはなかったからだ。ちなみにロシアという国名は、ロシア語の発音では「ラシーヤ」となる。だから皆さんは、この本を手にして、「素晴ラシーヤ」へのわくわくするような冒険旅行に出かけてほしい。旅立つ人に向けて、ロシア語では Счастливого пути!（シシャスリーヴァヴァ・プチー！）と言う。「幸せな道中を！」という意味だ。

編著者を代表して　沼野充義

目次

まえがき …… i

第1章　ロシアは広すぎる …… 1

1　ロシア魂――このあまりにも広く、矛盾に満ちたもの　4
2　多民族帝国――伸縮するロシア人　8
3　東と西――疎外から超克へ　12
4　モスクワとサンクト・ペテルブルク――対話する「二つの首都」　16
5　母なるヴォルガ――ヨーロッパの大河の姿と詩的イメージ　20
6　シベリア――内なる他者の住む場所　24
7　コーカサスのとりこ――終わりのない幻　28
8　宇宙――無限のフロンティア　32
コラム1　コサック　36

第2章　聖なるロシア …… 37

9　神々と妖怪――信仰の原初的本性　40

10 ロシア正教会――「ロシア」を越える「ロシア」の教会 44
11 イコン〔聖像画〕――ロシア的なイコンとは？ 48
12 マースレニツァ――ロシアの「謝酪祭」 52
13 古儀式派――永遠の反体制派の原型 56
14 宗教哲学ルネサンス――世界の「全一性」の把握を求めて 60
15 神秘思想――近代の三人の神秘思想家たち 64
コラム2 聖愚者 68

第3章 ロシア史の光と闇 ……69

16 タタールのくびき――モンゴルのロシア支配とは何であったのか 72
17 皇帝（ツァーリ）――ロシアに特徴的な統治システム 76
18 農民――植民とミール共同体 80
19 祖国戦争――ヒトラーにもナポレオンにも負けぬ丈夫な記憶 84
20 革命――来し方行く末を振り返る鏡 88
21 強制収容所――自己植民地化の極北 92
22 女性解放史――フェミニズムか、階級闘争か 96
23 亡命――越境するロシアの苦難と栄光 100

コラム3　チェルノブイリ原発事故　104

第4章　花開くロシア芸術……105

24　ボリショイ劇場とマリインスキー劇場——灰燼の中から蘇った双頭の不死鳥　108
25　ダンサーとコレオグラファー——クラシック・バレエの大本山　112
26　国際チャイコフスキー・コンクール——米国人の勝利か、ロシアの伝統の勝利か　116
27　ソヴィエト・ロック——DIY精神に満ちた若者たちの軌跡　120
28　スタニスラフスキーとメイエルホリド——「演出家」の誕生　124
29　モンタージュ——断片の詩学　128
30　ソ連の娯楽映画——もう一つのロシア精神形成史　132
31　ソヴィエト・アニメ——プロパガンダと親密なアジールの間で　136
32　移動展派——ロシアのイメージを創り出す　140
33　ロシア・アヴァンギャルド——実現されかけた芸術革命　144
34　スターリン様式——モスクワの空と地下を制した建築　148
35　マトリョーシカ——ロシアとソ連のイメージを背負って　152
コラム4　ロシアのサーカス場　156

第5章　何よりも大事な文学　157
36　ロシア語――標準語への道のり　160
37　詩人――プーシキンからブロツキーまで　164
38　トルストイかドストエフスキーか――二者択一を超えて　168
39　余計者――一九世紀ロシアのニート？　172
40　戯曲――一九二〇―三〇年代の劇中劇の魅力　176
41　ロシア・フォルマリズム――その理論の歴史（性）　180
42　社会主義リアリズム――ソ連版スーパーヒーローの誕生　184
43　ポストモダニズム――後期社会主義の文化理論　188
44　ユートピアとSF――似ていない双子　192
45　声と顔――文学と美学と政治におけるビザンツ的インパクト　196
コラム5　決闘　200
第6章　日常生活　201
46　ロシア料理――現代ロシアの食事情　204
47　ウォッカ――酒以上のもの　208

48 ダーチャとコムナルカ――セカンドハウスと共同住宅の歴史的変遷 212
49 ロシア・ファッション――美意識の変遷 216
50 スポーツ――国家主義と芸術を土台に 220
51 大都市の渋滞対策――モスクワで進む都市交通イノベーション 224
コラム6 マロース（厳寒）はつらいよ？ 228

第7章 ロシアと日本の深い関係 …… 229

52 白系ロシア人――日本の庶民が初めて身近に接した外国人 232
53 ニコライ堂――東方正教の窓 236
54 ジャポニスム――四つの視点から 240
55 ハルキ・ムラカミとドストエフスキー――近代はいまだ超克されていない 244
コラム7 日本語に入ったロシア語、ロシア語に入った日本語 248

参考文献
写真・図版出典一覧
人名・作品名索引

第1章

ロシアは広すぎる

サハリン，ユジノサハリンスクのガガーリン記念市営文化休息公園の入り口に立つ，宇宙飛行士ガガーリンの彫像（2019）

世界の八分の一を占める大国

一九三六年、つまり旧ソ連のスターリン時代に作られて以来、いまだにロシアで広く歌われている《祖国の歌》は、「広々とした私の祖国」という歌詞で始まる。愛国心のプロパガンダという性格の強い歌ではあるが、大国であることを誇らしく思うロシア人の大衆的な心情を反映したものと言えるだろう。実際、ロシアは国土が約一万七一〇〇平方キロあり、大きさでは二位のアメリカ合衆国、三位の中国をはるかに引き離し、圧倒的に世界最大の国である。その面積は日本の四五倍、地球上の陸地全体の約八分の一に相当する。現代のロシアの前身であるソ連（ソヴィエト社会主義共和国連邦）が一九九一年に解体する以前は、ソ連全体で地球上の陸地の約六分の一を占めていた。

ただし、人口は一億四五〇〇万人程度で世界第九位にとどまる。広大な国土の約四分の三を占めるシベリアや極北圏は居住に適した土地が少なく、人口密度が極端に低いためである。このような条件の下で、「広大さ（プロストール）」への憧れが自由を求める気持ちとないまぜになる一方で、「トスカー」と呼ばれる精神状態が際立つようになった。「トスカー」とは、憂鬱、郷愁、やるせなさ、退屈など、非常に広い範囲に使われる基本単語の一つで、ロシア人の国民的気質とさえしばしば言われてきた。

二重性と多様性

ロシアはこのように巨大で全体を把握することも難しい大国だが、ロシア帝政時代からソ連時代を通して、人口の大多数を占める農民は共同体志向が強く、大衆は強大な権力に対して従順で集団の中に埋没し、文化も生活も画一的だと見られがちだった。

しかし、これは単純化しすぎたステレオタイプである。巨大なロシアは常に一つの原理で統一されてきたわけではない。本章の「ロシア魂」「東と西」「モスクワとサンクト・ペテルブルク」といった項を読み進めると分かるように、歴史的にロシアは二つの極の間で常に揺れ動き、時に引き裂かれてきた。近代化以降の貴族文化と伝統的な農民文化の対立はソ連時代になくなったが、現代では批判的な思考能力を持つエリート知識人とそれに反感を持つ大衆の対立が認められる。またロシアは常に「東」と「西」の間で、どちらとも言えない曖昧な位置を占め、自己のアイデンティティを模索し続けてきた。ロシアが土着的なモスクワと西欧的なサンクト・ペテルブルクという二つの対照的な大都市を事実上「両首都」として、いわば二つの焦点を持つ楕円のように発展してきたことは象徴的である。

その広大な国土に目を向ければ、決して均質な空間が広がっているわけではない。国土の大きな部分を占めるのはロシア平原や西シベリア平原だが、カフカス・シベリア東部などは山岳地帯である。一般に「寒い北国」という印象が強いにもかかわらず、黒海沿岸には地中海性気候も見られる。この地理的多様性は、ロシアが革命前の帝政時代から領土を拡大し続けたことによってもたらされた。それは西欧の列強と同様だが、一つ決定的な違いがある。ロシアの場合、領土を拡張するにしても必ず陸続きの周辺の併合だったということで、西欧の場合のように植民地と本国が海によってはっきり隔てられることはなかった。その結果、ロシアは、比喩的に言えば、どこまでが自分の体でどこからが他者なのか、判然としない曖昧な領域を自分の周りに抱え込んで肥大していった。

そのように成り立った国なので、民族構成もじつに多様である。確かに人口の八割近くはロシア人が占めているが、そのほか、チュルク系、ウラル系、モンゴル系の民族、チェチェン人・オセット人・アルメニア人・グルジア人などのカフカス系諸民族もいる。さらにユダヤ人も文化的に極めて重要な役割を果たしていて、ロシア内に居住する民族は全部で一八〇を超える。ロシアは世界でも有数の多民族国家なのである。

巨大な振幅から生ずるエネルギー

国土を拡張しようとするロシアは、「宇宙」の項が示すように、ついに宇宙にも進出していった。ソ連が飛行士ユーリー・ガガーリン（一九三四―六八）を乗せた人類初の有人宇宙船ヴォストーク一号を打ち上げたのは一九六一年四月のことだ。「ヴォストーク」はロシア語で「東」の意味。当時は米ソ二大国が張り合う東西冷戦のさなかだった。

宇宙開発で人類の先頭に立ったソ連だが、その国内の状況に目を向けると、日用品の生産・供給さえままならず、多くの都市住民は狭い集合住宅での暮らしに甘んじていた。果てしない宇宙と狭苦しい住環境で営まれる日常生活の間には、巨大な落差がある。しかし、極端から極端への振幅の大きさこそ、まさにロシアの特徴であり、「ロシア魂」の項でも述べられているように、ロシア人のメンタリティそのものでもある。一九世紀ロシアを代表する小説家フョードル・ドストエフスキー（一八二一―八一）の長編『カラマーゾフの兄弟』（一八八〇）では、主要登場人物の一人ドミトリーが「いや、人間は広い、広すぎる。狭めてやりたいくらいだ」と言っているが、この振幅の大きさから巨大なエネルギーが生まれ、この広さの中で多様な文化が花開き、発展してきたのである。

（沼野充義）

1 ロシア魂——このあまりにも広く、矛盾に満ちたもの

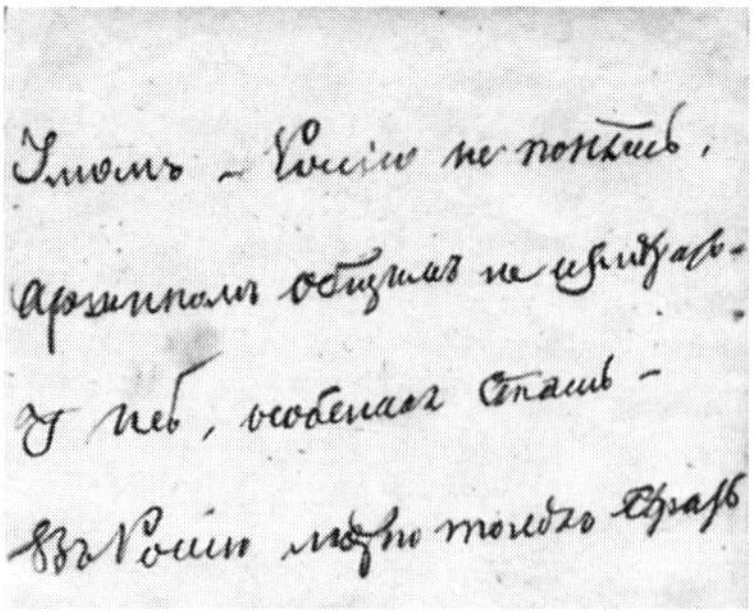

「頭では理解できない」謎の国？

一九世紀の詩人フョードル・チュッチェフ（一八〇三—七三）には、ロシアの独自性を簡潔に表現した箴言のような短い詩（一八六六）がある。

ロシアは頭ではわからない。／共通の物差しでは測れない。

ロシアには独自の性格があって——／信ずることしかできない。

ここで詩人はスラヴ派の民族主義的立場から、ロシアが西欧流の合理主義（「頭」）では理解できないものだとし、西欧とは異なるロシアの独自性を強調したのだった。

実際、ロシアはいつも奇妙で分かりにくい、西欧からかけ離れた「謎めいた国」だとされてきた。それは一七世紀以来、ロシアを訪れた西欧の旅行者たちが異口同音に繰り返してきたことである。二〇世紀に入ると、イギリスの政治家ウィンストン・チャーチルが、ロシアは「謎（エニグマ）の中の神秘（ミステリー）に覆われた謎（リドル）だ」と、独特のレトリックで決めつけた。

西欧からの旅行者のうち、ロシアの悪い面を強烈に批判したのはフランス人のアストルフ・ド・キュスティーヌ侯爵だった。彼は旅行記『一八三九年のロシア』（一八四三）において、ロシアは正教を取り入れたことにより西洋と切り離されて異質な世界となり、権力が皇帝に集中する一方で、国民は悲惨な生活を送っている、と指摘した。他方、西欧にはない長所を発見したのは、ドイツ人の農政学者アウグ

図１　チュッチェフ「ロシアは頭ではわからない。」直筆原稿（1866）

図2　ソクーロフ監督『エルミタージュ幻想』（2002）DVDジャケット。キュスティーヌ侯爵が案内役として登場する

スト・フォン・ハクストハウゼンである。彼は一八四〇年代にロシアの農村で独自の「ミール」と呼ばれる共同体の実態を調査し、それが平等に土地利用権を分配する「健全な有機体」だと高く評価している。

「謎の国」ロシアの人々の性格も西欧人には理解しがたいものとされ、しばしば「謎のロシア魂」という表現が使われた。ロシア語で「魂」を意味する「ドゥシャー」は、英語のsoulとは根本的に違った広い意味範囲を持ち、使用頻度も高い。「ドゥシャー」は、肉体に対置される「霊魂」の意味に限定されず、生活のあらゆる局面で日常的に使われている。ロシア語の「ドゥシャー」を英語やドイツ語と意味論的に比較して分析した言語学者アンナ・ヴェジビツカによれば、「ロシア語の〈ドゥシャー〉は非常に広く用いられ、感情、思考、意志、知識、内的言語、思考能力など、人間の人格の実質的にすべての側面を指すことができる」。要するに人間の内面の重要なものすべてをロシア人は「ドゥシャー」で表しているのである。

善良さと残酷さの不可解な共存

それではロシア人がこれほど重視するロシア魂には、どんな特徴があるのだろうか。哲学者ニコライ・ロスキー（一八七〇―一九六五）は著書『ロシア民族の性格』（一九五七）の中で、ロシア人の最も基本的な特性の一つは際立った善良さであり、それは絶対的な善を追求する宗教心と結びついている、と述べている。フョードル・ドストエフスキー（一八二一―八一）は、時事評論集『作家の日記』の中で、ロシア人は「すべて善良であり」「悪い人間などまるでおらず」「長く本気で人を憎む

図3　ヴィクトル・エロフェーエフ『ロシア魂の百科事典』（モスクワ，1999）表紙

ことができない」（一八七六年二月）とまで言っている。確かに、一〇世紀にキエフ・ロシアに東方キリスト教の正教が導入されて以来、ロシア人は一貫して「正教の民」であった。ソ連時代の宗教弾圧は、長い歴史の中では一時的挿話だった。

　しかし、ロシア人が反対の側面、つまり残酷さや暴虐を様々な歴史的局面において発揮してきたことも事実である。ロシアでは一六世紀以来専制的な権力者による暴力的な支配が――歴代皇帝から共産党指導者、そして大統領制の現代に至るまで――続き、民衆は従順に権力に従ってきた。農民たちは一八六一年の農奴解放までは、人格権を持たない隷属状態に置かれていた。こういった歴史的経緯を踏まえ、作家のワシーリー・グロスマン（一九〇五―六四）は小説『万物は流転する』（一九七〇年死後出版）の中で、「ロシアの魂は千年にわたる奴隷」だったと断じた。また精神分析の立場から、ロシア人には精神的なマゾヒズム（嗜虐性）と苦悩を崇拝する心性が備わっていると主張する研究者さえいる。

　注意しなければならないのは、ロシア魂の特徴と見えるものの大部分はロシアの歴史条件（正教、農奴制、専制、共同体志向）の下で構築されてきたということであって、「この民族の特徴は本質的に〜だ」といった断定は悪しきステレオタイプと偏見に陥る危険がある。ただし一つだけはっきり言えるのは、ロシア人が極端から極端に走りやすく、異様に振幅が広いということだ。温和で従順なロシアの民衆も、稀にだが、反乱の形で抑えきれない情念を爆発させた。その最たるものが一九一七年のロシア革命であり、多くの流血と破壊を伴うものになった。信仰心の篤いロシア人の中からまた、過激に宗教を否定する革命家も生まれたのである。

図4　ボンダルチュク監督，ソ連映画『戦争と平和』（1965-67）DVD ジャケット写真。右がヒロインのナターシャ（女優リュドミラ・サヴェリエワ）

「爆発」する文化——極端から極端へ

文化理論家ユーリー・ロトマン（一九二二―九三）は、こういったロシア史のパターンを「漸次的発展」の対極にある「爆発」型ととらえている。現代ロシアの作家ヴィクトル・エロフェーエフ（一九四七―）の卓抜な表現によれば、「ロシア人は〈すべて〉を自分の中に呑み込んだ〈無〉から成り立っている。ロシア人は自分の所有するものは何もないと思っている。ところがロシア人は、全世界が自分のものだとも思っている。ロシアは見たところ柔和だが（……）、化物のような食欲がそなわっている。昨日はすべて、今日は無、明日はまたすべて」（長編小説『ロシア魂の百科事典』一九九九）ということになる。実際、ロシア史は様々な二重性、二項対立のもとに発展してきた。ロシア魂の矛盾に満ちた性格も多分にそこに由来している。近代化以降のロシア社会の際立った特徴は、土着の農民文化と西欧的貴族文化の乖離だった。レフ・トルストイ（一八二八―一九一〇）の長編『戦争と平和』（一八六五―六九）には、貴族令嬢ナターシャが、本能的に民衆的な踊りを即興で披露して皆を魅了する箇所があるが、このような実際にはあり得ない場面には、分断されたロシア国民の魂にひそむ共通のものを希求する作家の姿勢が示されている。

普通だったら両立しないものを同居させるロシア魂の二重性は、しばしば外国人を驚かせてきた。さらに言えば、それこそが美に憧れる芸術の天才を生み出してきた。聖像画から近代の文学、絵画、音楽、バレエ、演劇などの様々な芸術の傑作に至るまですべて、異様に幅広い「ロシア魂」の生み出してきたものだった。

（沼野充義）

2　多民族帝国——伸縮するロシア人

図1　ロマノフ朝300周年に開基した帝都サンクト・ペテルブルクのモスク

帝国は割に合わない？

「この大帝国を維持することは、わが民族そのものを死滅させることなのである」。ソ連解体の前年、反体制派のノーベル賞作家アレクサンドル・ソルジェニーツィン（一九一八―二〇〇八）はロシア人に向けて、ウクライナとベラルーシを除く、一二の連邦構成共和国を切り離すことを提案した（邦訳『甦れ、わがロシアよ』）。果たして一九九一年一二月八日、ロシア、ウクライナ、ベラルーシの国家元首がソ連の解体を宣言した。ロシアでは二〇世紀のうちに二度、帝国が解体している。一度目は、一九一七年に三〇〇年ほど続いたロマノフ朝が、二度目は七〇年ほど続いたソ連が終わった。帝国を「諸民族の牢獄」と見るならば、その解体は邪悪なロシア人からの諸民族の解放ということになる。しかし、帝国がロシア人にとって迷惑だったというのはどういうことだろう。冒頭の提案を行う際にソルジェニーツィンが、帝政末期の内務省高官の言葉を参照したのは偶然だろうか。ロシア人は、なぜ二〇世紀に二度も帝国を放棄しなければならなかったのか。

帝国のジレンマ

一九世紀前半までロシアは、非ロシア人地域にも貴族に相当する集団を見出し、各地の統治をその一握りのエリートに依存するいわば間接統治の国家だった。多民

یاپون محاربەسی
یاخود
(تاتار صالداتی).
قزانده
ناشری: کتابچی حسینف ورثەلری.

図２　帝政期には多彩な文字文化があった。これは日露戦争に参加したタタール人兵士の記録

族構成の貴族たちは自分がロシア人であることを誇りにした。ところが、一九世紀半ばまでに地表を覆い始めた諸帝国は、より多くの税金を効率的に集め、より多くの兵士を調達すべく、合理的に画一化された行政と均質な国民をつくるべく競った。ロシア帝国は、エリートを介した間接統治から臣民全体の把握を目指す直接統治に移行する。この過程で、ロシア人貴族は農民もまた同じロシア人であることを発見した。同様の発見は各民族にも生じる。一九世紀後半に政府がロシア語学習を推進すると、非ロシア人は社会上昇の機会を摑むべく、大挙してロシア語を学び学歴を積んだ。そして、旧来のエリート層に加え、新興の教養層が民族知識人になった。

　とはいえ、ロシアのように広大で多様な人間が住む国では、それぞれの人間集団に権利と義務を承認するほうが合理的だった。法の下の平等はかえって、身分集団や宗教共同体ごとに培われ、それまで統治の礎となってきた制度を掘り崩しかねなかった。また、前述の統治構造の移行も全版図で貫徹されたわけではなく、陸の帝国に事実上、本国と植民地の断絶を持ち込んだ。例えば、中央アジアの現地民は軍政下の「異族人」と法的に分類され、差別された。ロシア帝国は行政面でも教育・文化面でも、現地民を同化させる願望も能力も持ち合わせていなかった。

　では、諸民族の「ロシア化」はロシア人によいことだったのか。非ロシア人が社会上昇を果たし、ロシア人との差異をなくし、ロシア人との完全な同権を要求するようになることにロシア人は納得できただろうか。実際、一九世紀末までには都市の職種で、ロシア人と非ロシア人の競争が激化した。すると、ロシア人そして政府までもが、もう非ロシア人はロシア化しなくて結構、むしろ奴らを排除するのがよ

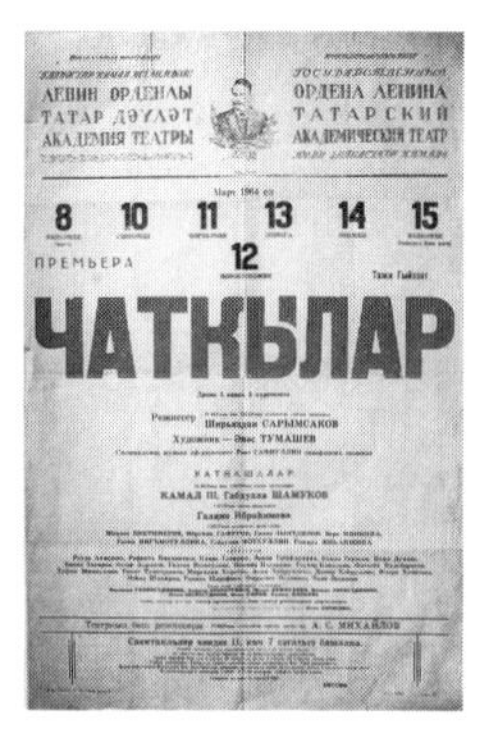

図3　キリル文字で表されるタタール語。諸民族の革命運動におけるロシア人の役割を描いた戯曲タジ・ギッザト作『火花』の初演を伝えるポスター

いという考えを行動に移すようになる。こうした排斥の最たる被害者が、ユダヤ人である。その多くの若者が社会主義運動に身を投じ、後のソヴィエト政権で要職を占めたのは偶然ではない。ロシア民族主義は、帝国終焉の徴候なのである。

総力戦から生まれた帝国

しかし帝国は直ちに解体しない。ロシアは、第一次世界大戦という総力戦も戦えた。国家は戦争の遂行で手一杯だったから、銃後の福祉を市民団体に頼ったが、それらの多くは民族を単位にした。一九一七年の二月革命でロマノフ朝が突如退場すると、今度はこれらの市民団体が各民族の自治を求める運動を担った。これらの運動はロシアからの分離独立ではなく、連邦制の実現を目指した。しかし、ボリシェヴィキの一〇月のクーデターで中央権力が消失すると、進軍を続けるドイツ軍とオスマン軍に対して自らの運命を自ら決すべく、ウクライナと南コーカサスの三つの民族は独立を宣言した。帝国の解体で諸民族は解放を余儀なくされたのだ。

中央権力の消失は内戦という巨大な遠心力を生んだが、ボリシェヴィキはそれをどのように求心力に変えたのか。その答えがソヴィエト社会主義共和国連邦である。それは、各民族が自治を行う領域を持つ自発的な同盟である一方で、モスクワの共産党の決定に服させる集権的な国家だった。とはいえ、政府の与える自治単位がどれほど人工的だとしても、人の一生ほどの期間にその枠で教育、就業、経済、官僚機構が動くと、それは住民にとって既得権益になる。だからこそソ連は、一五の共和国がジグソーパズルのピースが外れるように解体したのである。

図4　クリミア共和国の首都シンフェロポリの共和国公園に立つ銅像。クリミア併合を地元のロシア人は歓迎

ソ連は諸民族の平等を原則に、ソ連国民としての同化を強行できた点でロシア帝国とまったく異なる。一九三〇年代以降はロシア語・文化がソ連国民の根幹を成すようになった。また、少しでも豊かな者、少しでも多くの権利を求める者は「人民の敵」として強制収容所に送られ、処刑された。しかもこの平準化に人々が直接参加するのが、スターリン時代の民主主義だった。実際それは価値観を共有する若い人材の巨大な社会上昇の波を生んだ。そしてソ連は、第二次世界大戦でその戦死者全体の実に半分近くを占める犠牲を払って、国民統合を成し遂げた。

帝国の解体、しかしまた別の帝国へ？

一九八六年のチェルノブイリ原発事故を契機にグラスノスチ（情報公開）が進むと、共産党の「犯罪歴」が暴かれ、各共和国ではロシア人支配への不満が噴出する。それに答えたのが、冒頭のソルジェニーツィンの言葉だ。一九九一年の前半にはまだソ連国民の大多数がソ連の維持を望んだ。しかし、八月の共産党保守派のクーデターで中央権力が消失すると、年末までに各共和国は独立を余儀なくされた。

帝国は割に合わないとロシア人が考えてソ連は解体した。しかし現在のロシアでは、実に多くの人々が大国の復活を望んでいる。それは二〇一四年のウクライナ危機以降、ますます顕著になっている。ロシア人は帝国建設とともに国民を形成してきたから、その拡大の最前線たる周縁部でこそ、ロシア人とは誰であり、ロシアがどのような国家になるべきかが問われてきた。こんにちの帝国建設はロシア人に何をもたらすだろうか。

（長縄宣博）

3

東と西——疎外から超克へ

二つの「東」と「西」

世界を「東」と「西」に二分する仕方としてよく知られたものには、主に二つあるだろう。「東洋」と「西洋」という対と、冷戦期の「東側」と「西側」という対である。後者の対はもはや過去のものに思えるが、ロシアではいまだに活きていて、旧西側の北米・西欧諸国をまとめて「西」という言葉で表す（日本語の「欧米」に近いかもしれない）。この第二の対では、ソ連の盟主であったロシアが「東」に入るのは自明だが、第一の対でどちらに入るのかは曖昧である。同じ「東」と「西」という言葉で表される二つの対のあいだで、このようにロシアの位置づけにずれがあることは、「ロシア」とは何かを考えるうえで大きな意味をもっている。

図１　ピョートル・チャーダーエフ

「西」ではないロシア

「東」と「西」の二つの用法のうち、古くから使われてきたのは、もちろん「東洋」と「西洋」のほうである。中世からキリスト教を文化的基盤としながらも、モンゴル帝国の支配を長く受けたロシアの歴史について、一九世紀の思想家チャーダーエフ（一七九四—一八五六）は次のように述べた。「われわれは人類という大家族のいずれにも属していません。われわれは西洋（Occident）でも東洋（Orient）でもないのです」。世界のなかでのロシアのよるべなさを嘆いたこの「哲学書簡（第

図2　スラヴ派の創始者の一人
アレクセイ・ホミャコフ（1804-60）

一書簡）」（一八三六年発表）は、当時のロシアでナショナリズム論争を巻き起こす。ただしチャーダーエフにとって、西洋と東洋は等価値ではない。ここで「西洋」とは西欧のことであり、「ヨーロッパ」と言い換えられる。カトリック信者でこの書簡もフランス語で著した彼は、西洋＝ヨーロッパこそが人類の未来を担うと考え、ロシアはその一員となるべきだと訴えた。その後のナショナリズム論争で、こうした立場は「西欧派」（直訳すると「西派」）と呼ばれることになる。

西欧派に対抗したのが「スラヴ派」である。ロシアが人類のなかでいずれの家族にも属していないなどということはない、ロシアは西欧とは異なるスラヴ民族という家族に属しており、西欧に混ぜてもらう必要はない、というのがその主張だった。民族性とともに、西欧との違いの根拠とされたのは、東方正教会の伝統である。革命前のロシア帝国は、スラヴ系諸民族と東方正教会圏、双方の盟主を自認していた。民族については、「スラヴの小川はみなロシアの海に流れ込む」と謳う（ただし疑問符つきの「問題」として）プーシキン（一七九九―一八三七）の詩「ロシアを中傷する者たちへ」（一八三一）に、宗教については、モスクワがビザンツ帝国の首都コンスタンティノープルを継いで東方正教会の中心になるという「モスクワ＝第三ローマ」説に、それぞれ象徴されるだろう。

このようにスラヴ派は、西欧派と同じく、現状においてロシアは「西」ではない、という認識から出発しつつ、ロシアは「西」とは違う「東」なのだ、と主張した。彼らは「東洋」とは異なる「東」として、ロシアの独自性を唱えたのである。

図３　ユーラシア主義の中心となった言語学者ニコライ・トルベツコイ（1890−1938）

「東」としてのロシア

歴史的には、西欧派のあとを継いだ社会主義者たちが革命を成功させ、ソ連を建設したのであり、西欧派がスラヴ派に勝利したようにみえる。しかし、ことはそう単純ではない。冷戦期の「東側」と「西側」の境界は、民族的には多数派住民がスラヴ系の地域とゲルマン系・ラテン系の地域、宗教的にはキリスト教の東方正教会圏とカトリック・プロテスタント圏との境界に、おおまかに重なる（ただし例外は大小多数ある）。これはスラヴ派の考えていた「東」と「西」の境界に近い。

ロシアにおいて冷戦期の「西側」の用法がいまも活きているのは、スラヴ派的な民族的・宗教的意識のゆえだといえる。そうした意識をとりわけ刺激したのは、旧ユーゴスラヴィアの紛争にＮＡＴＯが介入して行った、一九九九年のセルビア空爆だった。冷戦終結後、悲惨な民族紛争が続いていた旧ユーゴで、他民族への残虐行為を咎められ、空爆を受けたセルビアは、東方正教会を信仰するスラヴ系民族である。「西側」では正義の介入として報じられた空爆に、ロシアの世論は憤怒し、「西側」との対立意識を復活させた。

また、冷戦期にロシアが「東側」の盟主として「西側」に対抗していくなかで、東洋との関係が重視されるようになる。ロシア帝国が支配した、スラヴ系でも正教徒でもないアジアの諸民族に、ソ連は少なくとも表向きは「民族自決」を約束し、連邦制をとった。思想的には、革命後に国外へ亡命した知識人たちの唱えた「ユーラシア主義」が、ロシアと東洋のつながりを強調したことで知られる。ロシアのルーツはヨーロッパではなく、かつてロシアを支配したモンゴル帝国と同じ内陸ユーラシアにある、と彼らは主張した。その思想はソ連末期に再発見され、社会主義イデオロギーの喪失後、ロシアと旧ソ連の中央アジア諸国の紐帯を保つための「新ユーラシア主義」として、いまもロシア外交を支えている。

「西洋」を超えるロシア

このようにソ連において、一九世紀の西欧派とスラヴ派の思想は変形しつつ混合した。それはもともと、両派の思想に通じる点があったからでもある。

西欧派は、社会主義革命を目指すなかで、ロシアは西欧諸国より社会主義に適している、と考えるようになった。マルクス主義に則れば、社会主義は本来、資本主義を経たのちに実現されるもののはずである。だが、ロシアの社会主義者らは、ロシアには土地を私有しない農村共同体の伝統があり、資本主義が未成熟なままでも社会主義に達しうると唱え、革命を成功させた。

一方、スラヴ派は、東方正教会の教えは、カトリック・プロテスタントが失ったキリスト教の本質を、純粋に維持していると考えた。カトリックの教皇の権威主義にも、プロテスタントの個人主義にも陥ることなく、東方正教会は人々を自由なままに愛で結びつける、と唱えたのである。

社会主義にせよキリスト教にせよ、「西洋」の理想をロシアは「西洋」以上に体現するのだ、という発想がそこには共通している。「西洋」からの疎外意識から出発しながら、疎外を逆転し、「西洋」を超える「西洋」たらんとするそうした野心が、冷戦期の「東側」を生み出し「西側」と対峙させたのだ。

（乗松亨平）

4

モスクワとサンクト・ペテルブルク――対話する「二つの首都」

図1　超特急サプサン

超特急サプサンが結ぶ「二つの首都」

二〇〇九年に開通した超特急サプサンは、モスクワ、サンクト・ペテルブルクという「二つの首都」の間六五〇キロを三時間半で駆け抜ける。ソ連時代から運行している寝台特急「赤い矢」号の旅は八時間ほどを要する。空の便もあるが、両都市のほぼ中心を結ぶサプサンで日帰りも容易になった。さて、この「二つの首都」という呼び方がどうも気になる。「文化的首都」の別名もある旧首都サンクト・ペテルブルクが首都モスクワに次ぐ第二の都市であることは疑いないが、人口だけを比較してみても、モスクワ市は約一二五〇万人、サンクト・ペテルブルク市は約五三〇万人で、モスクワの優位は揺るがない。とはいえ、両都市が他の都市とは一線を画す「二枚看板」であることは、世界にロシア・バレエの名をとどろかせるボリショイ劇場（モスクワ）とマリインスキー劇場（サンクト・ペテルブルク）を挙げるだけでも納得してもらえるだろう。ここでは、ロシアにおける「二つの首都」の関係とその意味について考えてみたい。

心臓と頭――対照的なキャラクター

モスクワの名は一二世紀頃から記録されている。その後成立したモスクワ大公国は、一五世紀後半に東ローマ帝国が滅亡した後、正教会の庇護者として、またロー

図２　聖ワシーリー大聖堂

図３　「青銅の騎士」像

マ帝国の後継者として「モスクワ第三ローマ論」を掲げて国土を拡張しつつ、中央集権化を進めていく。赤の広場の象徴である色鮮やかな聖ワシーリー大聖堂（正式名称は「堀の生神女庇護大聖堂」）が、イスラーム朝のあったカザンを征服した記念にイワン四世（雷帝）（一五三〇―八四）によって建設されたのが一五六一年である。ソ連時代に爆破された「救世主ハリストス大聖堂」が二一世紀に入って再建されたことも含めて、モスクワはロシアの伝統と信仰の町だと言える。モスクワ川の流れる町は赤の広場を中心にして同心円状に、いくつもの道路や鉄道が造られてきた。二〇一六年には「モスクワ中央環状線」（地上を走るが「地下鉄一四号線」でもある）が営業を始めている。「モスクワ・シティ」という近代的なビジネス街もあるが、郊外では樹齢六〇〇年のオークのような自然のぬくもりに触れることもできる。

一方、サンクト・ペテルブルクは、良くも悪くも「人工都市」である。一八世紀初め、皇帝ピョートル一世（一六七二―一七二五）は遅れたロシアの近代化・西欧化を推進すべく、また「ヨーロッパへの窓」としてフィンランド湾の沼沢地に石を積み上げ、新たな首都とした。海へとつながるネワ川の岸には威厳に満ちた「青銅の騎士」（ピョートル一世）像がある。モスクワを構成するのが「円」だとすれば、サンクト・ペテルブルクは「線」であり、メインストリートであるネフスキー通りから通りと運河が縦横に走る。西欧の都市を手本として作られた町並みは理性的で整然としているが、水はけの悪さゆえ何度も大きな洪水被害にあっている。

さて、「モスクワはロシアの心臓、ペテルブルクは頭」という言い回しもあるが、一九世紀の思想家アレクサンドル・ゲルツェン（一八一二―七〇）が一八四二年に

「モスクワとペテルブルク」という文章を記している。当時の旧都モスクワと首都サンクト・ペテルブルクを「ロシアの村／ヨーロッパの町」「希少貨幣（マニア向け）／流通貨幣（現在必要）」「オリジナル性有／無」「十字架と儀式／地位と金」など、様々な対比のもとに語っている（ただし、これを現在の両都市にそのまま当てはめるわけにもいかない。ソ連時代に首都がモスクワに再び戻り、この対比にはねじれが加わる）。両極端に見えるが、どちらもロシアなのだ。モスクワ―サンクト・ペテルブルクの間に実質的に鉄道が敷設されるのは一八五一年で、当時は馬車で移動するのに六日ほどかかっていたが、ゲルツェンは鉄道開通のあかつきには両都市の差はなくなって「ペテルブルクではイクラが安くなるだろう」とも記している。超特急サプサンに乗車したなら、ゲルツェンはどんな感慨を覚えただろうか。

幻想性ともう一つの世界――都市が生み出す文学

「二つの首都」は、ロシアの芸術とも結びついている。ここでは文学作品に少しだけ触れておこう。国民作家アレクサンドル・プーシキン（一七九九―一八三七）の物語詩『青銅の騎士』（一八三七）は、ピョートル一世とサンクト・ペテルブルクへの称揚から始まる。「私はおまえを愛す、ピョートルの創造物よ／おまえの厳格で端正な姿／ネワの堂々たる流れ／その岸辺の御影石」という句は、今でもペテルブルクっ子たちのお気に入りだ。だが、後半では自然に抗う都市の問題が浮き彫りになる。平凡な市民エヴゲニーは洪水で許嫁を亡くし、挙句の果てにあの「青銅の騎士」に追い回されるのである。その後、ニコライ・ゴーゴリ（一八〇九―五二）やフヨードル・ドストエフスキー（一八二一―八一）が都市生活者たちに目を向けていくが、人工都市の醸し出す幻想性もまた作品内で重要な役割を担っている。

モスクワについては現代の作品に注目しよう。ドミトリー・グルホフスキー（一九七九―）の『メトロ二〇三三』（二〇〇五）では、核戦争後のモスクワの人々は汚染された地上を逃れ、地下鉄の各駅で暮らしている。観光名所でもある巨大な地下鉄を舞台にして描き出されるのは、路線や駅ごとに共産主義者や商人たちが集まる多元主義的な世界だ。ヴィクトル・ペレーヴィン（一九六二―）の『オモン・ラー』（一九九二）もまた、モスクワの地下に「もう一つの世界」を見ている。

ロシアをつくる対話

さて、超特急「サプサン」の名の意味が「ハヤブサ」だと知ると、おのずとロシアの国章に描かれた「双頭の鷲」が連想される。ゲルツェンは、ロシアのあり方をめぐって議論を展開した論敵コンスタンチン・アクサーコフ（一八一七―六〇）の死に際し、「我々はヤヌスあるいは双頭の鷲のように、異なる方向を見ていたが、鼓動する心臓は一つだった」と記した。ときに対立して見える「二つの首都」だが、一方を抜きにロシアを語ることはできない。サンクト・ペテルブルク郊外に政府系エネルギー企業ガスプロムが「ラフタ・センター」を建設している。これは「モスクワ・シティ」のタワーをぬいて、ヨーロッパで最も高いビルとなる。現代ロシアでは二都市だけを特別扱いできないが、「ハヤブサ」が結ぶ「二つの首都」は、双頭の鷲のごとく、対話し補完し合うようにロシアをつくっている。

（坂庭淳史）

図1　ヴォルガ川流域図

5

母なるヴォルガ——ヨーロッパの大河の姿と詩的イメージ

ヨーロッパ一の大河

ヴォルガ川はロシア北西部のバルダイ丘陵に発して東に流れ、タタールスタン共和国のカザン付近で南に向きを変え、ヴォルゴグラード近辺で東南に屈曲してカスピ海へと注ぐ。全長三五三〇キロメートル、流域面積一三六万平方キロメートル、水量（ヴォルゴグラードで）八〇六〇立方メートル／秒と、オビ、エニセイなどシベリアの大河には及ばないが、ヨーロッパでは随一の大河である。

特徴の一つは勾配の緩やかさで、源流のヴォルゴヴェルホヴィエが標高二二八メートル、河口のカスピ海は同マイナス二八メートル、平均勾配が〇・〇七メートル／キロという、平坦な水路である。水源の六〇パーセントが雪で冬季は凍結するため、春先には洪水現象が見られる。川幅が比較的狭い上流域にも、支流のオカ川やカマ川の水を得てぐんと川幅を増す中・下流域にも、貯水・水位制御・発電を目的としたダム湖群が造られている。

沿岸地帯と景観

ヴォルガ川は下流に向かって右岸が高く、左岸が平坦になっている。沿岸の重要都市で右岸中心に発達したものには、キエフのヤロスラフ賢公（九七八頃—一〇五四）が一一世紀に造った上流域のヤロスラヴリ、中流域ではオカ川との合流地点に

図2　レーピン〈ヴォルガの船曳〉(1873)

ある産業・交易の中心地ニジニ・ノヴゴロド、チュヴァシ共和国の首都チェボクサリ、革命家レーニン（一八七〇—一九二四）の故郷ウリヤノフスク、下流域では作家チェルヌィシェフスキー（一八二八—八九）の生地サラトフ、一六世紀に要塞都市として造られた地域行政の中心ヴォルゴグラード（スターリングラード）などがある。一方左岸に発達した都市は、上流域ではバルト海からヴォルガへと至る交通の要衝で、かつてモスクワ大公国と対抗したトヴェーリ公国の中心だったトヴェーリ、河港都市のコストロマ、中流域ではイスラーム人口の多いタタールスタン共和国の首都カザン、一六世紀に異民族への防衛拠点として建設され、産業の中心として発達したサマーラ、最下流にあって多民族文化が交わるアジアへの入り口と呼ばれたアストラハンがある。

ヴォルガ川の視覚表象には右岸と左岸の高低差と変化する川幅が重要な意味を持つ。一九世紀絵画でいえば、イリヤ・レーピン（一八四四—一九三〇）の〈ヴォルガの船曳〉は左岸のサマーラ近郊の低い視点から見た幅の広いヴォルガ川を背景としており、イサーク・レヴィタン（一八六〇—一九〇〇）の〈夕べ。黄金のプリョース〉は、上流右岸の町プリョースの斜面を舐めるように見下ろした川面を描いている。

文学の世界では右岸は政治・経済・文化の中心に近く、左岸はその彼岸というイメージが形成されている。パーヴェル・メーリニコフ＝ペチェルスキー（一八一八—八三）の長編小説『森の中で』（一八七四）は上流域左岸の森林地帯にひっそり住む保守的な古儀式派の商人や修道女の世界を描いているが、続編『山の上で』（一

図3　レヴィタン〈夕べ。黄金のプリョース〉(1889)

八八一）には、ニジニ・ノヴゴロドのある右岸を拠点とする、富裕で近代化した古儀式派商人たちが登場する。右岸の高い崖の上からはるか下方のヴォルガ川とその対岸を眺めやって物思いに沈むヒロインは、アレクサンドル・オストロフスキー（一八二三―八六）が上流域の架空の町カリーノフを舞台とした戯曲『雷雨』（一八五九）にも、イワン・ゴンチャロフ（一八一二―九一）が故郷シンビルスク（現ウリヤノフスク）を舞台に描いた長編『断崖』（一八六九）にも登場するが、この場合右岸が因習に拘束された生活を、川とその左岸が自由と夢の世界を象徴しているのである。

「母なる川」のイメージ

詩や歌の世界ではしばしばヴォルガ川に「母なる」「ロシアの」といった形容辞が付される。《ステンカ・ラージンの歌》として愛唱されるドミトリー・サドーヴニコフ（一八四七―八三）の《島かげから水脈へ》（一八八三）には、「ヴォルガ、ヴォルガ、生みの母よ／ヴォルガ、ロシアの川よ」と呼びかけながら、コサックの首領が奪ってきたペルシャの公女を水に投げ入れるくだりがある。「母なるヴォルガ、育ての川を、いろんな船が荷を積んで進み……」と始まるウラジーミル・ヴィソツキー（一九三八―八〇）の《ヴォルガの歌》（一九七二）では、敵の弾丸を浴び味方の血にまみれた母なる川の経験が歌われる。上流域の町ルイビンスクのダム湖の砂州には、美しくかつ強き母のイメージを視覚化した高さ一七・四メートルの〈母なるヴォルガ〉像が立っている（一九五三年設置）。

母なる川という美称は「ヴォルガ」が女性名詞であることに関係するが、もちろんそれだけではない。母のイメージはロシア人にとってのこの川の親密さと重要性を物語っている。飲料・灌漑・発電用の水資源として、運輸・交通・漁業の場として計り知れぬ恩恵をもたらしてきたヴォルガ川は、ステンカ・ラージンの乱から独ソ戦に至るまで多くの戦いの場となったロシア国家の生命線でもあった。ただしロシア民衆の口承文芸の産物のようにみなされてきた母なる祖国の川のイメージが、近代の政治・文化的構築物だったことも忘れるべきではない。中世期までヴォルガ川一帯、特に中・下流域は、ハザール、ポーロヴェツなどの遊牧民から、キプチャク・ハン国の後継たるカザン・ハン国やアストラハン・ハン国に至るまで、おしなべて非ロシア人の支配下にあった。一六世紀に上流域を拠点としたモスクワ大公国のイワン雷帝（一五三〇―八四）がこれらを征服し、一八世紀初頭にピョートル大帝（一六七二―一七二五）がアストラハンに造船所を建て、また人口希薄な下流域にドイツ人の入植を進めるといった動きの中で、ヴォルガ川はロシア帝国の固有の川としての趣を強めていく。そして一七六七年に女帝エカテリーナ二世（一七二九―九六）が行ったヴォルガ行幸が、この川のイメージのロシア化と女性化に決定的な意味を持った。同時代の詩の中で帝国の川のイメージと国母たる女帝のイメージが重なり、母なるロシアの川のイメージが固まっていったのである。

母なる川の周りは今でもチュヴァシ、タタール、カルムイクなど多民族の住む世界であり、ヴォルガ川はまさに分け隔てなくすべての人に恵みを与える慈母のようだ。だから母親像に過度にエスニックなロシア人の顔をかぶせさえしなければ、この美称は実に妥当なものと思える。

（望月哲男）

6 シベリア――内なる他者の住む場所

図１　シベリア鉄道バイカル湖迂回線の絵葉書（20世紀初頭）

東方としてのシベリア

ロシアの広大さはシベリアの広大さでもある。このことを示すには、シベリアの面積は北米の約半分、中国よりも広く、日本の国土の約三五倍というだけでよい。日本語でシベリアと言う場合、ロシア語の「シベリア・極東」に相当するが、ここに重要な点が隠されている。シベリアは日本から見て北、少なくとも北西にあるゆえ、日本でのシベリアのイメージは、何もない寒々とした、人気のない荒野となる。だが、ロシアの人々、モスクワやペテルブルクといったヨーロッパ地域に住む多くの人にとって「シベリア（Sibir'）」は、北というよりも東にあるものであり、シベリアよりさらに東に進んだところは「極東（Dal'nii Vostok）」となる。つまりシベリアは、太平洋や果てしないアジアへと深く分け入っていく、東に位置する広大な領域に他ならない。なお、「シベリア」と似て非なる概念に「北方（Sever）」がある。「北方」は、北極圏域と重なるが、文化史的な意味合いははるかに複雑である。ここでは、「シベリア・極東」に「北方」の一部を含め、シベリアと記すことにする。

古くは、富の源の黒テンを追った商人たちや、ベーリング（一六八一―一七四一）のような探検家を引きつけたシベリアは、フロンティアへと人を誘う窓であった。ロシア文化において、そうしたシベリアをシベリアたらしめ、ロシアの内なる他者

図2　トムスクのチェーホフ像。シベリア・サハリン紀行で同市を酷く描いたチェーホフをデフォルメにして，逆に諷刺している

にしているのは、なにより自然と先住民の存在である。

シベリアの自然

自然というとき、少なくとも二つの側面がある。第一に、すでに述べた広大さである。広大さは中央からすれば僻地をも意味する。ここから、多くの流刑地や強制収容所が設置されたという、シベリアにとって負の歴史が出てくる。例えば、オムスクに流刑されたドストエフスキー（一八二一—八一）が『死の家の記録』で描いた壮絶な人間絵図の中に、負の一面が容易に見いだせよう。

他方でシベリアは、ヨーロッパ地域と比べれば農奴制が希薄であった点で、土地や財を求める人々を引きつける場所でもあった。移民の流入はその証左であり、一九〇四年に開通した（全線は一九一六年）シベリア鉄道は移民の動きをさらに加速させるものだった。売れっ子作家だったにもかかわらず、サハリンの流刑囚の本格的な調査に着手しようとしてシベリアを横断旅行したチェーホフ（一八六〇—一九〇四）もまた、短期間とはいえ、新世界としてのシベリアに引き寄せられた者の一人であった。もっとも、そのシベリア記は、例えばトムスクを「退屈きわまりない町」と記すなど、余所者的気楽さを匂わすものであったが。

第二に、気候、特にその厳寒である。ロシアといえば、極寒（moroz）がその文化的条件としてすぐさま指摘されるが、シベリアがとりわけ寒冷な地域であるのは言うまでもない。様々な民族が共存するシベリアだが、共に厳寒を生き抜く者たちということで、「シベリアっ子」というまとまった存在になる。

厳寒で、決して豊穣な土地とは言えない厳しい環境での生活は、生き方や考え方に多大なる影響を与えてきた。商人であれば、ヨーロッパ地域とは異なる商取引の慣習と格闘しなければならなかったし、移民であれば農民としての生活を軌道に乗せるだけでも多くの困苦を乗り越えなければならなかった。かくしてシベリアが、自らの力のみを頼りにする屈強な自画像を生み出したのは道理であった。ソヴィエト民族学の大家シムチェンコ（一九三五—九五）のエッセイ『ツンドラは弱い者を好まない』（共著、一九六八）などはそのタイトルがすべてを物語っているし、日本でも愛された映画『シベリア物語』（一九四七）では、シベリア出身で失意の主人公が運命を超克しようとするとき、「シベリアの人間は弱音をはかない」と断固として語るのである。

シベリアの先住民

シベリアの先住民は、ヨーロッパ地域からすれば、同じロシア帝国内にいる人々でありながら同時にその支配下にいる、多様で異質な文化を持つ「内なる他者」であった。多民族帝国においてそうした他者は、中央アジアにもカフカースにも存在したが、シベリアの特徴は、支配下にあった時代の長さ、ロシア人と先住民との相互作用の歴史的深さにある。

それゆえ、ロシアの様々な作品に先住民の形象が描かれることとなった。ヤクーチアに流刑されたコロレンコ（一八五三—一九二一）は、サハ（ヤクート）人とロシア人との接触を文学作品の対象とすることに成功した（『マカールの夢』）。主人公マ

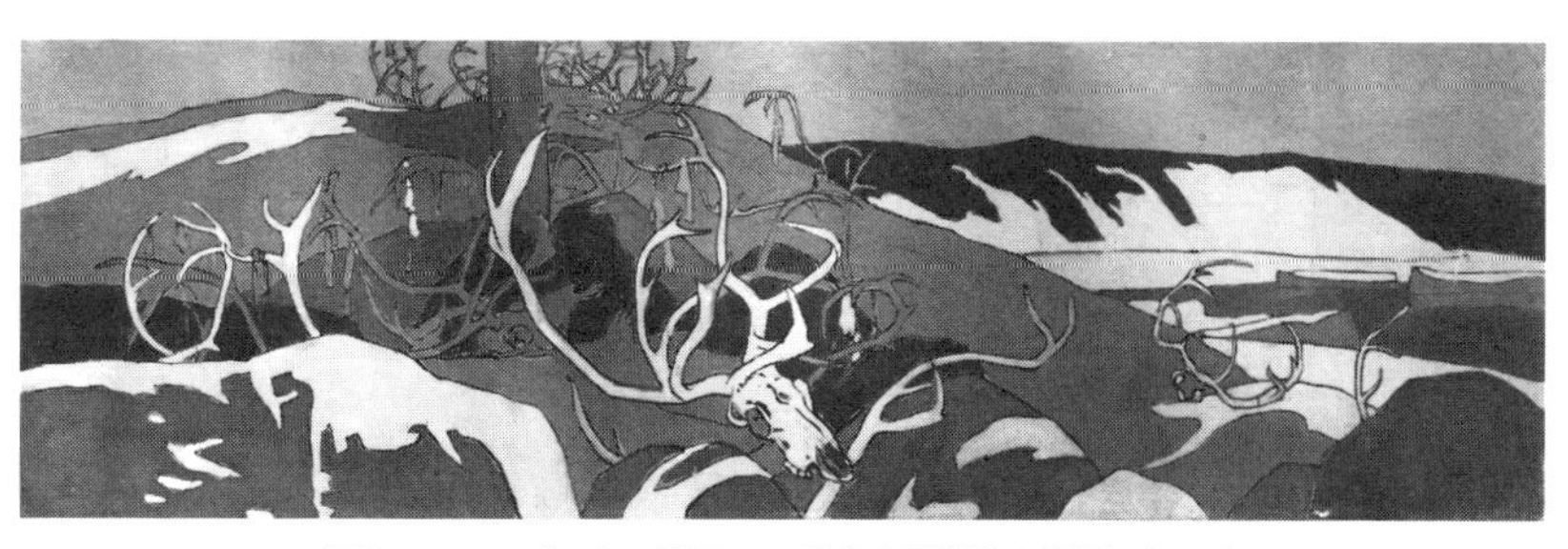

図3　コローヴィン〈サモエード人の野営地の残骸〉（1899）

カールが、死後、サハ人の神格「主」から裁かれるなど、ロシア人が先住民から受けた精神的影響について書きこまれているあたりは興味深い。

地理学者・民族学者のアルセーニエフ（一八七二―一九三〇）による『デルス＝ウザラ』（一九二三）は、ゴーリキー（一八六八―一九三六）に感銘を与えたことも手伝って、広く知られている（日本では黒澤明による映画で有名になった）。沿海州のナナイ人猟師とロシア人探検家との出会い・友情・別れを抑制された筆致で描いたこの作品が、先住民を大々的に取り上げたものとして注目されたのか、それとも、タイガでの生活を扱った点が重要であったのかは容易に判別できないが、深い民俗的知識でもって森を生きぬくデルスの姿が描かれていなければこれほど愛される作品になっていなかっただろう。

また、画家コローヴィン（一八六一―一九三九）も、シベリアの諸民族にインスピレーションを得た人物である。ロシア芸術界の大パトロン、マーモントフ（一八四一―一九一八）による後援で、コローヴィンは、トナカイ遊牧民のサモエード人（旧称）の地を旅した。この時に得た、力強い野生のイメージは、一九〇〇年のパリ万国博覧会のロシア・パビリオンで工芸部門の展示物の創作に活かされ、コローヴィンはフランス政府から二つの金メダルとレジオンドヌール勲章を授与された。シベリアは、ロシアを覗く窓でもあったのである。

（渡邊日日）

図１　レールモントフ〈「コーカサスのとりこ」によせて〉（1828）

7　コーカサスのとりこ――終わりのない幻

魅せられた虜囚

コーカサス（ロシア語ではカフカス）は、ロシアの南方、東西を黒海とカスピ海に挟まれた、総面積四四万平方キロメートルほどの大地峡である。一八―一九世紀に激しい戦争を経てロシア帝国に併合され、その一部であるチェチェンでソ連崩壊後に起きた独立戦争は、休戦を挟みつつ一九九四―二〇〇九年に及んだ。現在、チェチェンを含むその北半分はロシア領、南半分はアゼルバイジャン、アルメニア、ジョージア（ロシア語ではグルジア）という独立国家を成している。ロシア本土には珍しい風光明媚な高山地帯で、温泉も湧くことから、併合当時から保養地が開発された。二〇一四年に冬季オリンピックが開かれたソチはそのひとつである。

血なまぐさい戦争と美しい山々という、この両極端なイメージによって、コーカサスはロシア人を魅了してきた。プーシキン（一七九九―一八三七）、レールモントフ（一八一四―四一）、トルストイ（一八二八―一九一〇）という一九世紀のロシア文学を代表する作家たちが、同じ「コーカサスのとりこ」のタイトルで作品を書いている。なかでもレールモントフは、子供の頃からコーカサスにあこがれ、詩や小説だけでなく多くの水彩画やスケッチを描き、その地で従軍中に決闘で命を落とした。「とりこ（プレンニク）」というロシア語の派生元である動詞「捕らえる（プレニーチ）」には、「魅了する」という意味もある。山岳民族によって捕虜とされる「コーカサスのとりこ」の主人公た

図２　レールモントフ〈コビ付近の渓谷からのクレストーヴァヤ山の眺め〉（1837-38）

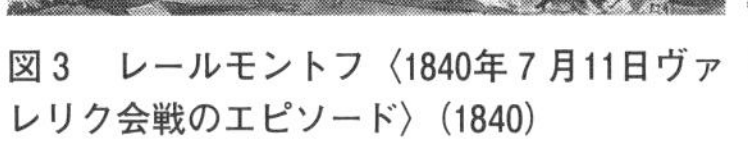

図３　レールモントフ〈1840年７月11日ヴァレリク会戦のエピソード〉（1840）

ちは、同時にその地の魅力に捕らわれ、現地の女性と恋に落ちる。

幻と幻滅

コーカサスの何がそんなに魅力的だったのか。プーシキン「コーカサスのとりこ」（一八二二）では、腐敗した文明社会に嫌気のさした主人公が、「遥かな地へと飛び立った／自由の明るい幻を抱いて」と謳われる。ルソーの自然礼讃の思想に影響を受けた当時のロシアで、「未開」のコーカサスは、文明から解放してくれる自由の地とみなされた。帝国の侵略に対する山岳民族の抵抗も、ロシアの専制体制に反発する文学者たちの目には、共感すべき「自由のための闘い」と映った。

しかしプーシキンは同時に、そんな自由のイメージが「幻」にすぎないことを描いている。自由を求めてやってきたコーカサスで、主人公は捕虜となり自由を失うのだ。「さらば、神聖なる自由よ！／彼は奴隷」。結末で主人公は、幻から現実の世界へ戻るかのように、自分を魅了したコーカサスの女性を見捨て、ロシアへ帰ってゆく。コーカサスに魅せられながら、その魅力が幻にすぎないことを暴露するというこうしたアンビヴァレンスは、プーシキン以降、ロシア文学がコーカサスを描くときの定番となる。

もうひとつの「コーカサスのとりこ」

チェチェンの独立戦争が大きな関心事となった一九九〇年代から二〇〇〇年代にかけて、ロシアではそれを題材とする映画が数多く制作された。そのなかには、ト

図４・５　ガイダイ監督『コーカサスのとりこ』をモチーフにしたアルメニア・エレヴァンのレストラン

ルストイの「コーカサスのとりこ」を現代に移したセルゲイ・ボドロフ監督の同名映画（一九九六）や、現代作家ウラジーミル・マカーニンの小説『コーカサスのとりこ（プレンヌイ）を原作とするアレクセイ・ウチーチェリ監督の『コーカサスのとりこ』（二〇〇八）もある。だが、ロシア人にとって最もなじみ深い『コーカサスのとりこ』と銘打たれた映画は、後期ソ連を代表するコメディ監督レオニード・ガイダイ（一九二三―一九九三）の作品（一九六七）だろう。タイトルの「とりこ」は男性形の「プレンニク」から女性形の「プレンニツァ」に変わっているが、ガイダイはコーカサスの幻とその暴露という伝統をよく踏まえ、それをコメディのネタとして活用している。

主人公シューリクはコーカサスへ民俗学調査にやってきた若者で、当地の民話を収集し、古来の儀式を記録しようと意気込んでいる。敵役となる土地の高官サーホフは、「爺さまがたの習わしや、婆さまがたの儀式には、われわれの地域ではもうお目にかかれませんよ」とシューリクをたしなめる。そんなものは幻だというわけだ。それでも幻を求めるシューリクは、現地の女性ニーナに魅了されるが、同じくニーナに惚れこんだサーホフに騙され、その悪だくみの片棒を担がされる。ニーナはじつは結婚を控えている、ついては古来の花嫁誘拐の儀式を催すので、誘拐者役として参加してほしいと言われ、嘘だとも気づかず協力してしまうのだ。タイトルの「とりこ」が女性形なのは、それがニーナを指すからだが、騙されたと悟ったシューリクもまた、サーホフのたくらみで精神科病棟に閉じ込められる。病棟で黒幕がサーホフだと知り、ようやく幻から目覚めたシューリクが、脱出してニーナを救いだすまでのドタバタ活劇が映画のクライマックスである。

醒めない幻

幻に魅せられ「とりこ」となった主人公が、脱出して現実に目覚めるこの筋立ては、プーシキン「コーカサスのとりこ」と重なるようだ。だが、自分を魅了する女性を見捨ててコーカサスを去るプーシキンの主人公とは違い、シューリクはニーナと結ばれる。その意味で、シューリクの幻は醒めることがない。

映画の冒頭では次のようなナレーションが入る。「この物語はシューリクが私たちに話してくれたものだ。休暇中、彼は民話や現地の伝説、おとぎ話を集めていたという。ひょっとすると、この物語もまた伝説にすぎないのかもしれないが、シューリクによれば、山岳地帯のどこかで実際にあった出来事なのである」。この映画の物語全体が、シューリクの求める民話と同様、幻かもしれないというのだ。コーカサスをめぐる文学的伝統は、「幻と幻滅」という物語をくりかえしてきた。そのパターン化した物語自体が、じつは幻滅も込みで、ひとつの幻を成しているのではないか。幻から醒めることまでもが幻の一部なのだとすれば、幻から醒めて戻るべき現実など存在しないことになる。

チェチェンの独立戦争を経てなお、この映画がロシアで愛され、二〇一四年にはリメイク版もつくられたのは、そんな終わりのない幻へのノスタルジーゆえといえるだろう。それは、戦争の残酷な現実を忘れたいという逃避願望の表れともみなせるが、自分たちはコーカサスにつねに勝手な幻を見ているだけなのではないか、という倫理的な問いもまたはらまれている。

（乗松亨平）

宇宙——無限のフロンティア

図１　粛清による懲役から解放された直後のコロリョフ（1945年頃）

最後のフロンティア

第二次世界大戦後の冷戦では、ソ連とアメリカという二つの超大国が、世界を東西に二分して覇権を争った。東＝ソ連、西＝アメリカという、日本でもあたりまえのように使われたこの方位表示は、しかし日本からみるなら東西が逆さまの、あくまでヨーロッパを基準としたものである。

ヨーロッパを中心にした世界地図で通観すれば、近世から近代にかけて、ヨーロッパ人は地図の中心から左右の両端へ、呼応するように広がっていった。コロンブスのアメリカ上陸はモスクワ大公国がモンゴルの支配を脱して間もなくのことであり、メイフラワー号の到着と前後して、シベリア遠征に送り出されたコサックがオホーツク海に達する。東西へのこの拡張運動はやがて地図の端をまたいで鉢合わせ、ロシアはアメリカ大陸に進出して、アラスカや北カリフォルニアを領土とした。ロシアがアメリカ大陸から撤退し、合衆国の拡張が大陸西岸まで到達して、フロンティアが消滅したのは一九世紀末のことである。

つまり二つの超大国はともに、ヨーロッパという中心から周縁へ広がってゆくフロンティア国家であった。フロンティア消滅で行き場のなくなったこの拡張運動に、冷戦開始後まもなく、新たな舞台が用意される——それが宇宙空間だった。

図２　モスクワの宇宙航空学博物館付設の〈宇宙征服者のモニュメント〉（高さ107メートル，1964）

未来というフロンティア

宇宙への進出を可能にしたロケット技術は、第二次世界大戦前から研究されていたが、ソ連では一九三〇年代の大粛清により壊滅的打撃を被った。冷戦期の急激な宇宙開発競争は、大戦中にドイツが実用化したロケット技術を、米ソ両国が接収したことで始まる。当初は軍事目的の技術開発であったが、ソ連でそれを主導したセルゲイ・コロリョフ（一九〇七―六六）をはじめ、携わる科学者たちは、ロケット技術が可能にする別の目的――宇宙進出のことをつねに意識していた。

一九五三年のスターリン死後、最高指導者となったフルシチョフは、軍拡競争とは異なる平和的な面でソ連の力を誇示すべく、宇宙事業を推進する。そしてアメリカに先駆けて、五七年に人工衛星スプートニクの打ち上げ、六一年にはガガーリンによる有人宇宙飛行を達成した。スターリンの圧政から解放された「雪どけ」の高揚と相まって、宇宙進出はソ連市民に、自分たちこそ世界をリードし、人類を新たなフロンティアへ導いているという、誇りと希望を吹き込んだのである。そのフロンティアとは、宇宙という空間のことだけではない。共産主義という人類の未来、時間的・歴史的なフロンティアとも重なるものであった。

一九六四年のフルシチョフ失脚後、ソ連は月面着陸などでアメリカの後塵を拝することになる。それでも現在に至るまで、アメリカが有人宇宙飛行をみあわせたあいだも、ソ連・ロシアがそれをやめなかったのは、フロンティアへの熱い衝動が息づきつづけたからであろう。

図３　飛行船の模型とともに写るツィオルコフスキー（1913）

ロシア・コスミズム

こうしてシベリア征服から始まり宇宙進出へいたる、ロシアのフロンティア精神の思想的表現といえるのが、ロシア宇宙主義（コスミズム）と呼ばれる系譜である。その始祖とされる哲学者ニコライ・フョードロフ（一八二九―一九〇三）は、これまでに死んでいったすべての人類を科学技術で復活させるという、壮大な「共同事業」を提唱した。人間がたがいに争うのは死を免れようとするからであり、死への不安を取り除くこと、すなわち不死の達成によって、人類は友愛へと導かれるだろう。復活と不死というこの事業は、人間が宇宙へ進出し、さらに宇宙を神の理性にしたがい組織化することをともなう。それによって人間自身も霊的存在へと進化し、神に近づくことで、不死が可能になるのである。

復活・不死と宇宙進出というこの二つを、フョードロフはそれぞれ人間の時間的限界と空間的限界の克服として、セットで考えている。先述したように、ソ連で実現された宇宙進出も、人類の空間的フロンティアのみならず、未来という時間的フロンティアを切りひらくものと受けとられたのだった。

フョードロフの思想はドストエフスキーやトルストイといった作家や、ソロヴィヨフをはじめとする宗教哲学者のみならず、科学者たちにもインスピレーションを与えたといわれる。世界で初めてロケット技術を考案した人物のひとりであり、「ロシア・ロケット工学の父」と呼ばれるコンスタンチン・ツィオルコフスキー（一八五七―一九三五）は、若いころに直接フョードロフの教えを受けたとされ、みずからフョードロフに劣らず奇矯な不死思想を展開している。個々の生物の死は原

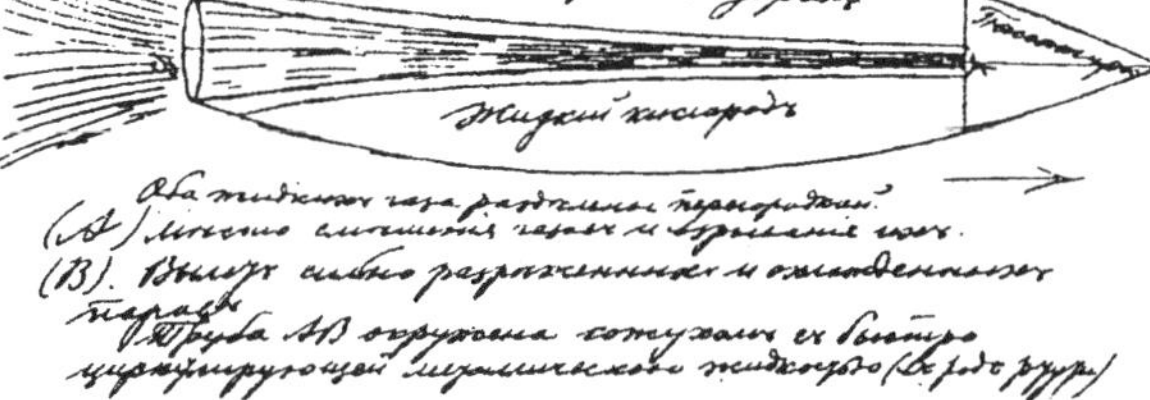

図４　ツィオルコフスキーのロケット構想図（1902-03）

子への分解を意味するだけで、原子自体は不死であり、心をもった原子が宇宙を循環して、やがて「完全生物」へ進化していくというのだ。ツィオルコフスキーとの出会いが、若きコロリョフに宇宙への情熱を引き起こしたともいわれる。

ただし、フョードロフ、ツィオルコフスキー、コロリョフの出会いのエピソードはなかば以上伝説的なもので、実際の影響関係はおそらくほぼない。ロシア・コスミズムという思想の系譜も、一九七〇年代以降にあとづけで発見されたものである。人間の空間的・時間的限界を押し広げるフロンティア国家としてのアイデンティティが、これらの伝説を生み出したのだといえるだろう。

共同事業としてのフロンティア開拓

不死研究や宇宙進出への興味は、じつは近年のアメリカでも高まっており、「スペースX」社を率いるイーロン・マスクらの大富豪が投資を行っている。しかしその背景にある思想は、フョードロフの共同事業とは対照的だ。これらの富豪たちは、リバタリアニズムという自由至上主義の信奉者で、突き詰めれば自分だけが人間の限界を突破し、究極の自由を得るために投資している。

米ロのフロンティア開拓の性格の違いを、ここにみてとることもできるだろう。開拓者たちがみずから自由を求めて広野に出ていったアメリカの個人主義に対し、ロシアのフロンティア開拓は帝国の事業として集団的に進められた。こうした集団主義は国家暴力と結びつくものだったが、同時に、すべての人類に無限をもたらそうとする博愛の思想にも通じていたのである。

（乗松亨平）

Column 1

コサック

ロシアの伝統文化といえば、コサックダンスがすぐに思い浮かぶかもしれない。ロシア＝コサックというイメージは強固だ。だが歴史を振り返ると、ロシアであってロシアでない、コサックの不思議な両面性が立ち現れる。

チュルク系の言語で「自由人」を意味するコサックは、一五―一六世紀頃、ポーランド王国やモスクワ大公国の農民らが公権力の及ばないウクライナやロシア南部の辺境地に逃れ、形成した半軍事的な自治集団である。サーベルを操り馬や船を乗りこなして、近隣都市や隊商を略奪して暮らす海賊的存在であった。また周辺の遊牧民とのあいだで略奪や同盟を繰り返すなかで、彼らから戦闘技術や衣食住の形態を吸収し、本国とは異なる文化を育んでいった。

このように、「文明的な」国家の支配を免れるため、戦略的に「周縁化」「自己野蛮化」し、脱国家的な政治形態を追求したコサックだが、まさにこうした自治と辺境性によって彼らは、国家と柔軟な取引をし、特権を付与され、逆説的だが国家の領土拡張に役立つ機動的な軍事組織となっていく。モスクワ大公国によるシベリア征服（一六世紀後半から一七世紀前半）は、イェルマークの部隊をはじめとするコサック私兵を中心に進められた。オスマン帝国やポーランドとの戦争では、ロシア皇帝にはコサック軍の協力が欠かせなかった。一七世紀半ばから皇帝権力により自治を奪われていくものの、一九世紀のロシア帝国によるコーカサス山岳民族の征服においても、国境地帯の「敵」に馴染み、それに擬態し、国家より先に自由に国境の向こう側へ進めるコサックの強みが最大限に発揮された。

コサックのもつこの遠心性は、ロシアの植民活動を支える原理となり、それゆえ国家を象徴する求心力へと反転し、反政府運動を弾圧する皇帝の親衛隊として名を馳せるに至る。しかしその遠心性は同時に国家への反逆に転じる可能性も宿し、ステンカ・ラージンの乱（一六七〇―七一）やプガチョフの乱（一七七三―七五）などの大反乱をもたらした。ロシア革命時、この遠心性はコサック独立運動へと高められ、結局、革命政権によるコサック弾圧を招いた。だがソ連崩壊後に復権したロシア・コサックは、再びその遠心／求心性を発揮し、クリミア併合等のロシアの失地回復運動に貢献している。他方、ソ連崩壊でロシアの植民地支配を脱したウクライナでは、ウクライナ・コサックの記憶が民族独立の象徴として重要度を増し、冒頭で触れたコサックダンスもロシアではなくウクライナ固有の文化として紹介される。こうした点にも、単一国家の支配を逃れつづけるコサックの遠心性が働いている。

（平松潤奈）

第2章

聖なるロシア

ニコライ・レーリッヒ〈鳩の書〉(1922)。『鳩の書』とは15世紀末から16世紀初めに成立したと思われる民衆宗教詩集。「聖なるルーシ，すべての土地の母なる土地」という表現が見られる

聖なる正教の国キエフ・ルーシ

ロシアは古名を「ルーシ」という。これはもともとウクライナのキエフを首都として九世紀末から一三世紀前半に栄えた東スラヴ人（後にロシア人、ウクライナ人、ベラルーシ人に分化していく）の国の名称であり、歴史書の記述では「キエフ・ルーシ」と呼ぶのが普通である。この「ルーシ」という国名に枕詞のように、一種の美称として古くから添えられてきたのが「聖なる」という形容詞だった。なぜ「聖なる」かと言えば、九八八年にキエフのウラジーミル大公（聖公）がキリスト教のうちでも東方系の正教を国教として受け入れて以来、ルーシは正教の国として強く自覚されてきたからである。

キエフ・ルーシの時代に起源を持つと推定される、ブィリーナという口承の英雄叙事詩がある。ここに登場するイリヤ・ムーロメツを始めとする人並はずれて強い豪傑たちも、しばしば「聖なるルーシの栄えある勇士」などと呼ばれる。この勇者たちが仕えるのはキエフの「太陽公ウラジーミル」だが、このような民衆的想像力の世界では、「聖なるルーシ」は特定の国家や一定の領土に限定された概念というよりは、むしろ正教の理念に支えられたユートピア的な空間という側面が強かった。

モスクワ「第三のローマ」説

キエフ・ルーシはモンゴルの来襲によって一二四〇年に滅びるが、一三世紀末には東スラヴ人の政治的権力の中心はモスクワ大公国に移る。それとともに、正教はやがて強大な国家を形成するロシアに制度的に組み込まれ、そのイデオロギー的な支柱となっていく。その意味で象徴的なのは、一六世紀初頭に長老修道士フィロフェイが唱えたモスクワ「第三のローマ」説だった。フィロフェイはモスクワ大公ワシーリー三世に宛てた書簡の中で、ローマ、コンスタンティノープル（ビザンツ帝国）という第一、第二のローマは滅び、いまやモスクワこそが第三のローマ、すなわちすべての正しいキリスト教信仰の諸教会が合流した永遠の帝国である、と述べたのである。フィロフェイはここで、モスクワ大公に「聖なる偉大なロシア全土」を治める「正教において輝くツァーリ」と呼びかけている。

哲学者ニコライ・ロスキーは『ロシア民族の性格』（一九五五）の第一章で宗教を取り上げ、宗教心とそれと結びついた絶対的な善の探求こそ「ロシア民族の基本的な、最も深い特徴」だと言い切っている。一九世紀ロシアを代表する小説家フョードル・ドストエフスキーやレフ・トルストイも宗教的な主題をしばしば作品の中心に据えた。近代の世俗文学において宗教的要素がこれほど強く残っているのも、西欧には見られないロシアの特徴と言えるだろう。

無神論も、イスラム教もあるロシア

このように宗教を大事にする民族なのに、どうしてロシア革命が起こって、宗教を弾圧する無神論的なソ連という国家ができたのか、と不思議に思う人もいるだろう。確かに一九世紀後半のロシアは神を否定する急進的な知識人階層（インテリゲンツィヤ）を生み出し、それが革命運動につながっていった。しかし、この世の不正に憤慨し、帝政に反逆して戦った知識人の理想主義には、逆説的なことだが宗教的な情熱に通じるものがあり、それが千年王国を求める民衆の願望と相まって革命の原動力となったと考える立場もある。

このようにロシアの宗教心は決して一枚岩ではなく、様々な現れ方があった。本章の各項目が示すように、ロシアにおいて正教の信仰は独自の風俗習慣や宗教美術を発展させて人々の生活を豊かにしながらも、キリスト教以前の前近代的な異教的要素も多分に残し、正教の教義からはずれた極端な異端派やオカルト思想も生み出した。

またロシアは巨大な多民族国家であるがゆえに、正教徒のロシア人以外の多くの民族を含んだ多宗教国家でもあることを忘れてはならない。二〇一二年に行われたある世論調査（これはあくまでも目安だが）によれば、ロシア人のうち正教徒は七四％で圧倒的に多いとはいえ、特定の宗教に属さない人が一〇％、無神論者が五％いて、そのほか、イスラム教徒七％、カトリック・プロテスタント・ユダヤ教徒が各一％、そしてもっと少数だがヒンズー教徒や仏教徒もいる。異民族間には対立や偏見が生じがちだが（例えば多くのロシア人には、ユダヤ人に対する根強い偏見が見られる）、それも宗教の違いに根差している場合が多い。

ステレオタイプを超えて

ロシア人の多くが篤い信仰心を持ち、それがロシア文化や芸術の様々な面に強い影響を与えてきたことは事実であるとしても、「ロシア民族の本質は宗教性である」といった定式化を鵜呑みにすると、「神の国日本」と同様に、実態に即さない空疎な（しばしば危険な）スローガンに堕す可能性があるので注意しなければならない。「美し国フランス」とか「自由の国アメリカ」と言うのも同様だろう。

信仰のあり方も、時代と社会的条件に応じて変化しうる。絶対的な本質に見えるものを性急に固定すると、現実の多様性を見逃してしまうだろう。正教徒以外も含めたロシア全体の信仰生活は、安易な一般化を拒むほど多様で、だからこそ奥深く魅力的な探求の領域となる。（沼野充義）

9

神々と妖怪――信仰の原初的本性

ロシア人の宗教的精神世界

ロシアの多様な宗教文化を考える上で基軸となるのはキリスト教（東方正教）である。ロシア（ルーシ）は九八九年頃にビザンツ世界から導入したこの外来宗教を受け入れ、排斥していたソヴィエト期も含め現在まで保持し、発展させてきた。それは正教のロシア化の過程であるとともに、国家・公的宗教としてのキリスト教と非キリスト教世界との対立ならびに習合の歴史でもある。後者は土着の原始宗教と民間信仰の総称として異教と呼ばれ、ロシアの宗教精神史はキリスト教と異教の二重信仰と説明されることが多いが、人々は自らを純粋なキリスト教徒と確信していたので、重要なのは異教とキリスト教の関係性である。

神話を再建する

ギリシア・ローマ神話や日本神話で語られる、個性あふれる神々が演じる人間的ドラマをロシアの神話世界には期待できない。古代・中世以降、近現代まで、神々を物語化し、さまざまな姿・形で表象化した西欧世界と違い、近代以前のロシアでは、キリスト教司祭や年代記作者による言及において、異教神が豊かに描かれることがなかった。それらの断片的な記述が異教的風習の弾劾を目的とするもので、神話を記した一次資料がほぼ皆無なことから、ロシア社会には神話叙述の欲求が少な

図１　スビャトヴィト石像に彫られた異教神（９世紀）

かったようにも見える。だが、自然と社会を律する秩序の誕生と構築の物語としての神話はロシアにも存在した。ロシア神話学は、反異教的な教父の教説や年代記での叙述に加え、外国人旅行記、口承文学や考古学発掘品、民家意匠や刺繍模様といった二次的テクストを典拠としてキリスト教以前の神話世界の再建を目指してきた。

異教神とその末裔

信仰対象の神々について記した数少ない資料の一つである『原初年代記』(『過ぎし歳月の物語』)には、一〇世紀に異教神のパンテオンが存在し、雷神ペルン、家畜と富の神ヴェレス(ヴォロス)、太陽神ダジボグとホルス、火神スヴァログ、風神ストリボグ、女性労働の守護神モコシ、七頭神シマリグルの名が登場し、それらの偶像には生贄が供えられていたが、キリスト教受容後、それを建てたキエフ大公ウラジーミル(?—一〇一五)の命で廃棄されたことが記されている。また、上記の二次的テクストから再建された神として、非人格的な男女神格のロード(氏族、出産の意味)と女神ロジャニツァ、死と悲しみの神ジェリヤ、生(春)・豊穣・愛の女神ジヴァ、悲しみの女神カルナ、若さ・春・美・豊穣の女神ラダ、死・冬・夜の女神モレナ、厳寒(モロス)の神モロスコ、春雷・生命力・情熱の神ヤリーロ等が信仰され、自然崇拝と祖先崇拝や時空間の分節単位といった個人・共同体の存続に不可欠な共通観念が発現し、機能していた。

キリスト教は異教の神々を厳しく拒絶しながらも、その信仰を自らの教説と習俗に組み込んだ。異教信仰・習俗と、イエス、聖母マリア、大天使や天使、聖人への

図2　ヤガー婆（A.ベヌアの「文字絵本」より）

崇拝が習合化した照合事象(ペア)は多い——母なる湿った大地信仰と聖母崇拝、大地母神モコシと聖女パラスケヴァ、雷神ペルンと聖人イリヤ、家畜神ヴェレスと農耕・牧畜の守護聖人ヴラシイ、ニコラ、ゲオルギイ、夏の水浴と焚火の意味で神名とするクパロと洗礼者・預言者ヨハネ等。また、フォークロアのヒーローやヒロインも異教神の末裔として崇拝された（英雄叙事詩の主人公ミクラやエルスラン、昔話の美女ワシリサ、馬鹿・王子のイワン他）。習合は両者を活性化し、ロシア人の信仰心を高めた。

妖怪・精霊群像

人間社会のドラマを神々の物語の形で表出する回路がなかったのと対照的に、生活の中で深く信仰され、愛情こめて語られたのが無数の魑魅魍魎(ちみもうりょう)である。豊かな個性を持った妖怪や精霊はロシア神話世界を彩る主役であり、昔話、英雄叙事詩、事実奇譚(ブイリチカ)、伝説、諺、呪文などから構成される〈妖怪事典〉は膨大なものとなる。

すべての自然と建造物には必ず妖怪・精霊が住まう。彼らは人々に多くの害と恐怖をもたらす一方、暮らしを見守り、助力を与える存在として篤く信仰された。森(レス)にレシイ、丘山(ゴラー)にゴルヌイ、河川や沼淵の水(ヴォダー)中にヴォジャノイ、畑野(ポーレ)にポレヴォイ、家(ドーム)にドモヴォイ、中庭＝屋敷(ドヴォール)にドヴォロヴォイ、風呂小屋(バーニャ)にバンニク、畜舎(フレヴ)にフレヴニク、納屋(アンバール)にアンバルニク、穀物小屋(オヴィン)にオヴィンニクといった具合である。鶏の足の上に立つ森の小屋に住む魔女ヤガー婆、不死のコシシェイ爺、天国ヴィレイへ飛翔する人面鳥で火の鳥の原型でもあるシリンらは昔話には欠かせない。ほかに、ニコライ・ゴーゴリ（一八〇九—五二）の小説で知られるヴィイはニイとも

図３　民俗刺繡のシリン（旧コストロマ県）

図４　悪魔（詩人プーシキンのスケッチより）

呼ばれる地霊であり、水辺の美女または醜女ルサルカは未婚のまま死んだ娘の象徴で、若い男を溺死させるが、西欧の人魚像の影響も受け、文学的・ロマン主義的な面も持つ。

病気と死に代表される邪悪・不浄・不可視なるモノにたいする恐怖が圧倒的多数の悪霊と悪魔を生む。その名称（ベス、サタナ、チョルト、デモン、ジャボル）とイメージは全体として複雑に錯綜し、悪霊・悪魔と精霊の線引きは不可能である。また、男女の呪術師・憑依者が至る所に存在し、悪なるモノと一体化しつつ、悪霊を鎮め、浄める活動を行い、現代まで人々の恐怖と畏敬の的となってきた。

信仰の形

迷信深いとされるロシアの人々は、見えないモノへの強い志向性を備えているために、今なお妖怪や精霊を小さな神々として畏怖し、敬愛して暮らしている。異教信仰に体系性が弱いとしても、妖怪と精霊の豊かな個性は小さいながらも魅惑的な神話的ドラマを紡ぎだし、人々の生活文化の中で伝承され、生き続けてきた。神々と妖怪を繋ぐ部分にこそロシアの神話的世界が広がり、その特性が映し出されるのである。キリスト教は公的な権威宗教だが、人々の想念の中のイエスや聖母、聖人像はあまりに人間的・個人的で、時に非公式的な精神文化の深奥へと人々を誘う。イエスと聖母・聖人への極端なまでの忠実さと盲従、その対極にある反抗と冒瀆を貫く情熱の振幅は大きく、その闇は深い。ロシアの信仰には人間精神の原初的なるものがきわめて先鋭化された形で現れている。

（坂内徳明）

10

ロシア正教会――「ロシア」を越える「ロシア」の教会

聖なる地政学?

信仰は、国や言語、民族の違いを超えて人びとの間に広まる。宗教のトランスナショナルな性質は、多様性を越えて人びとを抱合する力となるが、同時に、その多様なはずの人びとに同質のアイデンティティを要求する力でもありうる。

ソ連解体後のロシア連邦は、その国土を著しく縮小したが、一方でロシア正教会が管轄する教会領は国境を越え、グルジアとアルメニアを除く旧ソ連全土および、中国、モンゴル、そして日本にまで及ぶ。

社会の近代化と共に、宗教は個人の信仰心という私的な問題とのみ結びつき、公的な力を失うはずだというのは、ソ連体制が想定した未来であったが、西欧の宗教社会学者が一九六〇年代に危惧した世俗化の究極的局面でもあった。ソ連体制が無神論化と称して行った過酷な弾圧にもかかわらず、ロシア正教会はきわめて発展した上意下達の組織とメディアを備えた信仰共同体としてこれを生き延びた。ポスト社会主義のロシア正教会は、重要なソフトパワーであり、教会の管轄領はロシア連邦の地政学にとってアクチュアルな意味をもつ。そのことは新しい現象というより、むしろ中世ロシアから連綿と続いてきた「聖なる地政学」の新たな展開なのである。

図１　モスクワの救世主ハリストス大聖堂（2017）

ロシア正教会の独立までの歴史――第三のローマ

『原初年代記』という中世ロシアの歴史を伝える古書によれば、九八八年、キエフ大公ウラジーミル一世（九五五年頃―一〇一五）がビザンツ帝国から東方正教を受け入れた。これが、のちにロシア、ウクライナ、ベラルーシ民族へと分化する東スラヴ人が正教を奉じることになった起源とされる。

キエフには府主教座が置かれ、新設されたいくつもの教会や修道院を管轄した。しかし、一三世紀後半にモンゴル軍によってキエフの街が灰燼（かいじん）に帰すと、府主教は戦禍を逃れて北東ルーシ、すなわち現在のモスクワへ拠点を移した。公式には「キエフおよび全ルーシの府主教」として、ビザンツ帝国のコンスタンティノープル総主教からの任命を受け続けていたが、一四四八年になって「モスクワおよび全ルーシの府主教」を宣言し、コンスタンティノープルからの事実上の独立を果たした。

ロシア正教会独立の一方で、コンスタンティノープル総主教座は影響力を低下させた。オスマン帝国の侵入によって存亡の危機に立たされたビザンツ帝国は、カトリック教会との合同を画策したが、帝都コンスタンティノープルは一四五三年に陥落、帝国は滅亡した。第一のローマは異端のカトリックに沈み、第二のローマたるコンスタンティノープルはカトリックとの合同を目論んで、オスマン帝国に滅ぼされた、今や第三のローマたるモスクワが立ち、第四のローマが現れることはない、というプスコフの修道僧フィロフェイ（一四六五年頃―一五四二）が記した「モスクワ第三ローマ説」は人口に膾炙（かいしゃ）し、現在に至るまでその命脈を保つ。

図２　ニューヨークのニコライ聖堂の内部

シンフォニア――東方正教会の政教関係

ロシアには、キリストの直接の弟子、すなわち使徒が設立した教会がない。伝統の欠如にもかかわらず、一六世紀には、正教世界におけるロシア正教会の地位は揺るぎないものとなった。一五八九年、モスクワ大公国は、コンスタンティノープル総主教座からの認可を獲得し、モスクワおよび全ルーシの総主教の地位を獲得した。

正教世界におけるロシア正教会の地位が高まる段階で問題になったのが、独自の発展を遂げた典礼である。一六六六年、ギリシア式の典礼に倣うことで、ロシア正教会を国際基準に見合うものにしようとする「典礼改革」が行われた。古いロシアの儀礼を重視する人びとは離反し、古儀式派と総称される宗派を形成した。教会発展の背景には、国家の発展がある。一六世紀から一七世紀にかけて、ロシアの領土は膨張し、帝国として成長していった。東方正教においては、教会権力と国家権力は対立するものではなく、調和的に共存するもの、すなわち、魂と身体の関係にあるという理念（シンフォニア）があった。しかし、一八世紀にはいると、西欧化を目指したピョートル一世によって、総主教制に代わって聖務会院という国家機関が設立され、帝政末期まで教会は国家権力の管理下に置かれることとなった。

帝政末期には教会改革を訴える声が高まり、ロシア革命の最中に行われた教会会議で、総主教制の復活が決定、チーホン総主教が選出された。しかし時を同じくして、ボリシェヴィキ政権は過酷な反宗教政策を開始、正教会は存亡の危機に瀕した。また第二次世界大戦後は、国家への全面的な協力が課せられた。

図3　オデッサの教会が運営する低所得者向け食堂

復活した正教会と「ロシア世界」

一九八八年、ペレストロイカのソ連では、ルーシ受洗千年祭が大々的に祝賀され、正教会の復活を世界中に印象付けた。この背景には、ソ連におけるロシア・ナショナリズムの高まり、共産主義イデオロギーへの失望とキリスト教的倫理観への期待、そして世界各地に散った亡命ロシア人が形成した在外ロシア正教会による支援などが挙げられる。在外教会は、革命以前のロシアの伝統を重視し、ソ連政権と本国教会の協力を批判していたが、二〇〇七年には、本国の正教会と再合同した。

現総主教キリールは、「ロシア世界」の調和を理念として強調している。そこには、ソ連が解体し、世俗化やグローバリゼーションによって、個人の多様性が増した社会にあっても、東スラヴ民族は東方正教を共有する兄弟であり、西洋とは異なる価値観をもつという考えが含まれる。二〇一四年以降、ウクライナとロシアが戦争状態に陥ると、ウクライナがロシア正教会の管轄領であることが政治問題として再浮上した。そのことは、両国の対話を促進するのではなく、むしろロシアから分離したウクライナ教会がコンスタンティノープルから独立承認を受けることによって、複雑な対立を生んでしまった。高位聖職者の腐敗や政権との癒着が批判されて久しいロシア正教会ではあるが、一方で、弱者支援などの社会貢献活動は活性化しつつあり、政治・教会権力への批判を怖れない聖職者もいる。国益への貢献、社会への奉仕、そして個人の救済。社会の様々なレベルの要求に同時に目を向ける、正教会の活動は、時代に適応しながらますます多様化している。

（高橋沙奈美）

11

イコン〔聖像画〕

——ロシア的なイコンとは？

イコンの多様性とロシア的特徴

イコンとは、キリスト教の聖像画の中でも、ギリシア正教で発達した様式的な画像で、板の上にテンペラ絵具で描かれたものを指しているが、同じ正教世界でも、時代や土地によって様々な画風がある。最も古いアルメニアやエチオピアのイコンは素朴でプリミティヴな感じがする。ビザンツ＝ギリシアでは暗色の基調と鋭い線、厳格な表情が好まれたようだ。反対にルーマニア、モルダヴィア、ウクライナ、ベラルーシなどでは、頭でっかちのマンガ的な姿形や明るい色使いが印象的である。その中で、ロシアのイコンがいかにもロシア的だと言える点はあるだろうか。アンドレイ・ルブリョフ（一五世紀）が創り出した〈三位一体〉（図1）の柔らかな線と柔和な天使の表情は、確かにロシア的画風の模範と言えるかもしれない。ただ、イコンを画像として見ているだけでは、ロシアに独自の特徴を探ることは難しいようだ。

しかしながら、ロシアのイコンを、歴史や人々の生活の中に置いてみると、他の国には見られない特徴が見いだせるように思える。ここでは、①ロシアの聖母イコン、②生活の中のイコン、の二つの側面に注目して、ロシア的なイコンのあり様について考えてみたい。

図1　ルブリョフ作〈三位一体〉（15世紀）

ロシアの聖母イコン崇拝

図2　〈ウラジーミルの聖母〉（12世紀）

ロシアのイコンについては、「奇蹟」を抜きにして語ることはできない。ロシアでは、特定のイコンへの崇拝が、突発的に高まり流行することがあるが、その場合、イコンが奇蹟を顕したことがきっかけになっている。そして、そのようなイコンの圧倒的多数は「聖母イコン」（通常は聖母と幼子キリストが描かれている）だった。

その奇蹟は、外敵を撃退し都市を守ったり、村や聖堂を火災から防いだというものや、水難から子供を救ったり、祈り手の病気を癒したというものまで多様である。また、聖母イコンが自ら、教会や修道院を開く場所を指示したというような、縁起物語に記される奇蹟もあった。

ロシアでは、奇蹟の聖母イコンは、奇蹟を起こした地名で呼ばれるのが通例だった。イコンと土地とのつながりの深さについては、たとえば、一二世紀後半にアンドレイ愛神公によってキエフ郊外から運び出されたビザンツ伝来のイコンが、ウラジーミルの都市のところで運んでいる馬の足をとめさせて、自らが安住する場所を定めたという〈ウラジーミルの聖母〉（図2）の縁起譚がよく示している。このイコンは一二三七年にタタール人の手でウラジーミルに火がかけられたときにも焼けずに残り、一三九五年の征服者ティムールのモスクワ来寇の際にモスクワに移されて、その後何世紀にもわたって「タタール人」勢力との戦いで戦場に持ち出されたことが伝えられている。このように、一枚のイコンが国家的な守護者として大きな崇敬を受けることもあった。

その他にも、〈カザンの聖母〉（カザン）、〈スモレンスクの聖母〉（スモレンスク）、〈ティフヴィンの聖母〉（ノヴゴロドに近いティフヴィン修道院）など（図3）、土地の

図３　左から〈カザンの聖母〉〈スモレンスクの聖母〉〈ティフヴィンの聖母〉

名を負った有名な奇蹟の聖母イコンはその地の守り神として特別の崇敬を受けると同時に、全土に広がっていった。

奇蹟の聖母イコンの中でも霊験高く人気があるものは、巡礼者や篤信者のための写しが作られ、離れた町や村の教会・礼拝堂に運ばれて安置されるようになる。そして、そのような写しが癒しや救済などの奇蹟を起こしたと伝えられると、図像は同じでも、その場所の名を負ったあらたな聖母イコンが誕生する。このような、民衆の深い信仰心に支えられた聖母イコンの広がりは、確かにロシア的なイコンのあり様を示しているだろう。

ロシア人の生活の中のイコン

ロシアのイコンには、奇蹟にかかわる側面とあわせて、日常の生活の中に置かれて、人々のために働きをなすという一面があった。

古くはロシアのイコンの制作は修道院に限られ、修道士が修行の一環としてイコンを作り、伝えてきた。しかし、民衆のための教会堂が各地に建てられるようになる一六―一七世紀から、イコン制作が修道士の手から世俗の絵師たちの手に移り、またかれらを組織化して大規模な制作を行う拠点が現れるようになった。イコンが安置される場も、教会・修道院の聖堂に限らず、村の礼拝堂、公共の建物、裕福な都市民の屋敷、そして庶民の家へと次第に広がるようになった。都市民を別にすれば、大多数の農民が気軽に教会に足を運ぶすべもない広大なロシアにおいて、イコンを家屋に安置するということは、キリスト教の普及という点では画期的な出来事

図４　〈どの聖人が神による癒しの恵みを与えるか〉（部分）（19世紀）

図５　F．ブフゴリツ〈村の火事〉

であったに違いない。

こうして、イコンは身近なものとなっていくが、その中で、民衆はイコンに対して、教会が教える規範とは別様のかかわりを持つようになる。人々はイコンを「神様たち（ボーギ）」と呼び、なによりも、かれらがさらされている天災、事故、病気などからの加護を祈願する生きた相手となった。聖母や聖人たちはリアルな助け手だった。イコンが鮮やかな色で描かれていること自体が、そこに描かれた存在が目に見える生きたしるしと考えられた。病に苦しむときにはその病気を癒すとされた聖母や聖人のイコンに祈り（図４）、火事のときには延焼を防ぐために聖母イコンが掲げられ（図５）、家畜の疫病にはヴラーシイ、旱魃には預言者エリヤなど守護を担う聖人たちのイコンが持ち出された。約束事のときにはイコンが証人となり、季節の祭や種蒔き、放牧の始まりの際にはイコンを手に、まじないを唱えながら家屋、畑、畜群のまわりを巡り歩いた。まさにイコンは道具として人々の日常に仕えていたのである。

伝えられるイコンの物語には、このような人々の祈願に対して、イコンが自ら応える場面も描かれている。イコンが罪深い祈り手から顔を背けたり、祈り手に話しかけたり、板から飛び出してこれを助けるという話は多い。また、願いに応えないイコンの聖人を罵り、顔に唾を吐きかけたり、鎮火の役を果たさなかった聖母イコンを火中に投じたなどのエピソードも伝えられている。

このような、日常生活における「神様たち」とかかわりの近さや切実さは、ロシア的なイコンの一側面を示しているように思える。

（中澤敦夫）

12 マースレニツァ――ロシアの「謝酪祭」

図1　ブリヌィ（アルハンゲリスク州，2015）

マースレニツァ ―「大斎（おおものいみ）」― 復活祭

マースレニツァ（露 maslenitsa）は、時期も機能も西欧の謝肉祭、すなわちカーニバルにほぼ相当する。一カ月以上続く斎戒（さいかい）期を前に飽食と遊興のしおさめをする一週間だが、カーニバル（英 carnival）との違いはその名前に端的に表れている。「マースレニツァ」の語根は油脂、特にバターを指すマースロ（露 maslo）であって肉（羅 carnis）ではない。事実この祭りを特徴づけるのは、牛乳やバター、卵をふんだんに使って作った「ブリヌィ」（単数形は「ブリン」だが普通何枚も焼いて図1のように積み上げるため、複数形「ブリヌィ」で称されることが多い）と呼ばれるクレープで、一枚ずつ取って、好きな具を包んだり、はちみつやジャムを塗ったりして食べる。くるくる巻いて溶かしバターにとっぷり浸すのも、昔ながらの贅沢な食べ方である。

なぜ肉でなくバターなのかといえば、東方正教会ではマースレニツァの始まる前日が「肉断ちの日曜日」とされ、これ以降、肉は摂らないからである。つまりマースレニツァは、肉はだめだが乳製品と卵が食べられる最後の週なのである。「チーズ週」という呼称もあるから、「謝**肉**祭」ならぬ「謝**酪**祭」と呼ぶにふさわしい。

マースレニツァの日付はその年の復活祭から逆算して導かれるが、そもそも復活祭が毎年日付が異なる移動祭日である。四月上旬から五月上旬のいずれかの日曜日に当たる復活祭は正教徒にとってクリスマスにも勝る重要な宗教行事だが、本格的

図2　B. クストージエフ〈マースレニツァ〉(1916)

な春到来の時期と重なりその祝祭感は昂揚する。しかし復活祭直前の「受難週間」とその前の六週間（キリストの荒野での四〇日間の断食に由来する）を合わせた計七週間、正教徒は「大斎」として食を慎み、生活を正して復活祭を待つ。マースレニツァはその前週、つまり大斎の長いトンネルに入る直前に位置し、そのトンネルを抜けたところに光に満ちた復活祭があるのだ。

このように暦の上ではきわめてキリスト教的な位置にあるマースレニツァだが、冬を送り春を迎える行事と説明されることも多く、キリスト教の教えとは無縁の遊びや儀礼も行われてきた。これは西欧のカーニバルにも共通する特徴である。

マースレニツァの遊び

今もロシアの人々は概して散歩好きで、特に新年や大きな祭日には歩行者天国や広場に繰り出して大道芸や屋台を冷やかすが、こうした習慣は一八―一九世紀の都市で盛んに行われていた「グリャーニエ（遊歩）」にさかのぼる。広場には見世物小屋や遊戯施設が設けられ、様々な身分の人が楽しんだ。特にマースレニツァには、まだ雪深い街を馬橇（うまぞり）で乗り回したり、広場や川の上に設置された大きな滑り台を滑降して遊んだりしたほか、人形劇やコメディ、のぞきからくりや見世物小屋が出た。物売りの声が響き、菓子やハーブ茶が飛ぶように売れたという。こうした明るい謝酪祭の空気はクストージエフ（一八七八―一九二七）の絵画〈マースレニツァ〉やチャイコフスキー（一八四〇―九三）のピアノ曲《四季》の《二月》にも感じられる。

農村においても、マースレニツァの一週間、特に木曜日以降は村の内外で遊び、

図3　マースレニツァ人形。博物館展示「ロシア農村の世界」のためのレプリカ（セルギエフ・ポサード歴史芸術文化財保護博物館蔵，2020）

親戚を訪問しあってブリヌィを食べ、市の立つ近隣の町へ出かける特別な期間だった。水をかけてツルツルに凍らせた小山や川岸の斜面では、美しく彩色の施された遊び用の小さな橇で新婚夫婦や若者たちが次々に滑降し、集団で雪の砦を取り合う遊戯や荒っぽい殴り合いも行われた。

マースレニツァ案山子とその葬送

ブリヌィ以外の謝酪祭のシンボルと言えば、この祭日の名でよばれる案山子だろう。現在では可愛らしく立派な人形が作られたりもするが、もともとは、子供が村中の家から集めて来た木っ端や藁やぼろきれで女たちがこしらえたものだという。太っちょで大食で酒豪の女性がぼろぼろの格好をしているという設定のマースレニツァは、見ただけで笑いを誘う。案山子が橇に乗せて運ばれ、高台や橇滑りの山の上に立てられると、子供たちは「マースレニツァが来たあ！」と囃（はや）して逃げるように滑り降りた。

謝酪祭の最終日である日曜の夕方、マースレニツァは葬送のため再び橇に乗せられる。村中総出で囃したて、歌い騒ぎながら村はずれの焚火の用意がしてあるところまで送っていく。葬送の途中では古着やボール紙で仮装した男たちが滑稽な演技を繰り広げることもあった。司祭の祈禱をまねて香炉代わりにサモワールの部品を振り回す者、ボール紙の肩章をつけて軍人を演じる者。全裸の男がマースレニツァを風呂に入れる、というようなエロチックな所作もあったそうだ。これらは、思想家バフチン（一八九五―一九七五）の言う、「格下げ」や「裏返し」に満ちたカーニバルの笑いに他ならない。

焚火が点火され、マースレニツァは炎に包まれる。土地によっては川に落とすなどの方法もあったが、葬ることには変わりがない。「燃えろ、燃えろ、マースレニツァ、七週過ぎたら祝日だ、お菓子（パスハ）持ってく、卵も染める……」などと歌い叫びつつ、仮装に使った藁や木くずや紙、壊れた橇、飽食の残りなどを次々に放り込んで焼いた。謝酪祭の焚火はこうした古いものを焼き尽くし、ばか騒ぎを終わらせ、すべてリセットして人々を復活祭に向けた斎戒の行程へと踏み出させたのである。

冬を送り春を迎える祭りとは

このようなマースレニツァにおける伝統的な行為は、ほぼすべてが生命の活性化を促す儀礼と解釈できそうだ。卵や牛乳を飽食して家畜の繁殖を予祝し、地面を滑ったり跳んだりはねたりして大地に働きかける。新婚夫婦に関わる行為が多いのも謝酪祭の特徴だ。子供たちは歌いながら新婚家庭を門付けしてお菓子やお金をもらい、新妻の母は婿にブリヌィをふるまい、村人たちは新婚夫婦を小さな橇に乗せて人前でキスをさせ、雪の中に転がすなどした。歌や芝居のエロチックなモチーフも豊穣儀礼と関連づけられる。

マースレニツァは一切の古いものを笑いと喧騒に包んで葬り去り、生命の誕生と復活に向けて暮らしをリセットするための祭りだった。よく言われる「冬を送り春を迎える」という説明は、それをごく簡略化したものであると言える。

（熊野谷葉子）

13 古儀式派——永遠の反体制派の原型

発端はロシアの宗教改革——国際派と国粋派の衝突

一七世紀の中ごろ、ロシア正教会の最高位である総主教に就いたニーコン（一六〇六―八二）は、印刷術の普及以来ロシア帝国領内の正教会で用いられる聖書や祈禱書のテクストに異同が目立つようになった語句を改訂するとともに、教会の儀礼にかかわる儀礼に関して以下のような一連の改革を決定して配下の教会に通達した。①十字を切る際、従来の人差し指と中指の二本の指を立てるのではなく、それに親指を加えて三本の指を用いること。②ミサの中で「ハレルヤ」を唱える際、三回続けるのではなく、二回にとどめること。③主要な祭日に行われる聖堂の周りを一周する十字架行進を従来の時計回りではなく、反時計回りにあらためること。④聖書や祈禱書でキリストを示す表記を〈Is〉ではなく、〈Iis〉と書くこと。

この時期のロシアは古いリューリク王朝の断絶の結果としてひきおこされて周辺諸外国の侵入によって国内が大いに荒廃し、ようやく国民会議においてロマノフ朝が選出の運びになったという時期に当たっていた。新王朝二代目のアレクセイ帝は〈穏健至極〉帝という綽名を奉られた君主だったものの、その治世には「塩一揆」（一六四六）や「銅貨一揆」（一六五六）のような都市民の暴動が頻発して世情は安定していなかった。聖職者の中にも正教会の権威を高めることを目的とする敬虔派と呼ばれるグループが現れたほどである。アレクセイ帝の寵を得て総主教に任じられ

図1　ワシーリー・スリコフ〈大貴族夫人モロゾワ〉(1887)

たニーコンは敬虔派の一人だった。概して言えば、ニーコンの改革は当時の東方教会の儀礼に即した国際的基準に近いものとすれば、この儀式改革を単なる形式の改革とは受け取らずキリスト教信仰の本質を損なうものとして反対を唱えたアヴァクム（一六二〇―八二）の主張はロシア古来の儀礼と信仰にこそ真正のキリスト教の精神が宿っているという信念に立脚していた。彼もまた敬虔派の一人だった。アヴァクムの説を支持する者は貴族の中にも少なくなかった。一九世紀の有名な歴史画の巨匠スリコフが画いた〈大貴族夫人モロゾワ〉はアレクセイ帝の妃の親戚にあたるフェオドシア（一六三二―七五）が皇帝の命令で牢に運ばれてゆく場面を描いているが、彼女が右手を高く掲げて描いているのは二本指の十字である。彼女は結局ボロフスクの牢屋で飢死にさせられる。

アヴァクムの抵抗はモスクワ市内の修道院の牢獄に投じられても、家族ともどもバイカル湖の湖畔中に流刑されても、やまなかった。手を焼いたアレクセイ帝は一六六六年にアンチオキアとアレクサンドリアから二人の総主教を招いて宗教会議を開催し、ニーコンの儀礼改革を合法と承認し、反対を唱える信徒を破門し、旧教徒を異端と宣告し、なおも信念をまげないアヴァクムを北極圏に近いプストジョールスクに流刑して地下牢に投じた。アヴァクムは地下牢の中で、自伝を書いた。古儀式派の信仰の正しさを後世の人々に伝え、ニーコンの改革の偽りを暴くためだった。不撓不屈は彼の生涯を表すような言葉であるが、剛毅だけが彼の気性ではなかったことが、その自伝からうかがえる。人間としての弱さや遅疑逡巡を飾らない言葉で綴ったところに、芸術性をそなえた人間記録としての魅力が潜んでいる。彼は一六八二年に三人の同志とともに、火刑台の上で生涯を閉じるが、地下牢で書かれた自伝は旧教徒の間で大切に伝えられ、現代でも、版を重ねている。

働き者の古儀式派――風変わりな生活様式

ロシアでは皇帝ツァーリが正教会の首長を兼ねていたので、正教会に服従しない古儀式派は自然と反体制派ということになった。したがって国家や正教会の側から絶えず警戒され、国家からの弾圧を受ける危険があった。もっとも、時の君主によって弾圧には明暗の差があった。ピョートル大帝の時代には人頭税が正教徒の二倍も課せられた。ヒゲ税も徴収された（古儀式派にはヒゲをたくわえる習慣があった）。

司祭の権威をみとめない無司祭派（無僧派）とそれをみとめない容僧派（司祭派）を較べると、無僧派の方がより原理主義的であり、人数としては司祭派の方が多数派で、教義の点で柔軟であった。概して古儀式派の信徒は生活態度の点で特色があり、ウォッカをはじめとするアルコール類や茶・コーヒーなどの飲料は固くタブーとされ、宗教儀式は長時間のミサでも立ち通すことが求められた。また彼らは古儀式派以外の者とは食卓をともにせず、ニーコン流の正教徒との結婚も認めなかった。そのため通婚圏がいちじるしく限定されるという不便を忍ばなければならなかった。

ゴルバチョフの禁酒令――ゴルバチョフの陰にいた旧教徒政治局員

ゴルバチョフによるペレストイカ政策がソヴィエト体制を動かしていた時分、ソヴィエト国内で禁酒令が敷かれていたことがある。国内のすべてのレストランで、午後二時になるまでウォッカを客に出すことが厳禁されていた。ビールはその限りに非ずとして見逃されていた。ロシア人は昼食を正午よりも遅く、二時ぐらいから食べることが多いから、愛飲家にとっては随分不都合な政策と思われた。米国と冷戦で世界の覇権を競っている折から、ロシア人たるもの、昼間から酔いどれているべからず、というのが禁酒令の出された趣旨と思われた。しかし世評では禁酒令の発案者は当時の政治局員の一人エゴール・リガチョフの差し金に違いないとまことしやかにささやかれていた。確かにリガチョフはシベリアのトムスク出身の無司祭派旧教徒の家庭の出身である可能性が高かった。

その他のさまざまな異端派——去勢派からペンテコステまで

古儀式派の人口がどれほどだったかについては、定説が無い。一九世紀の内務省官吏で、長編小説『森の中で』（一八七四）と『山の上で』（一八八一）で古儀式派の生活を描いたメーリニコフ＝ペチェルスキー（一八一八―八三）は二〇〇〇万人から二五〇〇万人と推定している。メーリニコフによると、近代初期のロシアでは正教会が最も峻厳に異端として排除していた分派には「去勢派」（性欲を諸悪の根源ととらえ、男子は去勢し、女子は乳房を切除するグループ。極東、バルカン地方に集住）、「ドゥホボール」派（聖霊＝ドゥフを信仰の中心とするグループ。カナダやカフカースに住む）などがある。これらはいずれもプロテスタントの教義の影響を受けて南ロシアで発生した信仰グループで、生活様式や典礼の点で古儀式派とは一線を画すものと考えられている。

（中村喜和）

14 宗教哲学ルネサンス——世界の「全一性」の把握を求めて

宗教哲学の急速な興隆

ロシアでは、帝政末期の一九世紀終盤から二〇世紀初期にかけ、キリスト教的な宗教性を色濃く帯び、観念論的、形而上学的な傾向をもつ新たな哲学思想を模索する動きがにわかに活発化し、著名な哲学者、思想家を数多く輩出して、かつてない独自の潮流を形成した。一九世紀半ばには大学の哲学講座が政治的理由で一時廃止され、さらにその後も実学や実証科学偏重の風潮のなか、観念的な哲学的思索や研究への風当たりが強かったロシアに突如現れた宗教哲学の潮流は、後に「宗教哲学ルネサンス」と呼ばれるほど多彩な広がりを見せた。実際、二〇世紀最初の二〇年間に、一九世紀全体よりも多くの哲学書が出版されたとも言われている。

図1　ヤロシェンコ〈ソロヴィヨフの肖像〉(1895)

ソロヴィヨフ——全一性の哲学

この宗教哲学的潮流の事実上の創始者となり、その思想的方向を決定づけたのは、一九世紀末の哲学者ウラジーミル・ソロヴィヨフ（一八五三—一九〇〇）だった。『抽象原理批判』（一八八〇）、『神人論講義』（一八八一）、『善の基礎づけ』（一八九四）といった主著で彼が試みたのは、当時の西欧哲学の主客二元論や、近代の自然科学的世界観を根拠づけている経験主義・合理主義を批判し、キリスト教神秘主義的な理念を基礎に、二元論を超克した新たな一元論的哲学体系を構築することだったが、そのためのもっとも重要な鍵となるのが、「全一性（フセエジンストヴォ）」と呼ばれる考え方である。

ソロヴィヨフは、ある物を認識するには、他のさまざまな物や認識主観との全体的な連関があらかじめ分かっていなければならないはずだと考える。つまり、個別の対象を認識する主観はつねに、その個別性を超えた外部の実在の統一的全体をも共に直接把握（直観）しているはずであり、この意味で個々の対象の認識を、実在的世界の統一的全体、すなわち「全一性」から切り離すことはできない。だから真理とは「実在的」かつ「全一的」だと彼は言う。こうした考え方は、認識主観には実在（物自体）など把握できないとするカント哲学の二元論への根源的批判となっているが、有限な対象や主観と、その外にある無限な外的実在の世界という本来異質なものが、じつは統一された全体をなす、というこの「全一性」の理念は、ソロヴィヨフにとってまさに「絶対者」つまり「神」のあり方にほかならなかった。

たとえば彼は、「愛」とは自分を捨てて自分でない者を肯（うべな）うという意味で絶対者（神）の原理だと言うのだが、それというのも、絶対者とは、神でありながらも神であることを捨て、神でない者（＝人間）になるものだからである（神と人との統一すなわち全一性）。彼にとっては人間もまた、人としての有限性の限界（物質性や獣性）にとどまろうとせず、それを超出して自分を捨て（愛）、神的絶対性＝全一性へ到達しようと意欲する者（「神人」）としてとらえられるのだが、この「神人」理念の最高の到達目標となるのが、神の子であり同時に人の子でもあったイエス・キリストにほかならない。ソロヴィヨフはまた、こうした目指されるべき「全一性」の神的・イデア的な雛形を「ソフィア（神の叡智）」とも呼んだ。この全一性の哲学に

図2　フロレンスキー（手前）とブルガーコフ（奥）（M. ネステロフ〈哲学者たち〉（1917）より）

は、一九世紀のスラヴ派が唱えたナショナリスティックな「霊的共同性（ソボールノスチ）」理念の残響を聞き取ることもできるが、ソロヴィヨフにとって全一性はあくまで人類全体の普遍的問題であり、自然や社会の進化・歴史のあらゆる段階を貫くものだった。

二〇世紀初頭における宗教哲学の展開――宗教哲学協会と『道標』

全一性を基礎とするこうしたソロヴィヨフの宗教的な哲学は、後続の数多くの哲学者や思想家たちに多大な影響をもたらすことになる。ロシアでは、すでに一八九〇年に哲学専門誌『哲学と心理学の諸問題』が創刊され、また一九〇一―〇三年には、「新しい宗教意識」を唱道する象徴派詩人メレシコフスキーや思想家ローザノフなどがペテルブルクで「宗教哲学会議」を開催していたが、一九〇五年、ソロヴィヨフと親交のあった哲学者セルゲイ・トルベツコイらがモスクワに「ソロヴィヨフ記念宗教哲学協会」を創設、また一九〇七年にはペテルブルクにも類似の組織が誕生している。その会合には、エヴゲニー・トルベツコイ、ニコライ・ベルジャーエフ、セルゲイ・ブルガーコフ、セミョーン・フランク、パーヴェル・フロレンスキー、レフ・シェストフなどの著名な哲学者たちだけでなく、ソロヴィヨフに心酔する象徴派の有力な文学者アンドレイ・ベールイ、ヴャチェスラフ・イワーノフ、アレクサンドル・ブロークらも参加するなど、宗教哲学は高度な知識層のあいだに幅広く浸透し、一種の文化現象となったのである。

宗教哲学者たちはソロヴィヨフの全一性の理念をさまざまに受け継ぎ、物心二元論を背景に持つ唯物論や合理主義を批判・超克しようとした。たとえばベルジャー

図3　ベルジャーエフ

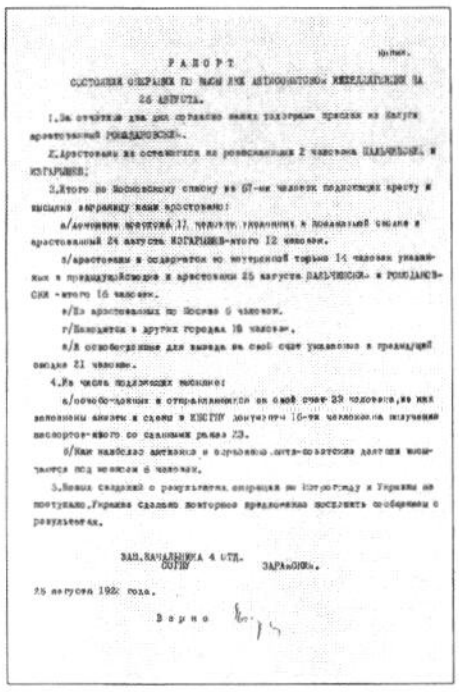

図4　反ソヴィエト知識人国外追放状況の報告書（1922）

エフ（一八七四—一九四八）は、神の真理はもともと合理性を超えた矛盾したものの結合であり、それが主客へと二元論的に分裂してしまうのは堕落や罪のためなのだが、実存的・人格的な愛（自由）の原理によってその分裂は克服され、霊的共同的（ソボール）な統一性がもたらされると唱えている。ベルジャーエフ、ブルガーコフ、フランクらを執筆陣として刊行された一九〇九年の文集『道標』は、まさにこうした宗教哲学の精神的立場から、当時のロシアの「革命的インテリゲンツィヤ」に特有の唯物論的な考え方を鋭く批判し、レーニンら革命主義者たちの激しい反発をうけた。後にロシア革命で政権を握ったレーニンは、一九二二年、ベルジャーエフ、フランクを含む数多くの宗教哲学者や知識人を汽船に乗せて国外に追放することになる。

世界の一元的直観——ロシアの宗教性と西欧哲学の文脈

宗教的信念と哲学の学問的探究とのこうした直接的結合は、西欧のルネサンスのような文化の世俗化、脱宗教化を経験しておらず、宗教と日常が近接しているロシア文化に特有の現象と見ることもできよう。しかし、より幅広い哲学史的文脈で見れば、生と知性を一元的にとらえるベルクソンの直観主義や、経験とイデアを不可分のものと見るフッサール現象学、世界内部から世界全体と関わる実存者として人間をとらえようとするハイデガーの存在論など、西欧においても、二元論を克服し世界を一元的に直観しようとする哲学がさまざまな形で登場していたのであり、ロシアの宗教哲学ルネサンスは、そうした世界的な哲学的傾向のロシア的な現れと見なすこともできるだろう。

（貝澤　哉）

15 神秘思想——近代の三人の神秘思想家たち

ロシアの神秘思想の多面性という観点から

他の西欧諸国と異なり、ロシアは近代に至ってもなお中世的な精神風土を保ち続け、日常の営みの底流に神秘思想が強力に生き続けた。その点では、これから言及する三人の近代ロシアの神秘思想家たちも、まさしくロシアという地においてしか生まれ得なかった存在と言えるだろう。だが、他方では、彼らの思想や行動は「ロシア的」とされる一元的特徴に単純にまとめられるものではなく、むしろロシアの神秘思想の多面性を示している。ここでキーワードとなるのは「辺境」と「放浪」である。

ロシア人女性にして神智学の創始者

一九世紀後半から二〇世紀にかけて西欧世界で強力な影響力を持ったオカルト思想である「神智学」の創始者エレーナ・ブラヴァツカヤ（一八三一―九一。英語風の表記だとヘレナ・ブラヴァツキー）はロシア人女性として、ロシア帝国の南西部、ウクライナ地方の町エカテリノスラフの砲兵大尉の家に生まれた。一家は父の仕事の関係で転勤が多く、オデッサ、クルスク、ペテルブルク、アストラハン、ポルタヴァ、サラトフ、チフリスなどロシア各地を転々とする。チフリスでは二〇歳以上年上の県副知事と出会い一六歳で結婚。しかし、その直後、婚姻は双方の合意の上解消され、エレーナは本格的な放浪生活に入る。欧州各地、北アフリカ、中央アジア、

図１　ブラヴァツカヤの肖像（1878）

北南米、インド、中国を訪ね歩き、彼女自身の（疑わしい）証言によれば、ロンドンでは初めてインド人の霊的指導者と出会い、チベットでは七年間導師から秘儀を伝授されたとされる。そして一八七五年、アメリカ人の退役将校オルコットとともに「神智学協会」を設立、著書の刊行や、欧米からインドに及ぶ啓蒙活動によって、自らが提唱する神智学の普及に努めるようになる。

神智学は、簡単に言ってしまえば、西欧文明の物質的・合理的傾向を批判し、非西欧の秘教伝統を高く評価する思想である。そして、その創始者ブラヴァツカヤが西欧的教養の内に育ちながらも、西欧文明を批判する視点を獲得できたのは、まさしく生涯に渡る放浪の経験によるものであったと言えるだろう。

図2　後半生のグルジエフ

アルメニア出身の多文化的オカルティスト

ゲオルギー・グルジエフ（一八六六?—一九四九）は、ロシア帝国領のアレクサンドロポリに、ギリシア人の父、アルメニア人の母のもとに生まれた。この町は現在のアルメニア共和国のギュムリであり、ロシア帝国にとっての「辺境」であると同時にキリスト教文化圏の「辺境」でもあった。すなわち、トルコとの国境に接するこの町において、非カルケドン派正教会、カトリック、イスラーム教やヤジーディー教が混在する多文化的な環境で彼は幼年時代を過ごしたのである。

そして二〇年以上にも渡った「放浪」もまたグルジエフの多文化的素養を促した。彼は二〇歳前後からエジプト、近東、中央アジア、インド、チベットなどを旅し、古代の叡智を伝承するとされる「サルムング教団」を探したり、チベットのラマか

図３　ラスプーチンの肖像

ら秘儀を伝授されたりしたと自伝的著作の中で語っている。ブラヴァツカヤの場合と同様、ここにはかなり脚色が混じっていると思われるが、この放浪時代にグルジエフが仏教や東方キリスト教、イスラームのスーフィズムを学び、その知識を後の活動に活用したのは間違いない。一九一二年以後は西欧に拠点を作って、ロシア、ドイツ、フランス、イギリス、アメリカなどで小グループを組織・指導し、自らの思想の普及に努め、一九四九年パリで死去する。

グルジエフの思想には西洋的な要素も東洋的な要素も見られるが、それが折衷的な寄せ集めではなく、すべて有機的な思想にまとまっている印象を与えるのは、彼が生まれ育ったアルメニアの、両者の要素が渾然一体となった多文化的環境が彼の出発点となったからだろう。人間は、無自覚のうちに眠りの中にあり、自分で自分を律することのできない不自由な「機械」であるという認識に始まり、その不自由な状態から脱し、真に自由な存在となるのが彼の掲げる目標である。そして、そのために有効な手段とされるのが「ワーク」と呼ばれる優秀な指導者が指導する小グループでの修練である。

シベリアの放浪者、あるいは淫蕩な聖者

グリゴリー・ラスプーチン（一八六九―一九一六）は、ロシア帝国の「辺境」、すなわち、シベリアの寒村、トボリスク県ポクロフスコエ村に生まれた。普通の農民として育った彼の転機は二〇歳前後に訪れる。エルサレムや正教の聖地アトス山への巡礼を皮切りに、何度か「放浪」と帰郷を重ねると同時に千里眼や治療能力など

の不思議な力を誇示し始め、シベリア地方で特異な聖者と見なされてゆくようになる。歴史の表舞台に登場するのは、一九〇五年のペテルブルク上京以後で、血友病に苦しむ皇太子を治療したことから皇帝ニコライ二世の信頼を得て助言者の立場を得、ロシア帝国の政治の黒幕となる。しかし、反ラスプーチン派の貴族・軍人・政治家たちによって一九一六年、ペテルブルクで暗殺され、その数奇な生涯を終える。

ペテルブルク上京前の時期に関してよく指摘されるのが「鞭身派」という異端的宗派との関係である。これは、一七世紀後半に発生したロシアのカルト的宗派で、中央の迫害から逃れてシベリアで大きな勢力を持っていたという点からラスプーチンとの関わりを推測する識者が多い。この宗派で特に耳目を引いたのが秘密裏に行われる独特の礼拝方法である。信者たちは夜、小屋か森の空地に集まって、祈りと賛美歌を口にした後、輪になって次第に速度をあげながら回り出す。そして儀式をとりしきる者が信者を笞打ち、全員が恍惚と痙攣のうちに地面をのたうちまわる。最後に蠟燭の炎が吹き消され、信者たちの乱交で儀式は終わると伝えられている。人間が聖性を獲得する手段として性行為を積極的に教義・儀式に取り入れているのに加え、鞭身派の教義には、霊に憑かれた者の行為は、自分ではなく霊に属するという発想がある。それは、首都上京後のラスプーチンを悪名高い性的な乱行に駆り立てた内的心理を説明するものであると言えるかもしれない。

一九九五年に地下鉄サリン事件を起こしたオウム真理教が日本以外で最も勢力を伸ばしたのがロシアであり、この国では現在もなお神秘思想が強く日常に生きていると言えるだろう。

（久野康彦）

Column 2

聖愚者

中世ロシアには、現世の常識、世間の暗黙のルールを片端から無視して奇行を繰り返すキリスト者たちがいた。聖愚者(ユロージヴィ)と呼ばれた彼らは、所有物や家族を捨て、身なりを一切気にかけず(多くは裸で)浮浪者として市中を徘徊し、民家に石を投げつけたり、店の売り物を破壊するなど、わざと愚かな振る舞いをしてはスキャンダルを引き起こした。だがその奇矯さによって彼らは、私たちが日頃「正しい」「ふつう」と思っていることは本当に正しいことなのか、という疑いを抱かせる。聖愚者の理屈によれば、「ふつう」をあえて無視する愚者こそ、真理を知り、神の聖なる次元に触れる賢者なのだ。当時の人々は、そのような聖愚者が奇跡の力や予言能力をもっていると信じ、彼らを敬った。

聖愚者という語は、使徒パウロの「私たちはキリストのために愚かな者です」という言葉に由来し、ビザンツ帝国のキリスト教的環境のなかで広まった概念・現象だが、遡ると、無知の知を唱えたソクラテス、世間の慣習を嘲笑ったキュニコス派、そしてキリスト自身もその先駆とみなしうる。ルーシでは、ビザンツ帝国から伝わった正教が一〇世紀末に受容されたのち、聖愚者伝説も伝播していった。ビザンツ帝国の聖愚者が、その愚行により主に市井の人々の日常道徳を問うたとすると、ロシアの聖愚者は、政治権力との関係性のなかで登場する。なかでも恐怖政治を敷いたイワン雷帝(一五三〇―八四)の時代に有名な聖愚者が集中的に現れ、恐ろしい皇帝と直接対峙したとされる。たとえば雷帝は他都市に遠征して虐殺や略奪をかさねたが、プスコフの町を略奪した折、ミクーラという聖愚者が現れ、皇帝を恐れもせず「略奪をやめて立ち去れ」と言い放った。そのとき雷鳴が響き、これを恐れた雷帝はミクーラの言葉に従ったという。こうした伝説は、無制限の政治権力を別の権力(神的権力)によって制限してほしいと願う社会の期待の反映であろう。聖愚者は、社会の最底辺に属し、社会秩序から疎外されることで、世俗の最高権力に対抗しうる特権的な力を備えた存在として立ち現れる。

一七世紀以降、こうした逸脱的存在は国家の迫害対象となるが、文化には聖愚者の形象が現れ続けた。プーシキン『ボリス・ゴドゥノフ』(一八三一)に登場する聖愚者、ドストエフスキー『白痴』(一八六八―六九)の主人公ムィシュキン公爵、トルストイ『イワンの馬鹿』(一八八六)など、無知により常識に対抗する人物像は読者を魅了する。現代ロシアでも、ヴォドラスキン『聖愚者ラヴル』(二〇一二)や国家権力に意義を唱えるアクティヴィスト・アートには、聖愚者的命脈が息づいている。

(平松潤奈)

第3章

ロシア史の光と闇

カジミール・マレーヴィチ〈赤い騎兵隊〉(1932)

広大なユーラシア大陸の強大な権力

第1章で見たように、ロシアといえばその広さが圧倒的だ。だが、ロシア史の始点とされるキエフ公国は、ヨーロッパ東部の小国で、それもやがて広大なユーラシア大陸を東方から制したモンゴルの支配下に飲み込まれた（タタールのくびき）。一五世紀、このモンゴル支配を退けたモスクワ大公国は、一六世紀、逆に東方への植民地化（シベリア征服）を開始し、一世紀足らずで太平洋沿岸に到達する。その後もロシアは西方や南方へ地続きの領土拡張を進め、かつてのモンゴル帝国に匹敵する巨大な陸の帝国となっていった。だがロシア領となったユーラシア大陸の北側・内陸の大部分は、南側と比べて寒冷・乾燥した遊牧民の土地で、定住・農耕に適さず、あまりに広大なその平地に、人口はあまりに疎らだった。シベリア征服が容易だった所以もまさにそこにある。当初、毛皮資源に魅せられ、現地の非ロシア諸民族を毛皮貢納制に組み込みながら東進したロシアの植民地化だが、やがて毛皮交易は衰退、その後、人口希薄な土地は、幾度もの植民によって生産的な土地への転換が試みられた。こうしたことから、ロシア史の泰斗クリュチェフスキーは、「ロシアの歴史は、植民地化されていく国の歴史だった」（傍点筆者）と述べている。

西欧諸国が、遠く離れた海外の地を植民地化し、そこに奴隷制を敷いたのに対し、ロシアの地続きの植民地化は、このように本国の拡大・開発と同一過程であり、つまり、本国領土とその住民もが繰り返し植民地化される「自己植民地化」であったともいえる。広大な領土に分散する希少な人口を動員し、領域の経済・軍事基盤を維持していくため、ロシアの中央権力（皇帝(ツァーリ)の専制）は強大となり、自国農民を土地に拘束する農奴制は、逆説的にも、ピョートル大帝やエカテリーナ二世などの開明的君主のもとで近代化が図られ、ロシアが世界市場に組み込まれるにつれ、ますます強まった。多くの農民が、国家や領主貴族の束縛からの自由を求めて、広大な未開地に逃亡し、新たに自発的な植民活動を行ったが、国家権力はどこまでもその後を追い、人々を己の秩序のもとに組み込んでいった。

権力の転覆と反復

しかし経済的・軍事的な国際競争が激化して国内の圧力が限界に達し、逃げ場も失われると、人々は秩序それ自体の破壊を目指し、反乱や革命を起こす。二〇世紀初頭、第一次世界大戦のさなかに起こったロシア革命は、皇帝を頂点とする専制帝国の秩序を爆発的な力で覆し、さらに、まったく新しい社会体制――社会主義――を打ち立てようとするラディカルな実験であった。

マルクスによれば、社会主義は、資本主義が発達した西欧で達成されるはずだった。この理論に反して試みられたソ連の社会主義は、一九世紀の人民主義思想家(ナロードニキ)たちが期待したように、伝統的なロシア農村に見られたような共同体を再現する志向だったとも言える。開かれた広大な大地で人々が寄る辺なく暮らさねばならない環境だからこそ、自発・強制を問わず、緊密な集団形成への衝動が反復されるのかもしれない。平等な共同体創出の夢を孕む社会主義の試みは世界でも前例のない困難な挑戦であり、この体制を一国で維持していくために、ソ連政権は結局、過酷で集権的な人口動員政策へと舵を切る。赤い皇帝スターリンの主導で、帝政期よりもはるかに強力で大規模な自己植民地化——農業集団化や収容所での強制労働——を行ったのだ。

自己植民地化の歴史とその文化

ロシア史に通底するこうした自己植民地化の過程は、多くの犠牲をともなってきた。それは、分業化していく近代の世界経済のなかで原料供給国（経済植民地）の地位を強いられつつも、国家の独立を保とうとする地域に生じた悲劇だった。国内を植民地化し、資本を中央権力に集中させることで、ロシアは強大な軍事国となり、外国による植民地化を免れ、国家主権を維持しつづけてきたのである。地形上の防御壁に欠くロシアは、ナポレオン軍やナチ・ドイツ軍に深く侵攻されるものの、それらに勝利し（二つの戦争は国の存亡を賭けた戦いとなり、それぞれ祖国戦争と大祖国戦争と呼ばれるようになる）、自らヨーロッパ列強の一員となり、また二〇世紀後半のソ連は、アメリカと並ぶ世界の二大超大国の一つになった。

そして社会の上層・中心に集中した富は、高度な文化を生み出し、ロシアを軍事的列強であるのみならず、文化的強国にも押し上げてきた。だがロシア文化は、強さの単なる反映ではない。自己植民地化がもたらす政治的独立と経済的劣位との二重性により、ロシア文化は自負心と劣等感の入り混じる分裂症的なものになっている。一方では、帝国的威光を背景にした華やかな文化や、強大な国家権力のあり方に呼応する男性的文化がある。ソ連初期の先進的な女性解放運動さえ、男性的原理への同一化という形をとった。だが他方では、人間に過酷な運命をつきつけてくる世界との葛藤、社会の矛盾や痛みへの共感、あるいは社会の別のあり方を夢想するユートピア的志向が、ロシア文化の基調となってもいる。国家権力との対立のために国外で花開くことになった亡命ロシア人の文化も、こうしたロシア社会の振れ幅の広さの一側面だといえよう。（平松潤奈）

16 タタールのくびき——モンゴルのロシア支配とは何であったのか

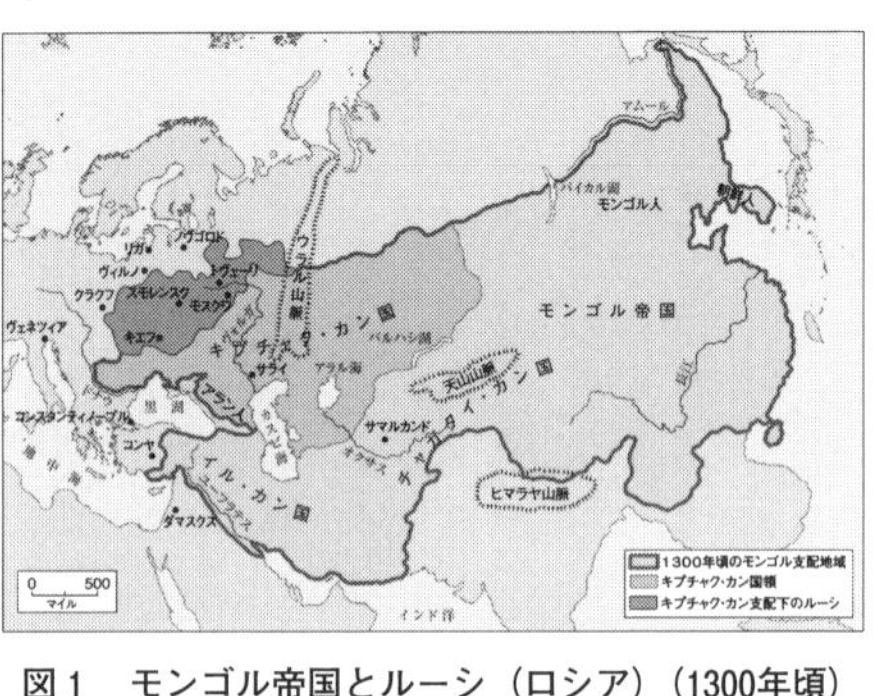

図１　モンゴル帝国とルーシ（ロシア）（1300年頃）

ロシア史におけるモンゴル時代

ロシアは一時モンゴルの支配をうけたことがある（一三—一五世紀）。ロシア年代記はモンゴルを通常「タタール」と呼んだので、支配を過酷で抑圧的とみた人々はこれを「くびき」と表現した。ただしそれは支配が終わった後のことで、今のところ一六—一七世紀以前の用例は確認されていない。今日の歴史家や現タタール自治共和国民の中には「タタール」の語を避け、「モンゴルのくびき」とするよう求める動きがある。また「くびき」性を否定する見方も出されている。

支配は、チンギス・ハンの孫バトゥ（一二〇七—五五）が西方遠征を行い、その後ヴォルガ川下流域のサライを中心にジョチ・ウルス（キプチャク・ハン国）を創建した時に開始された（一二四二年頃）。当時「ルーシ」と呼ばれたロシアの大部分がその版図に含まれた。この国はロシアでは「オルダー」と（のちには「黄金のオルダー（ゾロタヤ）」とも）呼ばれた。モンゴル人はロシアに移り住むことはなく、支配はいわば間接的に行われた。ロシア諸公は最初サライ経由でモンゴル本国へ、その後ハン国の自立化が進むとともに、もっぱらサライへと赴いてハンから勅許状（ヤルルィク）を獲得し、自公国の領有権を認めてもらった。諸公のハン国詣では一五世紀前半に至るまで行われた。交流の活発化とともにサライ居住のロシア人も増え、その司牧のために正教会のサライ主教区が設けられた（一二六一）。ハンは諸公に対する一種の目付け役の「バス

図2　アレクサンドル・ネフスキー公（光輪の人物）がサライのバトゥ・ハンのもとを訪れる

図3　クリコヴォの戦い（1380）。逃げるタタール軍をロシア軍が右方から追撃している。右側上半分には天の軍勢が描かれる

カク」を派遣して徴税を基本とする支配の貫徹を図った。時には徴税、懲罰のため略奪遠征を行ったり、諸公間の対立をあおり統一政権の形成を阻害したりした。

独立への動きと支配の終焉

支配への抵抗はモスクワ大公国の成長とともに始まる。とりわけ大公ドミトリー（在位一三五九―八九）の率いるロシア軍が武将ママイ麾下のタタール軍を破った一三八〇年のクリコヴォの戦いが画期となった。ドミトリーはこの後「ドンスコイ（ドンの英雄）」と称えられるようになる。その後支配は再建されたが、独立への機運がしぼむことはなかった。最終的に一四八〇年、ハン国の後継国家であった「大オルダー」の大軍がウグラ河畔でイワン三世（在位一四六二―一五〇五）の軍を前にして攻撃を断念、撤退するに及んで（「ウゴールシチナ」「ウグラ河畔の対峙」と呼ばれる）、支配は終焉を迎えたといえる。

支配の影響をどうみるか

支配がロシア史に及ぼした影響をめぐってはさまざまな立場がある。広く見られるのは、それが残酷で被害も甚大であったとするものである。なかにはロシアが西欧諸国と比較して「後進的」であることの最大の原因をここに求める者もいる。「くびき」性を強調する見方である。他方、支配を肯定的に評価する者もいる。モンゴルの侵入や支配は言われるほどに破壊的ではなく、むしろロシアはモンゴルから多くを学んだ。分裂にあえぐロシアが専制国家を形成しえたのはモンゴルのおか

図４　「ウゴールシチナ」(1480)。ウグラ川を挟んで左側にロシア軍,右側にタタール軍が対峙する。ロシア軍には火器もみえる

げであり、軍事技術や行財政・交通システム（駅逓制）などにおいて顕著な影響を受けたとする。こうした見方は、一九一七年のロシア革命後西方へ逃れた一部亡命者の唱えた「ユーラシア主義」思想のうちにとくに強く認められる。それによれば、ロシアはヨーロッパとは異なる半アジア的な「ユーラシア」である。モンゴルはロシアにとって敵ではなく、支配も「くびき」などではなかった。むしろモンゴル人は宗教的に寛容であり、ロシアはその庇護下に、西方カトリック勢力の侵略に対し効果的に対峙した。もし支配が「西欧」によるものであったなら、ロシア人はその魂を奪われていたであろうとする。

以上に対し影響をほとんど認めない立場もある。というよりロシアの研究者は通常この立場に立つ。Ｓ・Ｍ・ソロヴィヨフ（一八二〇―七九）やＶ・Ｏ・クリュチェフスキー（一八四一―一九一一）など帝政期の代表的歴史家は、モンゴル支配がロシアにとって外在的な要因にすぎず、ロシア史の内在的発展を基本的な点で変えることはなかったと考えた。この点ではソヴィエト期の歴史家も同様であった。彼らはモンゴル支配をロシア史のなかに有機的に組み込むことを拒んだのである。このように影響の問題は複雑である。いずれかの立場を是として済ますわけにはいかない。とりわけ次に示すような見方は極端で、問題が多い。

「ロシア人、一皮むけばタタール人」

一九世紀のヨーロッパではロシア人はしばしばこのように揶揄された。それはロシア遠征で躓いたナポレオン（一七六九―一八二一）の言とされることが多いが、確

たる証拠はない。この表現は世紀後半にはロシアでも知られており、ドストエフスキー（一八二一—八一）も批判的立場からこれに言及している（『作家の日記』一八七七年一月）。ロシアをヨーロッパから排除し非文明的「アジア」とみなす傾向は広くみられ、たとえばマルクス（一八一八—八三）にもモスクワ大公イワン一世・カリタ—（在位一三二五—四一）を「タタールの奴隷頭」と評する記述がある（『一八世紀の秘密外交史』石堂清倫訳、三一書房、一九七九年、一一三—一一四頁）。これはまさにモンゴル支配を「野蛮」な支配者による「くびき」と決めつける極端な例であり、中傷の類といわざるをえない。というのも、もはや形質的に純粋な、あるいは固定的な国民性や民族性について云々するのは無意味であるからである。これを精神・文化史的な意味に限定した場合でも、ロシアが複雑な変化を遂げてきたことを考慮する必要がある。その上でおそらく次のように言うことができよう。一〇世紀の建国以来ロシア（東スラヴ）人の精神的・文化的基盤は正教キリスト教であった。それはモンゴル支配期にも途絶えることなく続き、状況は今日に至るも変わらない。それゆえ上の表現をそのまま認めることはできない。それは政治的・軍事的に急速に拡大した近代ロシア帝国に対するヨーロッパ側の警戒心からくる恐れと偏見の表現であった。ただ一方で、欧米の圧倒的な覇権に対抗すべく民族主義的な傾向を強めつつある今日のロシアでは「ユーラシア主義」の復活が目につくことも事実である。この表現は不適切であるが、「くびき」をめぐる問題にはいまだ議論されるべき余地が多く残されていることを反語的に示すものではあった。

（栗生沢猛夫）

17 皇帝（ツァーリ）――ロシアに特徴的な統治システム

図1　ツァーリの戴冠式が行われた神の御母就寝（ウスペンスキイ）教会

統治理念としての「ツァーリ」

ロシアでツァーリが存在したのは、のちに雷帝と恐れられるイワン四世（一五三〇―八四）が戴冠した一五四七年から、ロシア二月革命で皇帝ニコライ二世が退位した一九一七年までの三七〇年間に過ぎない。しかしながら、ロシア史上には、キリスト教を受容したウラジーミル聖公（?―一〇一五）、キエフ・ルーシの全盛時代を画したヤロスラフ賢公（?―一〇五四）、ロマノフ朝のピョートル大帝（一六七二―一七二五）、エカテリーナ二世（一七二九―九六）、さらに、ソヴィエト時代のスターリン（一八七九―一九五三）、ソヴィエト崩壊後のプーチン（一九五二―）など、他国に類例を見ない強力な指導者が存在する。このことを鑑（かんが）みると、「ツァーリ」は、ロシアに特有の統治理念を示す特徴的な言葉であるとも言える。

強力な指導者としてのツァーリという権力集中のシステムを支えたのは、一方では、ロシア民衆の間で流布していた「善良なツァーリ」という信憑であり、また一方では、これら農民を直接に管理下に置いていた封建領主層（修道院、大貴族）の政治的ないし軍事的補佐であった。このロシアにおけるツァーリへの権力集中システムと対蹠的なのは、自らの国を「ジェチポスポリタ（レスプブリカ、共和国）」と呼び、封建貴族（シュラフタ）が王権を制限したポーランドである。ポーランドはロシアと同様にスラヴ族で、太古には同質の文化をもっていたと考えられるが、ロシ

図2　イワン雷帝

アがコンスタンティノープルから正教キリスト教を受容し、ポーランドはローマからカトリックを受容するという、別々の歴史的展開をもったために、ほとんど正反対の性格をもつ国政を発展させた。

ロシアにおける「ツァーリ」概念の源流

ロシアにおける「ツァーリ」概念の根本にあるのは、「天上の唯一の全能の神＝パントクラトール」の地上における代理人としての「唯一の全能の皇帝＝アウトクラトール」というビザンツ帝国の統治者概念である。この思想は、聖権と俗権が分離併存する西欧には存在しない。アウトクラトールは、俗界のみならず聖界をも統括する最高権威・権力者であり、聖界の長である総主教（パトリアルフ）はその一下僚にすぎない。また、祈りにより神に仕える修道士が精神的にツァーリを支えた。

この統治理念は、キリスト教の受容と同時にロシアに流入してきた。府主教イラリオンによる『律法と恩寵について』の中で、ウラジーミル聖公は、史上最初のアウトクラトールであるコンスタンティノス大帝に準（なぞら）えられている。しかし、キエフ・ルーシ時代には、類比はここでとどまり、アウトクラトールたる皇帝、ツァーリはあくまでビザンツ皇帝のみを指す言葉であった。

ツァーリ、総主教、修道士という三要素からなるアウトクラトールによる統治システムを、強引にルーシに導入しようとしたのがアンドレイ・ボゴリュプスキー公（一一一一―七四）である。「神に愛された」と自称するアンドレイ公は、騎馬民族の侵入から守られた北東ルーシの森林地帯にあるウラジーミルを拠点に、ビザンツ的専制の導入を目指した。自らの腹心であるフェオドルを、キエフ府主教の叙聖なしにロストフ主教に任じ、政教一致の統治体制を確立させようとしたのである。しかしながら、アンドレイ公は中央集権化を嫌った配下の貴族に暗殺され、フェオドルも舌を切られて言語を絶する苦痛のなかで息絶えた。ルーシは、なすすべもなくモンゴルの侵寇に屈した。一三世紀前半のバトゥの遠征で、ロシアがモンゴル・タタールの支配下に入ると、キプチャク・ハン国のハンもツァーリと呼ばれた。

バトゥの遠征から一三二八年のトヴェーリの蜂起までのおよそ一〇〇年間、キプチャク・ハンは強大な軍事力を背景にロシアに圧政を敷いたが、モンゴルのこの暴力による抑圧的支配も、ロシアのツァーリ概念のもう一つの源流である。

ツァーリ概念の継承と民衆の自由

一二〇四年の第四回十字軍でビザンツ帝国は致命的な打撃を受け、以後衰退の一途をたどるが、一四世紀のロシアは、荒野修道院創設運動で北東ルーシの森が耕地に変わるにつれ、目覚ましい復興を遂げた。一四三八―三九年のフェラーラ・フィレンツェ公会議で東西教会の合同が決議されると、ロシアはこれに反発してビザンツ帝国と決別し、ロシアの主教たちの互選で府主教を選出した。一四八〇年にモンゴル・タタールの軛（くびき）を最終的にはねのけると、イワン三世は最後のビザンツ皇帝コンスタンティノス一一世の姪ゾヤ（ロシア名ソフィア）を娶って、ロシアはビザンツ帝国の継承者を自認するようになり、非キリスト教の東方の君主に対しては、ツァーリの称号を用い始めた。続くワシーリー三世の治世には、プスコフの修道士フ

図3　偽ドミトリー1世

ィロフェイが「モスクワ第三のローマ理念」を唱えた。つまり、アポナリウス異端によってローマが、東西教会合同によってコンスタンティノープルが、神の怒りを買って滅びたが、正しいツァーリを戴く第三のローマ、モスクワは繁栄している、第四のローマはありえないというのである。このようなモスクワ大公国勃興期の高揚のなかで、一七歳の若き君主イワン四世が一五四七年にツァーリとして戴冠した。

のちに雷帝と恐れられるイワン四世は、統治の後半で大貴族層と衝突し、自らは地上の神であるという強烈な自覚のなかで、親衛隊オプリチニキを組織し、猛烈なテロルを行い、ロシアは荒廃した。イワン雷帝は晩年、異常な精神状態にあり、些細な喧嘩から有能で人望もあった自らの息子、皇太子イワンを殴り殺した。イワン雷帝の死後、子供のなかったその子フョードルが死ぬと、リューリク朝は滅亡した。

リューリク朝が断絶すると、不慮の事故で死んだ、イワン雷帝の皇子ドミトリーが生きているという噂が流れ、ドミトリーを名乗る破戒僧グリゴリーがツァーリに戴冠したが、殺された。貴族層は、カトリック教徒であるポーランド王子ヴワジスワフをツァーリに迎えようとしたが、この動きに怒ったロシア民衆は義勇軍を組織し、ポーランド軍をモスクワから放逐した。全国会議が招集され、一六一三年、ミハイル・ロマノフがツァーリに選出された。民衆はツァーリ専制を選択した。

ロシア（ソ連も含む）の民衆は、国土の広大さ（プロストール）を背景にした自由（ヴォーリャ）を愛してきた。このほとんど無制限な自由は時に無秩序と野放図につながり、国民に惨禍をもたらしたが、この弊害から免れるために強力な命令システムとしての「ツァーリ」を機能させてきた。それがロシアである。　（三浦清美）

18

農民——植民とミール共同体

「広すぎるロシア」の植民

帝政ロシアを代表する歴史家クリュチェフスキー（一八四一—一九一一）によると、ロシアの農民は夏の数カ月「熱病にかかったように過度に働き」、他の時期は「強制された怠惰」を強いられていたため、ヨーロッパ人のように「適度な、よく配分された、着実な仕事への習慣が欠けている」。これは北国の気候的な条件に起因するものだが、さらにロシアの歴史は地理的な環境に大きく左右された。ロシア人がこの「広すぎる」平原にひろがったのは人口増による漸次的なものではなく、移住によるものであった。農民たちは「渡り鳥のように」地方から地方へ住みなれた場所を捨てて新住地に腰を据えた。植民の地域は、その国家領域とともに拡大していった。この運動は「時には衰退し、時には昂揚しつつ今日に至るまで続いている」。西欧の旅行者の眼には、ロシアの村々は「すぐにでも自分の住みついた場所を捨てて新しい場所へ移って行こうとしている遊牧民の仮の偶然的な露営地」という印象を与えている。

クリュチェフスキーがこう述べたのは一九世紀末のことだが、少し補足すると、ロシアの農民は一五五〇年頃オカ川の南を国境とした森林地帯に住み、定住的な農業に従事していた。だがその後絶え間なく続いた政治的フロンティアの拡大によって、南部、南東部への移住・入植を繰り返した。帝国のロシア化の意図を持つツ

図１　一休みする農民（ゲオルギ，1776）

図2　モノを運ぶ農民。男女の典型的な普段着が描かれている

ァーリ政府の植民政策に呼応して、ウラルを越えた「アジア・ロシア」に新天地を求めた農民たちも、そこで伝統的な「農民としての」生活を再現しようとした。他方で、辺境の「自由で、豊かな土地」を目指して不法に逃亡、あるいは「無許可で」移住する農民も少なくなかった。その根底には「土地は誰のものでもなく、神のもの」であり、その用益権は耕した者にのみ属するという独特の土地観念が認められる。

一九世紀ロシア文学の巨匠たちもそれぞれの立場から農民について強い関心を示した。モスクワの南約二〇〇キロに位置する領地「ヤースナヤ・ポリャーナ」で約一〇〇〇人の農奴の主人であった伯爵レフ・トルストイ（一八一八―一九一〇）は、「地主の朝」（一八五六）では不信と敵意をもって地主を見つめる農民を描きながらも、農奴解放に先立って農民の一部を解放した。また彼らの子どものために村に学校を開いた。のちにロシア正教会を批判して破門されるトルストイだが、素朴な信仰を寄せる農民には温かい眼を注いだのである。他方で、「人々のなかで」暮らした作家ゴーリキー（一八六八―一九三八）は、「善良で深く宗教的なロシア農民」像には批判的で、農民の粗暴さを強調している。だが彼もまた「あまりに広大な地理的空間の故に」国家に対する反抗心が外に向かったこと、農民の心のなかでは「遊牧民の本能」がいまだ除去されていないなどの興味深い論点を指摘したのである。

ミール共同体

近代ロシアの村のあり方を独特なものとして調査し、内外の強い関心をひきおこしたのはプロイセンの農学者ハクストハウゼン（一七九二―一八六六）の『ロシアの

図3　ミールの集会に司祭と領主が列席している(1798)

国内事情、民衆生活、とりわけ農村制度』(三巻、一八四七、五二)であった。一九世紀に入ってもロシアでは三圃制農業のもとで農民分与地はもとより、ほとんどの土地が共有で、「中世的な、遅れた」共同体農業が営まれていた。村では各世帯の労働力・口数に応じて、毎年のように地条の追加・削減、あるいは交換等による耕作地(散在する細長い地条)の規模の調整が行われていた。土地の規模と負担は一体で、税・地代の支払いは村の「連帯責任」であったからである。ハクストハウゼンが着目したのはこの「土地割替」慣行であった。

このような土地利用慣行は、ヨーロッパの農民とは対照的であった。中世後期に分与地に対する個別的占有権が確立され、一八世紀には個人的農場経営に転換しつつあったヨーロッパは今や貧困問題に直面していた。ハクストハウゼンによると、「ミール共同体」はロシア人の国民性を反映した、太古からの制度である。共同体のすべての構成員が平等に土地の割当てを受ける「平等主義的な性格」の故に、「貧困・プロレタリアートを生まない」と高く評価したのである。だが「土地割替」を伴う共同体がロシア太古から存在した見方に論拠はなく、近世以降の産物であるという意見が有力である。また割替慣行にもかかわらず、村人は決して平等ではなかったが、ハクストハウゼンの見解はロシアの思想家たちに大きな影響を及ぼした。ヨーロッパ革命に幻滅したゲルツェン(一八一二―七〇)は、ハクストハウゼンのロマン主義的思想には批判的であったが、ロシアは堕落したブルジョア社会を経ずに「社会主義」へ到達できるという可能性をそこに読み取った。ロシアの農村はすでに「平等」であり、その共同体原理と西欧の「個我(リーチノスチ)」の思想を結びつけることで、

図4　エカテリーナ2世時代の農民の家族生活，ペーチカが燃え，部屋の東南の角にはイコンが飾られている

ロシア独自の社会主義が実現できるとの見方を打ち出した。「ナロードニキ」と呼ばれる共同体社会主義者の源はここに求められるが、セメフスキー（一八四八―一九一六）の『女帝エカテリーナ二世治世下の農民』（一八八一）はその最も優れた成果である。

一八六一年の農奴解放は農民に人格的自由を付与したが、共同体が解体されることはなかった。自由主義的な経済理論に基づく共同体有害論が繰り返し展開されたにもかかわらず、政治的安定の観点から不可欠とみなされたためである。村の教会は農民の信仰の支えであったが、皇帝の「解放令」は教会の司祭が読み上げた。国と正教会、そして領主の支配機構に深く組み込まれていたミール共同体は「村団」として再出発したのである。だが二〇世紀にはいると、大きな試練を迎えた。一九〇五年革命、そして共同体を基盤とした農民運動が高揚するなかで、ストルイピン首相は土地改革、つまり「私的土地所有」の原則の導入に踏み切った。一九一七年革命はいったんこの方向を断ち切ったが、スターリンによる工業化のための法外な穀物調達と集団化、つまりコルホーズの成立によって「分与地の仕切りのない、分配されることのない、ひとまとまりの耕地」が創出された。土地団体としての共同体は否定され、「住宅付属地」での副業経営がコルホーズ員の生存の源となった。だがコルホーズは旧来の村の規模を維持し、教会の多くも取り壊されることなく、農民のメンタリティが変わることはなかった。旧来の村と農民のあり方に終止符を打ったのは一九五〇年代からのコルホーズの大規模化、そして離村・脱農民化であった。一九一七年革命前に八割を越えた農村人口は、二一世紀初めには三割を下回った。（土肥恒之）

19 祖国戦争――ヒトラーにもナポレオンにも負けぬ丈夫な記憶

祖国を冠する二つの戦争

ロシア史には祖国戦争と呼ばれる戦争が二つある。ひとつは一八一二年のナポレオンのロシア戦役だ。多国籍の「大陸軍」を率いて国境を越えたナポレオンは、ボロジノの激戦を経てモスクワを占領するも、期待した勝利は得られず、退却の過程で壊滅的な敗北を喫する。もともと「祖国の戦争」とはその後のヨーロッパ遠征（一八一三―一四）との対比で、国内での侵略者との戦いを意味した。今日のような愛国的な意味合い（祖国のための戦争）が定着するのは、正教・専制・国民性（ナロードノスチ）の国策ナショナリズムが喧伝されたニコライ一世治下の一八三〇年代である。

第二次世界大戦におけるソ連とナチ・ドイツの戦いもまた、開戦直後から祖国戦争と呼ばれた。一八一二年の祖国戦争と区別するため、「大」祖国戦争という名称で呼ばれる。一九四一年六月に独ソ不可侵条約を破ってドイツ軍が侵攻を開始してから、不意をつかれたソ連軍の壊滅的な敗退、九〇〇日にわたるレニングラードの包囲と飢餓、ベラルーシ・ウクライナなど占領地域でのユダヤ人とその他の民間人の迫害、スターリングラードの激戦とソ連軍の巻き返しなどの経緯をたどる。一八一二年とは異なり、ベルリン陥落までの国外の戦いも大祖国戦争に含まれる。

図1　独ソ戦争のポスターに描かれたナポレオンとヒトラー

戦争によって戦争を思い出す

図2　タルレ

二つの祖国戦争は、過去と現在を結び付ける重要な記憶の場となっている。モンゴル支配からの解放を象徴するクリコヴォの戦い（一三八〇）、動乱時代の収束とロマノフ朝成立の契機となったポーランド軍との戦い（一六一二）などの記憶が、祖国戦争に重ねられて盛んに呼び出された。ただし十月革命後には帝政期の国策ナショナリズムを彩る文化的記憶は歓迎されなくなった。革命初期の指導的な歴史家ミハイル・ポクロフスキーは反動的なロマノフ朝よりもナポレオンを進歩的勢力とみなした。レーニンのお墨付きを得た『簡略ロシア史』（一九二〇―二三）は、祖国戦争という概念を疑い、「祖国」を括弧付きで表記している。第一次世界大戦も愛国心が鼓舞された開戦当初は「第二祖国戦争」と呼ばれたが、革命後は帝国主義の覇権争いとみなす観点が支配的になり、祖国戦争の系譜から外された。

しかしスターリン体制下の一九三〇年代中頃になると、帝政期の過去の戦争にも国民性（ナロードノスチ）や愛国主義の観点からの評価が加味されるようになった。革命前から活躍する歴史家エヴゲニー・タルレは『ナポレオン伝』（一九三六）や『ナポレオンのロシア侵攻』（一九三七）で、ナポレオンの傑出した才能を認める一方、ロシア側の軍人や民衆の愛国的な戦いを称賛している。来るべき戦争が大祖国戦争と呼ばれる素地はこのようにして整えられた。

戦後のソ連はファシズムからのヨーロッパ解放という栄光を顕彰する一方で、二六〇〇万人とされる犠牲者の慰霊や社会経済的な損失に対応しなくてはならなかった。一九六〇年代にモスクワの赤の広場やスターリングラード（ヴォルゴグラード）等に壮麗な記念碑が建てられ、ようやく戦争の記憶が視覚化される。五月九日の戦

図3　ワシリーサと捕虜のフランス兵の諷刺画

勝記念日はやがて革命記念日よりも盛大に祝われるようになり、大祖国戦争の言説は次第に形骸化するマルクス主義イデオロギーを補完する役割を果たした。

祖国の記憶は誰のものか

一八一二年の祖国戦争は「ナロードの戦争」ともいわれる。ナロードは国民・民族から、民衆・人民までの意味の幅がある。その意味は国民（ナロード）が一致団結した戦いと解釈できるが、半数近くが農奴だった下層の民衆（ナロード）までが武器をとったという含みもある。同じ国民（ナロード）でありながら、西欧の文化や風習に染まったエリートよりも、本来の民族（ナロード）の文化に近い民衆（ナロード）の方が、祖国の戦争を代表するのにふさわしいという皮肉な側面もあった。ナロードの戦争は、敵にとって軍人と民間人の区別のつかないパルチザン戦争でもあった。デニス・ダヴィドフのように民衆の恰好に変装した軍人だけでなく、ワシリーサ・コージナなどのナポレオン軍と戦った農民もしばしば後付けでパルチザンと呼ばれる。独ソ戦争でもベラルーシなどの占領地域でパルチザンが活躍したことは、二つの祖国戦争をつなぐ記憶の継ぎ目となっている。

一八三〇年代の帝政ロシアでも、一九三〇年代のスターリン体制においても、国民性（ナロードノスチ）は国家の統一性を担保する重要なイデオロギーとなった。社会主義体制下の国民（ナロード）＝人民（ナロード）は階級的に統合されているはずだが、一方で複数の民族（ナロード）の統合が問題であった。例えばソ連解体後のウクライナでは、大祖国戦争という概念を否定して、ステパン・バンデラのようにナチ・ドイツと協力してソ連からの独立を目指した民族主義者を祖国の歴史に統合する動きがある。一方で極東ロシアでは、大祖国戦争

図４　ドイツ軍に処刑される直前のゾーヤ

図５　アレクシエーヴィチが取材した女性兵士たち

とは別枠であるはずの帝国日本との戦争をひとつながりの出来事として顕彰しようとする傾向がある。戦争が担う「祖国」の範囲も時代によって揺らぐ。

ナポレオン戦争を描いたトルストイの『戦争と平和』（一八六五―六九）はナロードの集合的な意思が歴史の動因になるという思想を展開しているが、必ずしも単純な民衆英雄を描いてはいない。しかし独ソ戦の最中に制作されたプロコフィエフのオペラ版（一九四二）では、農民ワシリーサ・コージナが活躍する原作にない場面が加えられている。過去の戦争での民衆（ナロード）の活躍は、いまそこにある戦争においてソ連国民がならうべき見本となった。ドイツ軍占領地での破壊工作に従事したゾーヤ・コスモデミヤンスカヤの悲劇的な死（一九四一）もまた、国民の模範としてメディアを通じて宣伝され、一九四四年には映画『ゾーヤ』が多くの観客を集めた。

もちろん人々の戦争体験は個のトラウマの記憶を多様にはらむものであり、壮麗なモニュメントや「祖国」「ナロード」のようなイデオロギー言語によってすべてを統合することはできない。無数の小さな記憶に表現を与えるのが文学や芸術の役割のひとつである。独ソ戦争では八〇万人ともいわれる女性の志願兵が従軍した。ベラルーシの現代作家スヴェトラーナ・アレクシエーヴィチの『戦争は女の顔をしていない』（一九八五）は、公式の戦史や軍人の回想録では見えてこない彼女たちの内的体験の声を収集した。同じオーラルヒストリー的な手法は祖国戦争においても用いられた例がある。タチヤーナ・トルィチョワの『一八一二年の目撃者の話』（一八七二）で語られる都市下層民の戦争体験は、華々しく宣伝された民衆英雄の活躍とは異なった等身大の風景を見せてくれる。

（越野　剛）

20 革命——来し方行く末を振り返る鏡

一〇〇年後の帰還

二〇一八年秋、一本の映画が完成から一〇〇年を経てスクリーンに戻ってきた。十月革命一周年にあわせて、ジガ・ヴェルトフ（一八九六―一九五四）が監督した『革命一周年』（一九一八）である。ソヴィエト初の長編ドキュメンタリーであるこの映画では、帝政を倒した二月革命に始まって、内戦中の一九一八年秋に赤軍がヴォルガ川沿岸の諸都市を奪還するまでの様々な記録映像が、二時間に編集されている。各地で上映されるうちに、フィルムは情景ごとにばらばらにされ、失われた映画となった。二〇一七年に文書館で完全な字幕リストが見つかったことがきっかけで復元が実現し、いまはアムステルダム国際ドキュメンタリー映画祭のサイトで公開されている。

作中では、ボリシェヴィキ的な革命の語りが定まる前の歴史像を見ることができる。二月革命で生まれた臨時政府の閣僚が次々と登場し、有産市民による夏季攻勢および憲法制定会議支持のデモも紹介される。臨時政府を打倒した十月革命は、ボリシェヴィキ党の司令部であるスモーリヌイ学院にスポットがあたり、冬宮襲撃は出てこない（そもそも記録映像がない）。レーニン（一八七〇―一九二四）はもちろんプロレタリアートの領袖として姿を見せるが、内戦が始まってからの中心人物は、専用の軍事列車と汽船で戦線を駆け回るトロツキー（一八七九―一九四〇）である。た

図1　十月革命を宣言したスモーリヌイ学院ホール

またまカメラマンと出くわしたと思われる高官たちは、あまり名の知られぬ人まで出てくるが、ジノヴィエフ（一八八三―一九三六）もスターリン（一八七八―一九五三）も顔を出さない。

革命の多くの貌

『革命一周年』は、スモレンスク県の労働コミューンの映像で幕を下ろす。ややとってつけたような感もあるが、最後は新しい生活が生まれてくる様子を、人々の日常に即して示したかったのであろう。実際、革命という現象には、ロシアに暮らす数多くの人々の、様々な希望や幻影や観念が投影されていた。

そもそもヨーロッパとの違いが常に問題となるロシアでは、民衆や知識人ばかりか為政者にとっても、革命は無視できぬ概念であった。一八二五年に専制打倒の蜂起を起こしたデカブリストの一人、ザヴァリシン（一八〇四―九二）にニコライ一世（一七九六―一八五五）はこう言ったという。「どうして君たちに革命が必要なのだ、私自身が君たちにとって革命なのだ――君たちが革命によって成し遂げようとしているすべてのことを、私自身がやり遂げるだろう」。彼の曾孫を倒すことで始まった一九一七年の革命が、ニコライ一世の望むものでなかったことはもちろんだが、デカブリストにとってもはたしてそれは歓迎すべき姿をとっていたのであろうか。

少なくとも二月革命のリーダーたちは、民衆による希求と暴力の爆発を前に、いかんともすることができなかった。一九一七年四月末、少しあとに首相になるケレンスキー（一八八一―一九七〇）は、権力に盲目的に反抗するだけの奴隷と、政治的

図2　ケレンスキー（ロシア現代史博物館，1917）

図３　冬宮（エルミタージュ）から宮殿広場を臨む

自覚をもった市民とを対置させながら、「はたしてロシアの自由な国家は叛乱した奴隷たちの国なのか」と嘆いた。いっぽう、叛乱者からすれば、人間扱いされぬ境遇も、戦争も、旦那たちの支配も終わる、真実の瞬間が訪れねばならなかった。一挙的転換への期待は信仰心とないまぜになり、「復活」や「福音」といった宗教用語が、社会主義的な価値観を表明するために用いられた。革命の多様な貌を型に嵌めることが、十月革命で政権をとったボリシェヴィキの課題となった。

革命を描き出す

標準化された革命の表象は、ボリシェヴィキ政権と芸術家たちの共同作業によって、徐々につくられていった。内戦中の大規模な野外劇と、一九二〇年代の劇映画によって、まず冬宮襲撃が、革命のクライマックスとして提示されるようになった。これらの作品では、歴史の原動力たる民衆は名も無き塊（マス）である。一九三〇年代に入ると、革命の貌はずっと具象的になった。画期となったのはロンム（一九〇一―七一）の『十月のレーニン』（一九三七）である。これを指導者崇拝の映画と誤解してはいけない。稚気のあるレーニンと、頼もしいスターリンは、人間的成長を遂げず、内的矛盾もないが、キャラクターとして魅力のある、ギリシア神話の神々のような存在なのだ。民衆もまた、無名の群集としてではなく、冒険活劇の主役のごとき架空の党活動家たちによって、生き生きと体現されている。ここにロシア革命の表象は、万人向けの接しやすさをもつ、ひとつの完成形を得た。

スターリン没後、革命像は標準化された規範から徐々に離れていく。その頂点は

図4　『青いノート』　手前がジノヴィエフ

クリジャーノフ監督『青いノート』（一九六四）で、臨時政府に追われて潜伏中のレーニンとジノヴィエフが主人公である。「あなたは大衆から乖離してしまっているのではないですか」と葛藤を抱えて師に問いかけるジノヴィエフも、正面から応え続けるレーニンも、等身大の人間の姿だ。ソ連に生きる人々にとって革命は、自分たちの来し方行く末を考えるための鏡となっていた。

そして現在

ニコライ一世は「私自身が君たちにとって革命なのだ」と言い、スターリンは農業集団化という自分の仕事を、晩年の一九五〇年になって「上からの革命」と呼んだ。プーチン（一九五二―）もまた、彼らに負けぬ警句家（アフォリスト）であるが、好んで用いる言葉は「近代化」であって「革命」ではない。十月革命一〇〇周年に臨んだ二〇一七年一〇月一九日には、彼は「一九一七年の革命（……）の否定的な結果と、認めねばなりませんが、肯定的な結果とは、いかに緊密に絡み合っているものか」と述べている。この曖昧な態度は、革命政権の崩壊から三〇年ほどを経た今日のロシアで革命の評価がなお難しく、社会に対立を呼び起こしかねないことを示唆している。

こうした状況は、革命の理解を深めるためには決して不利な環境ではない。おかげで研究者集団は、政府からの強力な介入を感じることなしに、ロシア革命一〇〇周年をめぐって実りある議論を交わすことができた。ヴェルトフの映画の復元も、革命の歴史に静かに向き合おうとする努力の一環である。革命を描き、語り、革命により自己を振り返る営みは、ロシアでこれからも続く。

（池田嘉郎）

図１　護送されるシベリア流刑囚（ジョージ・ケナン『シベリアと流刑制度』1891より）

21　強制収容所――自己植民地化の極北

シベリア流刑と植民地化

強制収容所や流刑は、ロシア・ソ連史の暗部をなす重い記憶である。デカブリストの乱（一八二五）を起こしてシベリア流刑となった貴族たち、政治犯としてシベリア徒刑に服しその記録を残したドストエフスキー（一八二一―八一）、新しい流刑地サハリン島を調査したチェーホフ（一八六〇―一九〇四）、ソ連の強制収容所に服役してその実態を告発したソルジェニーツィン（一九一八―二〇〇八）など、ロシア文化の精髄は、つねにこの暗部と分かち難く結ばれてきた。

しかし流刑や収容所の残酷さは、ロシア社会のみに固有の本質というわけではない。大航海時代以来、西欧諸国は新大陸を植民地化し、一六世紀頃からアフリカ人奴隷の労働力に頼って過酷なプランテーション経営を展開した。そしてこうした西欧諸国の海外植民地は、経済的利益を絞りとるべき原料供給地であっただけでなく、本国で社会的に不適合とみなされた人々が送り込まれる流刑地でもあった。

まさにこの西欧の動きに追随するように、一六世紀末からモスクワ大公国はシベリアの植民地化を進め、国事犯の流刑や農民の強制移住を始める。大陸国家ロシアにとってのシベリアは、首都のあるヨーロッパ・ロシアと地続きでありながら交通困難な遠隔地で、西欧諸国にとっての海外植民地と同様、「犯罪人」の隔離・懲罰に適した天然の刑務所とみなされた。しかしこの地は同時に、領土拡張・資源採取といった国家の経済目的を満たす空間でもあり、流刑囚は、懲罰対象であると同時に、ロシア植民地主義の担い手にもされたのである。

グラーグ──ソ連の巨大な強制収容所システム

ただし、ロシア革命前の流刑囚の経済利用は、相対的に小規模なものにとどまった（一八〇七―八一年の七四年間のシベリア流刑囚とその同伴者の総数は、約六三万人。欧米諸国の奴隷制に相応する帝政ロシアの制度は、流刑よりも農奴制であった）。流刑システムが国家の一大産業基盤に仕立てあげられたのは、ソ連の社会主義体制、特にスターリン時代である。当初、ソ連の強制労働収容所は北海に浮かぶソロヴェツキー島のみであったが、一九二〇年代末、急速な産業化を目指して第一次五カ年計画を開始したスターリン政権は、農業集団化を強行して多数の農民を「富農」として摘発、辺境地に開設した収容所や「特別入植地」に移送し、強制労働を課した（一九三〇―三一年だけで流刑となった農民は一八〇万人）。こうして急拡大した強制収容所システムは、「反革命的」「反ソ連的」とみなされた住民、第二次世界大戦中に強制移住させられた諸民族、日本兵を含む戦争捕虜、そして党の要人や懲罰機関の責任者自身なども次々と飲み込んでいった（スターリン統治期の強制労働者総数は、少なくとも二八七〇万人にのぼる）。犠牲者としてよく知られるのは、のちに回想録などを残しえた知識人政治犯だが、数では、集団として弾圧されたり、軽犯罪で捕まったりした農民や労働者のほうが圧倒している。彼らが、重度の肉体労働を担い、収容所の経済目的をかなえる中心的な層となったのである。

図２　逮捕以前のソルジェニーツィン（1943）

図３　釈放直後のソルジェニーツィン（1953）

図4　手製の道具で岩を砕く囚人労働者（1930年代）

こうした大量の囚人・強制移住者を一手に管理したのが、治安機関の一部門「矯正労働収容所総管理局」、略称GULAG（グラーグ）である。ソルジェニーツィンが『収容所群島 *Arkhipelag GULAG*』を国外発表して以来（一九七三―七五）、グラーグという語は、この管理局だけでなく、抑圧的な収容所システムそれ自体を指す言葉として広まった。治安機関（秘密警察）の一部門たるグラーグは懲罰機関であるが、第一次五カ年計画以降、大規模産業化のために囚人労働力を提供し、辺境地の入植を進めるべく、経済機構としての機能を強めていった。厳しい気候のせいで自由労働が確保できない北極地方やシベリア、そしてカザフスタンなどの遠隔地において、森林伐採、鉱物採掘、都市・鉄道・運河等の建設、工場労働、農業、漁業などあらゆる産業分野で、グラーグのほぼ無償の囚人労働が利用されたのである（しかしその生産効率には、制度内部からも疑問が呈されていた）。

グラーグの矛盾する機能と大量死

グラーグは徹底して非人間的な経済制度であった。人間を原始的な生活・労働環境に留めおき、必要な食料・医療を提供せず、命が尽きるまで原料としてのその労働力を絞りつくした。飢えから人間的な社会性を失い、dokhadyagi（ダハジャーギ）（「行ってしまった人々」、ナチ・ドイツの強制収容所におけるムーゼルマンに相当する）と呼ばれた囚人は、食料を求めてごみ捨て場をあさることしかできなくなり、死ぬにまかせて放置された。公式文書に基づくグラーグ内の死者数は二七〇万人だが、六〇〇万人と見積もる研究者もいる。

図５　白海＝バルト海運河建設の現場で強制労働を鼓舞する文化活動（ロトチェンコ「楽隊つきの作業」1933）

しかし奇妙なことに、そのような「死の収容所」では熱心な政治教育が行われ、収容所新聞が発行され、演劇やサッカーなどの娯楽イベントも開催された。囚人を使い捨ての労働力として扱う絶滅収容所で、なぜこのような文化活動が行われたのだろうか。経済利用と政治教育、絶滅と更生というグラーグの機能にまつわる矛盾は、ソ連崩壊後に大量の資料が公開されて実態解明が進んだ現在もまだ、研究者によって議論されている（ソ連当局は当初、収容所の更生機能を誇り、国内外に喧伝していたが、一九三〇年代半ばからその存在を隠蔽する）。だが経済と政治のどちらを重視する論者も、経済活動への貢献により政治的更生の度合いが測られたこと（働けば立派なソ連人になれる）、つまり経済的暴力と政治的道徳が一体化していたことを指摘する。まさにそのような異なる社会機能の統合・全体化こそが、大量の命を奪う強制労働を可能にし、正当化したのである。

全体主義という点でグラーグはしばしばナチ・ドイツのホロコーストや強制収容所に比されるが、両者には大きな違いもある。ナチ・ドイツが主に外国人（戦争捕虜や占領地住民）を強制労働に徴用し、ユダヤ民族を内部の外国人として絶滅対象としたのに対し、グラーグでは、ソ連人がソ連人を奴隷化し、大量死にいたらしめた（非ソ連人・非ロシア民族とともに、ロシア民族も大量に犠牲になった）。これは、自国民の奴隷化によって近代化を図ろうとしてきたロシア・ソ連の自己植民地化の歴史に連なる問題であろう。自己植民地化は、迫害者と犠牲者の区分をあいまいにし、過去の反省をさまたげる効果ももつ。強制収容所と流刑にまつわる記憶の問題は、ロシア社会の未来を占ううえでの試金石であるともいえるだろう。

（平松潤奈）

22 女性解放史――フェミニズムか、階級闘争か

図1　機関誌『女性労働者』の表紙。国際婦人デーを祝う各国の女性たちとローザ・ルクセンブルク（1925）

「フェミニズム」との闘い

ロシアにおける「女性問題」への関心の高まりは、クリミア戦争後の農奴解放（一八六一）に連動する形で発生し、一八六〇年代末には、女性の高等教育や専門職への参入を求める大きな潮流に発展していた。しかし、参政権を求める本格的なフェミニズム運動が開始されたのは一九〇五年であり、その後、十月革命をピークとし、一九三〇年に党女性部が解体されたことをもって一つの流れが終了したといえる。

さて、この時期のロシアの女性解放運動を考えるときに留意せねばならないのは、社会主義者にとって「フェミニズム」という言葉が、階級を超えた女性だけの連帯を追求する「分離主義」を意味し、否定的なものだったことだ。革命前に女性参政権運動の主な担い手であった「相互扶助協会」や「女性同権同盟」といったフェミニズム団体は、女性の共闘を呼びかけていた。これに対し社会民主党の面々は、あくまでも女性問題は、階級闘争に準ずるものとの立場をとり、また社会変革が達成された暁には、女性問題は自動的に解決するという認識も支配的だった。

こうして社会主義陣営の女性解放論者たちは、革命後も矛盾した立場に置かれることになる。つまり、女性の地位向上を求めながらも、常に自分たちの主張は階級闘争を脅かす「フェミニズム的偏向」とは無縁であるとの表明を迫られたのだ。

Пролетарии всех стран, соединяйтесь!

Февраль 1925 г.

№ 4.

РАБОТНИЦА

Орган отдела по работе среди работниц и крестьянок ЦК РКП (б).

Работницам Востока и Запада.

Сегодня глаза—на Восток и на Запад,
Сегодня все думы направим туда,
Где сестры-работницы в хищных лапах,
Где душит их рабство и давит нужда.

Там—гнет капитала, там бледные дети
От голода гибнут, жертв там не счесть...
Эй, буйный товарищ, эй, мартовский ветер,
Снеси нашим сестрам-работницам весть!

Не падайте духом! Вам надо крепиться,
На гневе рабочем уж точится нож.
Работница, помни, свободу жар-птицу
Ты только упорством и силой возьмешь!

Так помни-ж, сестра, что победа за нами!
Завет, умирая, оставил Ильич—
Что лишь Коминтерна победное знамя
Укажет дорогу к свободе Земли.

Не будет тогда ни рабов, ни голодных,
И знай,—на заводе, в крестьянской избе,
В наш праздник работниц, в России свободной,
Все скованы думой, сестра, о тебе.

Е. Чернышева.

Адрес редакции
Москва, Охотный ряд, 7.

図２　「東西の女性労働者たちへ」
国際婦人デーを祝う詩（1925）

共産主義社会では、家族は死滅する運命にある！

一九一七年の十月革命は、男女平等を基本理念として掲げていた。ボリシェヴィキは一九一八年には女性参政権を認めているが、それにとどまらず家事労働と子育ての共産化を通じて、すべての女性を労働者にし、男性への経済的依存からの解放を目指していた。この政策と強く結びつくのが「家族死滅論」と呼ばれる議論である。

そもそもユートピア思想において、家族制度に対する批判と、血縁に基づかない共同体創設の試みは、繰り返されてきたものだ。プラトン（前四二七—三四七）の『国家』（前三七五年頃）に始まり、フーリエ（一七七二—一八三七）のコミューン「ファランステール」が、代表例として挙げられるが、ボリシェヴィキが最も依拠したのは、エンゲルス（一八二〇—一八九五）の『家族・国家・私有財産の起源』（一八八四）だろう。この本では、家族とは経済制度に従属する歴史的構築物であるとの見解が示され、現在の一夫一婦制に基づく家族制度も資本主義の産物に過ぎず、来るべき共産主義社会では、婚姻における経済的理由は消滅し、また子育ては公的事業となるが故に、家族の形態は新しいものになると予言されている。

エンゲルスの議論を受け、ボリシェヴィキは政権を握った後に家族の破壊に乗り出すことになる。彼らがまず行ったことは法律の施行であった。一九一七年一二月の政令では、宗教婚から市民婚への移行と、離婚の簡易化が決定される。翌年の新家族法においては、同居の義務の撤廃と財産の個人の所有が認められ、また将来はすべての子供は集団保育されるという前提のもと、養子縁組が禁止された。その後一九二六年法典では事実婚を認めるに至っている。法律の整備に加え、子供の家、

図3　1921年当時の党女性部の幹部（右端がアレクサンドラ・コロンタイ）

共同キッチン、さらには家族死滅の理念を反映した数千人規模の共同住宅「コミューンの家」もいくつか計画されていた。

党女性部とソ連女性解放運動の終焉

ロシア革命における女性解放を語る上で、一九一九年に設立された「党女性部」の存在は欠かせないものだ。初代リーダーにはアルマンド（一八七四―一九二〇）が就任したが、一九二〇年に彼女が急逝したために、コロンタイ（一八七二―一九五二）がその職務を引き継いでいる。この二人の時代、党女性部は、新しいロシアのシンボルとして精力的に活動を展開していった。コロンタイは、党女性部の課題は次の三つであるとする。「第一の課題は、女性労働者と農民を共産主義の精神において教育し、彼らを党へと参加させること。第二の課題は、女性大衆をソヴィエト建設に引き込むこと。（……）第三の課題は、女性の特性（例えば、母性、女性労働の保護、堕胎の問題の法制化）から引き出される課題や、特に女性に不利な状況、つまり事実上の奴隷状態や不平等といったブルジョアの過去の暴力（例えば、売春の問題）と結びついた問題を党に提起し、ソヴィエト建設の領域に引き出すこと」。これらの目標を達成すべく、党女性部は、『女性共産党員（コムニストカ）』『女性労働者（ラボートニッツァ）』『農婦（クレスチャンカ）』といった各種機関紙を通じて、教育・啓蒙活動を行っていった。とはいえ、女性大衆の識字率は低かったため、組織のより重要な任務は、都市部から中央アジアに至るまで全国各地に赴き、草の根の運動を展開することであった。現地では、代表者を選挙で選び地方の党女性部の幹部や教師へと育成し、また年に一度、彼女たちをモスクワに集結させて、それぞれの問題を共有し議論しあう会議を開催した。

しかし党女性部に対しては、設立当初より、いわゆる「フェミニズム」的傾向をもつのではないか、という批判が繰り返しなされてきた。コロンタイはこの批判に、女性労働者の保護は、共通の階級闘争に資するものだと根気強く説明し、またレーニン（一八七〇―一九二四）も「党は、（……）女性大衆を目覚めさせ、党に接触させ、その影響下に置くための特別な目的を持った組織を持たねばならない。（……）これはブルジョアの『フェミニズム』などではない」と、党女性部を全面的に擁護していた。

しかし党女性部を取り巻く状況は、一九二二年を境として厳しいものへと変化する。コロンタイがトップの座を退いたこと、戦時共産主義からネップ（一時的な資本主義経済の導入）へ経済体制が変わったこと、そして男性党員の党女性部に対する軽視が関係し、支援が減少させられていった。その後も、党女性部は徐々に形骸化し、一九三〇年に「ソ連における女性問題は解決した」という宣言と共に解体される。これをもってソ連初期のラディカルな女性解放運動は完全に終結したといえる。

その後、全体主義体制下の一九三六年の法律では、家族死滅から家族強化へという保守化が打ち出され、第二次世界大戦は、この傾向を急激に加速させる。堕胎の禁止、離婚の厳罰化に加え、一九四四年には一〇人以上の子供を持つ女性に与えられる「母親英雄勲章」が導入されている。特筆すべき点は、この時期のソ連の女性たちは「母」のみならず、「労働者」でもあらねばならないという二重の役割を担わされたことである。この抑圧的体制は「雪どけ」の時代まで続くことになるだろう。

（北井聡子）

23

亡命——越境するロシアの苦難と栄光

図1　1919年4月，フランス船でオデッサから脱出する亡命ロシア人たち（『大いなるロシアからの脱出』2009，表紙）

亡命の世紀

二〇世紀はロシアにとって「亡命の世紀」であったと言っても過言ではない。ロシア革命に追われて、そしてソ連での迫害ゆえに、多くのロシア人・ソ連市民が外国に逃れ、亡命者となったからである。二〇世紀を通じてロシア・ソ連から西側に逃れた亡命者の中には、ロシア文化の精華ともいうべき芸術家・文学者・知識人などが多く含まれ、彼らの中には西側の文化・社会に強いインパクトを与えた者も少なくなかった。その意味では、ロシア・ソ連から西側への亡命は、二〇世紀の文化全体にとって大きな意味を持つ世界的な現象であったとも評価できる。

政治的理由による亡命は、一九世紀半ばには革命家のミハイル・バクーニン（一八一四—七六）、思想家のアレクサンドル・ゲルツェン（一八一二—七〇）などの場合があるが、この頃まではまだ個別の散発的な現象だった。一八八〇年代以降は、弾圧を逃れて亡命し、国外で政治活動を続ける革命家や左翼知識人が急増する。クロポトキン、プレハーノフ、レーニン、トロツキーなど、期間の長短はあるが、みな亡命者としての生活を体験した。

また一九世紀末にはドゥホボール派と呼ばれる宗教的異端の人々が追放され、カナダに移住した。亡命という現象の広がりを考えるためには、宗教的迫害によって国外への離散を余儀なくされたケースも視野に入れる必要がある。

ロシア革命後の巨大な亡命の波

一九一七年の二月革命直後には、亡命していた革命家たちの多くが帰国するが、十月革命以後はそれと入れ替わるように、革命を受け入れられない人々が大量に国外に亡命することになった。これがいわゆる白系ロシア人で、一九一七年から一九二一年にかけての亡命者の総数は二〇〇万人にのぼるという推定がある。亡命者たちは最初ベルリンやパリ、プラハなどヨーロッパを中心に世界各地に散らばって政治や文化の面で活動を続けた。この時期の亡命者の中にはロシア人として初めてノーベル文学賞を一九三三年に受賞する作家イワン・ブーニン（一八七〇―五三）、バレエ興行師のセルゲイ・ディアギレフ（一八七二―一九二九）、作曲家セルゲイ・ラフマニノフ（一八七三―一九四三）やイーゴリ・ストラヴィンスキー（一八八二―一九七一）、ベラルーシ出身のユダヤ系画家マルク・シャガール（一八八七―一九八五）、哲学者ニコライ・ベルジャーエフ（一八七四―一九四八）、言語学者ロマン・ヤコブソン（一八九六―一九八二）、後にアメリカに渡って英語で執筆したウラジーミル・ナボコフ（一八九九―一九七七）などが含まれていた。

亡命ロシア第二・第三の波

二〇世紀のロシアは、このロシア革命直後の亡命の波を第一として、その後、二度にわたって大きな亡命者の波を送り出した。第二の波は、第二次世界大戦中にドイツの占領地から出た大量の難民や捕虜になった人たちの一部が、戦後も帰国せずに、そのまま亡命者となったものである。彼らの多くはアメリカ合衆国に渡った。

図２　イェール大学で講演するブロツキー（1984年４月）

図３　アクーニン（モスクワ，出国直前，2014年９月）

そして第三の波は一九七〇年代から八〇年代に、迫害されて国外追放されたり、自由な芸術活動を抑圧されて国外に逃れたりした人々である。その中にはアレクサンドル・ソルジェニーツィン（一九一八―二〇〇八）、ヨシフ・ブロツキー（一九四〇―九六）という二人のノーベル文学賞受賞者の他、アンドレイ・シニャフスキー（一九二五―九七）、ワシーリー・アクショーノフ（一九三二―二〇〇九）、セルゲイ・ドヴラートフ（一九四一―九〇）などの作家たち、映画監督のアンドレイ・タルコフスキー（一九三二―八六）、チェリストのムスチスラフ・ロストロポーヴィチ（一九二七―二〇〇七）、バレエダンサーのミハイル・バリシニコフ（一九四八―）などが含まれ、彼らの亡命はしばしばセンセーショナルな事件として報道された。

この第三の波の時期にはソ連の生活に不満を持つユダヤ系ソ連市民が大量に（一九七〇年代だけで約二五万人）出国を認められ、イスラエルやアメリカ合衆国に移住した。ニューヨーク郊外のブライトン・ビーチには、こういった主としてユダヤ系のソ連からの移住者たちのロシア語コミュニティが形成された。

グローバル化時代の亡命――東西二項対立の解消と境界の曖昧化

革命後のソ連は亡命者たちを反革命勢力として敵視した。そして第二次世界大戦後の「冷戦」時代には、ソ連は「鉄のカーテン」という言葉に象徴されるように、外国との自由な交流を閉ざし、本国と亡命ロシア社会の間には断絶状態が続いた。しかし、ペレストロイカが始まった一九八〇年代半ば以降、亡命ロシア文学がソ連国内でも解禁され、亡命者の里帰りも自由になった。ソルジェニーツィンが二〇年

図４　ロシア語新聞を売るキオスク，ニューヨーク郊外のロシア人街ブライトン・ビーチで（2016年７月）

ぶりにアメリカから帰国して大歓迎を受けたのは、一九九四年のことである。

一九九一年にソ連が解体して新体制に移行してからは、よりよい仕事の機会を求めて西側に移住する経済的移民が大多数を占めるようになった。冷戦時代のソ連本国と亡命ロシア社会の断絶は、政治的な東西陣営の対立を背景としていたが、ソ連崩壊後は、「鉄のカーテン」が取り払われたことを受け、亡命の概念そのものが流動的で曖昧なものになった。いまでは本国を出て海外に居住する人々の様々な「ディアスポラ」（離散）集団の一つとして、海外ロシア人居住者をとらえるべきだろう。

ただし現時点では、強権的性格を強めるプーチン大統領のもと、再び政治的迫害による亡命に近い現象も生じている。政権に対して批判的な現代ロシア随一の人気作家ボリス・アクーニン（一九五六―）は様々な嫌がらせを受けて国内にいることが危険になったため、二〇一四年に西側に出たまま事実上亡命状態を続けている。またプーチン批判の急先鋒として知られる政治活動家アレクセイ・ナヴァリヌイ（一九七六―）は二〇二〇年に毒殺未遂の後、ドイツに搬送されて治療を受け一命をとりとめたが、これも緊急避難的な亡命の形と言えるだろう（ただし彼は二〇二一年にあえてロシアに帰国し、逮捕・収監された）。

亡命ロシアは豊かな文化によって欧米社会に刺激を与え、文化的な越境や異文化接触の体験を通じてロシア文化そのものにも新局面を切り開いた。その体験の全体を再評価することは、ナチスの時代のドイツからの大量亡命現象と比較する視点なども取り入れながら、本格的にこれから取り組むべき課題である。

（沼野充義）

Column 3

チェルノブイリ原発事故

一九八六年四月二六日に起きたチェルノブイリ原発事故はウクライナ、ロシア、ベラルーシ（いずれも当時はソ連）を中心に広大な地域を放射性物質で汚染して、人々の暮らしに大きな影響を与えた。原発事故はソ連の指導者ゴルバチョフの改革路線（ペレストロイカ）を加速させる一方で、ソ連各地で反原発運動を活発化させた。ウクライナ、ベラルーシだけでなく、リトアニアやアルメニアなどでも既存の原子力発電所に対する反対運動が組織された。ロシアのニジニ・ノヴゴロドで原発建設に反対したボリス・ネムツォフは、民主派の政治家として頭角を現した。ただしこれらの運動は各地域の民族主義の高揚と結びついたエコナショナリズムの性格が強く、ソ連が解体して独立が達成されると勢いが弱まってしまった。

一九八〇年代前半はアフガン紛争などの新冷戦によって核戦争の危機が高まった時代であり、原発事故の起きた年にはコンスタンチン・ロプシャンスキーの『死者の手紙』やアンドレイ・タルコフスキーの『サクリファイス』といった核による終末をモチーフにした映画が話題になった。同じタルコフスキーの『ストーカー』（一九七九）はチェルノブイリ事故より前に撮られた映画にもかかわらず、目に見えない危険にみちた「ゾーン」を舞台にした設定が放射能汚染地域を強く連想させる。ウクライナのGSCゲーム・ワールド社が開発して世界的なヒットとなった『S.T.A.L.K.E.R.』（二〇〇七）は放射能汚染で変容した環境を舞台にしている。

原発事故をテーマにした最も重要な文学作品はベラルーシの作家スヴェトラーナ・アレクシエーヴィチ『チェルノブイリの祈り』（一九九七）である。汚染地で暮らす住民、除染作業に動員された軍人、事故で亡くなった消防士の遺族など、チェルノブイリの災厄をめぐる人々の語りで構成されている。中央アジアの民族紛争から逃れて、ベラルーシの汚染地域で無人となった村にようやく安住の地を見出したという家族の運命は、まるでソ連解体の縮図のようだ。ウクライナの現代作家オクサナ・ザブジュコは他人事ではない関心をよせて、アレクシエーヴィチの作品をウクライナ語に翻訳（一九九八）しているが、証言する人々がベラルーシ語を忘れてしまい、地域的な個性のないロシア語を用いるようにみえることに強い衝撃を受けている。チェルノブイリは自然の生態系の問題というだけでなく、文化の多様性の喪失とも関連づけられる。それは地域の豊かな文化が危機にさらされる福島原発事故の被災地域とも無関係ではない。

（越野　剛）

第4章

花開くロシア芸術

レオン・バクスト，バレエ《シェヘラザード》舞台図案（1910）

周縁から中心へ

一九世紀末から二〇世紀はじめにかけて、ロシアの芸術は世界を制した。チャイコフスキー作曲・プティパ振付の《白鳥の湖》（一八九五初演）、チェーホフ作・スタニスラフスキー演出の《かもめ》（一八九八初演）、マレーヴィチの〈黒の正方形〉（一九一五）、エイゼンシュテインの『戦艦ポチョムキン』（一九二五）といった作品は、バレエ、演劇、絵画、映画というそれぞれのジャンルで、当時の世界を代表するものとなった。その影響は計り知れず、プティパの振付は世界の近代バレエを確立し、スタニスラフスキーの演出システムはハリウッドの演技教育の基礎をなすこととなる。マレーヴィチの作品は二〇世紀の抽象画の極北というべきものであり、エイゼンシュテインらのモンタージュ理論は映画という新しい芸術の基本的構成方法をつくりあげた。

ロシアが近代化＝西欧化を本格的に開始したのは一七世紀末であり、芸術に関しても西欧を模倣し追いつこうとする時代が続いた。この追いつこうとする飽くなき努力、新しいものに対する貪欲さが、二世紀を経て、ついにロシア文化をヨーロッパの周縁から中心へ押し上げたのだといえるだろう。

これは芸術に限った話ではない。政治においても、二世紀にわたる近代化の果てに、一九一七年に社会主義革命が生じ、ロシアは世界の政治史の先頭を走ることになった。マレーヴィチやエイゼンシュテインが率いたアヴァンギャルド芸術運動は、政治革命と芸術における革命を重ねた。新しい政治には新しい芸術が必要であり、新しい芸術が新しい社会と生活をつくりあげるのだ、と彼らは考えたのである。

古いものと新しいもの

しかしアヴァンギャルド運動は、一九二〇年代末にスターリンがソ連の実権を握ると、厳しい弾圧に見舞われる。マレーヴィチの〈黒の正方形〉に象徴されるような形式面での新しさを、スターリンは芸術に求めなかった。社会主義国家の新しい現実を、一九世紀のリアリズム芸術に倣った明快で写実的な方法で描く、「社会主義リアリズム」がソ連芸術の唯一正しい様式と定められた。内容においては新しく、形式においては古典的であれ、というわけである。芸術が描くべき「新しい」内容は政治によって規定され、芸術は政治に従属することとなった。一方で、世界の芸術は形式面での新しさの追求をやめなかったから、ロシアの芸術の影響力は、政治的側面を除けば大幅に失われた。

これは一面では、ロシアの芸術が古いものへの回帰を強いられたということだが、他方では、二〇世紀の世界で生じた新しい現象に応じた政策であったともいえる。すなわち二〇世紀において、芸術は社会の一部のエリートのものから、大衆が享受するものへと変化した。この変化に対応し、ソ連では芸術に大衆プロパガンダの機能が求められた。形式面での新しさを追究し、難解さを増していったアヴァンギャルド芸術が弾圧されたのは、二〇世紀に誕生した大衆文化にふさわしくなかったからである。

エリート的な純粋芸術が資本主義社会でも死滅しつつある現在の状況は、ソ連が国策で推し進めた方向を後追いしているともいえる。世界の二〇世紀芸術が追求した形式面での新しさと、大衆文化という現象の新しさの、どちらがより本質的であったのかは一概には決められない。

国策と自主性のあいだで

とはいえソ連時代に、すべてのジャンルでロシア芸術の世界的影響力が失われたわけではない。内容をよりよく表現するための技術的洗練が重視されたような領域——バレエやクラシック音楽の上演・演奏においては、ソ連は世界のトップに君臨しつづけた。国家による手厚い教育システムで養成されたダンサーや演奏家たちは、冷戦期には「文化外交」の道具として用いられることにもなった。だが彼らは、国家の単なる道具にかならずしも甘んじていたわけではない。西側に亡命した者も少なくないし、文化外交の典型として始められた国際チャイコフスキー・コンクールは、思いがけずアメリカ人ピアニストをソ連市民のアイドルにした。

同様に、国策大衆文化としての社会主義リアリズムも、とりわけスターリン死後には、上からの押しつけには収まらない多様で自主的な展開をみせるようになる。社会への諷刺が忍ばされた娯楽映画やアニメーションが広く愛され、また、ハーフオフィシャルともいうべき領域が生まれて、「吟遊詩人」と呼ばれたフォークシンガーたちが、ときには反体制的な内容を歌って爆発的な人気を集めた。さらに、西側の大衆文化であったロックミュージックも、ソ連にもちこまれて草の根で広がってゆく。

こうして国策と自主性のあいだで揺れ動き、体制派か反体制派かという二分法では割り切れないようなかたちで、ソ連の芸術は粘り強く生き抜いていった。その粘り強さを支えたのは、芸術への尽きることなき愛である。エリート芸術か大衆文化かといった区別で、その愛の軽重を計ることはできない。

（乗松亨平）

24

ボリショイ劇場とマリインスキー劇場——灰燼の中から蘇った双頭の不死鳥

図1　ボリショイ・カーメンヌィ劇場（1783，水彩画，クァレンギ作）

ロシア劇場文化の黎明

ボリショイ劇場とマリインスキー劇場。今日、世界中の人々から称賛されるロシアの二大劇場は一朝一夕で生まれたものではない。誕生の背景にはロシアの特殊な歴史的事情と民族固有の基層文化があった。

ロシアでは古くからスコモローヒと呼ばれる放浪芸人がグースリ（弦楽器の一種）を弾いて歌いながら、アクロバットや熊の芸を見せていた。その最盛期は一五―一七世紀で、のちに教会や公権力の圧力により衰退したが、一八―一九世紀には定期市（ヤールマルカ）の広場のグリャーニエ（野外の演芸）やバラガン（見世物小屋）において道化芝居や笑劇などの大衆芸が演じられていた。これらはいずれもストラヴィンスキーのバレエ《ペトルーシュカ》（一九一一）にその痕跡を残している。

一七六二年に公布された「貴族の自由に関するマニフェスト」により貴族の国家奉仕の義務や軍役が免除されると、貴族たちは多くの自由な時間を持つようになった。啓蒙専制君主エカテリーナ二世の時代を迎え、一部の世襲貴族たちは西欧（特にフランス）の洗練された生活様式や知的文化に憧れ、自らが保有する農奴に命じて領地内の私邸（ウサージバ）で演劇やオペラ・バレエを上演するようになった。これは農奴劇場と呼ばれ、裏方だけでなく俳優・音楽家・舞踊手すべてが農奴によって構成されていた。こうした農奴劇場が一八世紀半ばから一九世紀にかけてモスクワだけで少なくとも六三、ペテルブルクでも三〇を数えたという。農奴は売買可能な人的資源だったため、農奴劇場はのちの帝室劇場への人材供給源ともなった。

図2　炎上するペトロフスキー劇場（1853）

図3　現在のボリショイ劇場（2012）

二つの「石造りの」劇場と火災

一七三八年、フランス人舞踊教師ジャン＝バプティスト・ランデ（?—一七四八）の進言により、ペテルブルク宮廷内に舞踊学校が開設された（現在のワガノワ・バレエ・アカデミーの前身）。ここで学んだ生徒たちがグループを作り、ペテルブルクやモスクワの宮殿で余興の踊りを披露した。これがのちの帝室バレエの母体となる。

一七八三年、ペテルブルクの回転木馬（カルーセル）広場（のち劇場広場と改称）にボリショイ・カーメンヌィ（石造りの）劇場（単にボリショイ劇場とも呼ばれる）が開設されると、舞踊団はここを拠点に活動するようになる。当時人気があったのはバレエとイタリア歌劇だった。この劇場は海軍省やカザン大聖堂などと並んで帝都を代表する建築と称えられたが、一八一一年、火事のため正面（ファサード）と内装が著しく損傷した。

一八一八年、ボリショイ・カーメンヌィ劇場は再建された。柿落しにシャルル・ディドロ（一七六七—一八三七）のバレエ《ゼフィールとフローラ》が上演され、好評を博した。詩聖プーシキンが足繁く通ったのもこの劇場である。三六年、音響効果改善のためアルベルト・カヴォス（一八〇〇—六三）の設計で改築され、その柿落し公演でグリンカのオペラ《皇帝に捧げし命》が初演された。こうしてロシアの国民オペラはこの劇場で産ぶ声をあげた。

一八五九年、ボリショイ劇場の向かい側にあったサーカス劇場が火事で焼けたた

図4　ボリショイ劇場観客席（2012）

図5　バレエ《スパルタクス》終演後（2013）

め、翌六〇年にカヴォスの設計で新たな劇場が建設され、アレクサンドル二世の妃マリヤに因んでマリインスキー劇場と命名された。

ペテルブルクの劇場が帝室の厚い庇護を受けていたのとは対照的に、モスクワの劇場（演劇）はかねてよりロシア大衆のそばにあった。一七七六年、ピョートル・ウルーソフ公爵（一七三三―一八一三）とイギリス人興行師マイケル・マドックス（一七四七―一八二二）がモスクワにおける娯楽演劇の興行権を取得し、一座を結成した。この一座は農奴劇場や学生演劇、さらに孤児養護院で訓練を受けた俳優たちから構成されていた。八〇年、マドックスはペトロフカ通りにその名を冠したペトロフスキー劇場を設立、主としてオペラや演劇を上演した。

一八〇五年、ペトロフスキー劇場が火事で焼けたため、一時アルバート広場にあった木造の劇場で公演したが、これもナポレオン戦争で焼失した。再建までかなりの年月を待たねばならなかったが、二五年、オーシプ・ボヴェー（一七八四―一八三四）の設計により、ボリショイ・ペトロフスキー劇場が開場した。その壮麗な建築の威容はナポレオン戦争後の国威発揚の象徴として称えられた。だがこの石造りの劇場もまた五三年の火災により損傷したため、五六年にカヴォスの設計で修復・再建された。これが現在のモスクワ・ボリショイ劇場の成り立ちである。

オペラ・バレエの殿堂

マリインスキー劇場では一八六三年から約五〇年間、ナプラーヴニクが首席指揮者を務め、その間、ムソルグスキーの《ボリス・ゴドゥノフ》（一八七三）、ボロデ

図6　現在のマリインスキー劇場（2013）

図7　マリインスキー劇場観客席（2012）

ィンの《イーゴリ公》（一八九〇）、チャイコフスキーの《スペードの女王》（一八九〇）などが初演され、ロシア・オペラの興隆をみた。バレエは当初ボリショイ・カーメンヌィ劇場で上演していたが、八六年に同劇場が閉じられると、バレエを含むすべての公演がマリインスキー劇場に移された。

モスクワのボリショイ劇場では《ドン・キホーテ》（一八六九）や《白鳥の湖》（一八七七）など今日まで伝わる名作バレエが初演された。またマリウス・プティパ（一八一八―一九一〇）がペテルブルクの首席バレエマスターに就任すると、マリインスキー劇場で《眠れる森の美女》（一八九〇）やグラズノフの《ライモンダ》（一八九八）などの古典様式のバレエが上演され、ロシア・バレエは黄金時代を迎えた。

一九一七年の社会主義革命直後、劇場芸術は帝政時代の貴族やブルジョア階級の退廃した贅沢な文化とみなされ、廃止の危機にさらされた。だが、劇場は全ロシア人民に開放すべき国家の宝であると主張した人民教育委員ルナチャルスキーのお陰で存続が認められた。ボリショイ劇場は帝政時代から運営資金が潤沢ではなく、長らくペテルブルクの後塵を拝していたが、第二次世界大戦後、首都モスクワの芸術を梃入れするため、レニングラード（ペテルブルク改め）から多くの優れた芸術家が移籍してきた。ペレストロイカとソ連崩壊以降は欧米諸国との交流も活発になった。

ボリショイがエネルギッシュで情熱的な演劇表現に秀でているのに対して、マリインスキーは古典的な規範に則った抑制の美を誇っている。二一世紀のグローバル化の時代を迎え、ロシアの劇場芸術はコスモポリタン的な均質化に向かう一方で、ロシアの伝統や固有の価値観に根ざした独自の芸術を追求している。（赤尾雄人）

25 ダンサーとコレオグラファー——クラシック・バレエの大本山

図1　プティパ（1898）

国興しとしてのバレエ

今日、「バレエと聞いて、どこの国を連想しますか」と問われたら、一〇人のうち九人が「ロシア」と答えるはず。では、ロシアはいかにして世界一のバレエ大国になったのか。

バレエはイタリアに生まれ、フランスで育ち、ロシアで成熟したといわれるが、近代バレエ、すなわち現在私たちが観ているようなバレエは一九世紀初頭にパリで生まれた。ところが世紀半ばを過ぎるとフランスのバレエは停滞し、世紀末になるとロシアが芸術的にも技術的にも世界一の座に躍り出る。バレエは、ピョートル大帝以来の「西に追いつけ、追い越せ」という西欧化の国策にうまく乗り、皇帝の庇護を得て急速に発展したのだった。

ただしその発展を支えたのは、シャルル・ディドロ、ジュール・ペロー、アルテュール・サン＝レオンなど、ロシア政府が破格の報酬を提示してフランスから招聘したコレオグラファー（当時の用語ではバレエマスター）たちだった。そしてサン＝レオンの後を継いだマリウス・プティパ（ロシアではペチパー、一八一八—一九一〇）が、私たちのよく知るクラシック・バレエの様式を確立し、クラシック・バレエの金字塔とされる《眠れる森の美女》をはじめ、《ドン・キホーテ》《バヤデルカ》《白鳥の湖》（レフ・イワーノフとの共作）など、なんと八〇以上の作品を振り付けた。

ロシアに限らず世界バレエ史上最も重要なコレオグラファーである。
革命後、多くのバレエ教師が西側に亡命し、日本を含め、世界中に「ロシアのバレエ」を広めた。欧米の映画を見ても、バレエ教師は決まってロシア人だ。

二〇世紀のコレオグラファーたち

プティパの後は、もっぱらロシア人コレオグラファーたちがバレエを発展させることになる。最初に挙げるべきはプティパの「形式主義」に反逆し、バレエを「表現主義」へと大きく方向転換させたミハイル・フォーキン（一八八〇―一九四二）だが、彼の活躍の場はむしろ西欧やアメリカだったため、その影響力もロシアより欧米の方が大きい。ジョージア人だがロシアで生まれ育ったジョージ・バランシン（ゲオルギー・バランチワーゼ、一九〇四―八三）はバレエを再び形式主義の方へ引き戻し、二〇世紀で最も人気あるコレオグラファーとなった。彼の活躍の場もまたもっぱらニューヨークだったが、ソ連崩壊後、ロシアのバレエ団は競ってバランシンの作品をレパートリーに取り入れるようになった。やはり「バランシンは私たちロシアのもの」という意識があるのだろう。

幸運なことに、もとは貴族の娯楽であったバレエは革命後も生き延び、しかも芸術の一分野としてますます発展した。ソ連時代から現在まで、ロシア人は世界一バレエを愛する民族だといえよう。革命後、ロシア国内ではスターリンによる芸術支配の影響もあり、物語性の強いバレエが発展するが、政治的状況ゆえに、その影響が西側に及ぶのは一九五〇年代以降になる。レオニード・ラヴロフスキーの《ロメ

図２　ニジンスキー《牧神の午後》（1912）

図３　バリシニコフ《フォロー・ザ・フィート》（1982）

オとジュリエット》やウラジーミル・ブルメイステルの《白鳥の湖》は今なお名作の誉れ高い。

世界を震撼させた男性ダンサー

一九世紀初頭にパリで生まれた近代バレエは女性中心で、ロシアにおいても世紀末までその影響が色濃かったが、二〇世紀に入ると、いわゆるバレエ・リュスを率いたセルゲイ・ディアギレフ（ジャーギレフ、一八七二―一九二九）が、その新しい美学にもとづいて、男性ダンサーを舞台の中心に押し出す。その筆頭がワツラフ・ニジンスキー（一八八九―一九五〇）である（彼は生まれも育ちもロシアだが、ポーランド人である）。ただし彼の活躍の場はもっぱら西欧とアメリカであった。一〇年間しか踊らず、その後三〇年間精神病者として生き、存命中から伝説と化した。

その半世紀後、ルドルフ・ヌレエフ（一九三八―九三）がキーロフ（現在のマリインスキー）・バレエのスターになるが、一九六一年に西側に亡命してから世界中で踊り、バレエ・ファンの数を一〇〇倍にしたとも、一〇〇〇倍にしたともいわれている。稀に見るカリスマとダイナミックな技術でスーパースターとなったが、その踊りはあまりに奔放で、かなり雑でもあった。

それに対して、一九七四年に西側に亡命したミハイル・バリシニコフ（一九四八―）は、「ストラディヴァリウスのような身体をもつ」といわれ、その完璧ともいえる技術によって、今なお世界中の若いダンサーのお手本になっている。

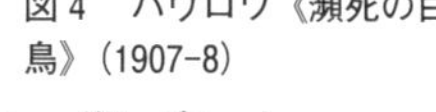

図4　パヴロワ《瀕死の白鳥》（1907-8）

世界の頂点に君臨したバレリーナ

一九世紀にはヨーロッパのどの国でもプリマ・バレリーナのほとんどはイタリア人、とくにミラノ・スカラ座バレエ学校の卒業生たちだった。ロシアにおいても、《眠れる森の美女》初演で主役を踊ったのはカルロッタ・ブリアンツァ、《白鳥の湖》はピエリーナ・レニャーニ、いずれもイタリア人だ。一九世紀にも、プーシキンが絶讃したアヴドーチャ・イストーミナ、西欧に進出して大喝采を浴びたエレーナ・アンドレヤーノワなど、優れたロシア人バレリーナがいなかったわけではないが、最初の大バレリーナは、ニコライ二世の皇太子時代の愛人として知られるマチルダ・クシェシンスカヤ（一八七二―一九七一）だろう。その一世代下のアンナ・パヴロワ（一八八一―一九三一）はロシアから飛び出し、「できるだけ多くの人にバレエを」という使命に生涯を捧げ、日本や南米の奥地を含め、世界各地をまわってバレエの普及に大きく貢献し、バレエ史上最も有名なバレリーナとなった。

ソ連時代のいちばん有名なバレリーナといえば、ガリーナ・ウラノワ（一九一〇―九八）と、マイヤ・プリセツカヤ（一九二五―二〇一五）だろう。とくにウラノワが西側のバレエ界に及ぼした影響はきわめて大きかった。

ソ連崩壊後も、ジョージア人であるニーナ・アナニアシヴィリ（一九六四―）、ディアーナ・ヴィシニョーワ（一九七六―）、ウクライナ人であるスヴェトラーナ・ザハーロワ（一九七九―）が、それぞれ世界のバレエ界の頂点に立ち、バレリーナを目指す少女たちの憧れの的となると同時に、世界中のバレエ・ファンに、「バレエ大国ロシア」の存在感を誇示した。

（鈴木　晶）

図5　ウラノワ《ジゼル》（1952）

26

国際チャイコフスキー・コンクール——米国人の勝利か、ロシアの伝統の勝利か

雪どけ期のソ連に生まれた米国人スター

一九五八年、ソ連の威信をかけた第一回国際チャイコフスキー・コンクールが幕を開けた。ソ連の音楽家の優勝を誰もが疑わなかった。だが、ピアノ部門ではテキサス出身の米国人が圧倒的な支持を集めた。関係者の懸念にもかかわらず、政府首脳は公平な審査を行うことがコンクールの権威を高めると判断した。そして優勝者ヴァン・クライバーン（一九三四—二〇一三）は、米国はもちろんソ連でもスターとなった。今日「クライバーン」「コンクール」といえば、一般には二〇〇九年に辻井伸行が優勝したヴァン・クライバーン国際ピアノ・コンクールが想起されるだけだろう。だが、クライバーンは米ソ冷戦の別の側面を象徴する人物なのである。

発端は一九五三年、独裁者スターリンの死にあった。内外で起こった緊張緩和の動きは、エレンブルグの小説にちなんで「雪どけ」と呼ばれるようになった。特に後継者フルシチョフによる一九五六年のスターリン批判以降、その動きは顕著となり、ソ連は国を外国に開放し始める。五七年には世界青年学生平和友好祭が開かれ、米国や日本を含めた数万人の若者がモスクワに集い、ロックやコーラ、ジーンズがソ連に流入した。西側との芸術家の往来が一般化し、オイストラフやギレリスといったソ連の演奏家は、欧米や日本で大成功を収めていった。国の威信を高める可能性に着目した高官たちはロシアを代表する作曲家の名を冠したコンクールを設立した。

図１　ロジーナ・レヴィーン

クライバーンの生い立ち――ニューヨークで結びつく帝政ロシアの系譜

クライバーンはテキサス州に育ち、四歳からピアノを始めた。教えた母はアルトゥール・フリードハイムに師事したピアノ教師だった。フリードハイムはユダヤ系で、同じくユダヤ系ロシア人のアントン・ルビンシュテインとリストの弟子だったことから、母はルビンシュテインらの孫弟子であることを誇りとし、息子には曾孫弟子だと言い聞かせた。頭角を現したヴァンの指導者として、白羽の矢が立ったのはジュリアード音楽院のロジーナ・レヴィーン（一八八〇―一九七六）だった。ジェームズ・レヴァインやジョン・ウィリアムズ、そして中村紘子らを育てた名教師だった。

ジュリアード音楽院はニューヨークにある米国を代表する音楽学校で、多数の名演奏家を輩出してきた。ロジーナ・レヴィーンはモスクワ音楽院の出身でサフォーノフの弟子だった。夫ヨシフ（ジョゼフ）はラフマニノフやスクリャービンと同世代で、同時期にモスクワ音楽院に学んでいた。ロジーナの音楽院卒業直後に結婚し、ベルリンを経由してアメリカに移住、一九二四年からともにジュリアード音楽院のスタッフとして教え始め、夫の死後は同校を代表する教師となった。ヴァンの演奏にロジーナは、恩師たちに似たスケールの大きさやあふれる気品を感じ、自分のクラスへの受け入れを即断した。ルビンシュテインの系譜に連なる母に習ったヴァンと、ラフマニノフと同時期にモスクワに学んだロジーナは惹かれ合っていた。

米音楽界とロシア出身の音楽家たち

米露の結びつきにはさらに遡る歴史があった。チャイコフスキー（一八四〇―九

図2　モスクワ音楽院大ホール，左からクライバーンと指揮者コンドラシン

図3　クライバーンを祝福するフルシチョフ

三）のピアノ協奏曲第一番の世界初演は一八七五年にハンス・フォン・ビューロウの独奏により、ボストンで行われていた。続く一八九一年、作曲家はカーネギー・ホールの柿落しのためにニューヨークに招かれ、当惑するほどの大歓迎を受けた。ロシア革命前後には多数の音楽家が米国に移住した。指揮者クセヴィツキー、ピアニストのホロヴィッツ、ヴァイオリニストのハイフェッツ、ミルシュテイン、ジンバリストらが米国音楽界に活況をもたらした。作曲家もプロコフィエフがしばらく滞在し、ラフマニノフやストラヴィンスキーはその後半生を過ごした。

このように一九世紀末以降、ロシアは芸術輸出国となり、後進国の米音楽界はその恩恵を受けていた（ディアギレフのバレエ・リュスの離散も同様に理解できる）。だが二〇世紀後半、冷戦下で核兵器や宇宙の開発競争に明け暮れる頃、文化も覇権争いの対象となり、アメリカは前衛芸術の擁護者として台頭していた。一方のソ連は古典芸術の継承者を任じ、スターリン体制の下でモダニズムを厳しく禁じていた。ソ連を非難するにあたって、抽象表現美術のポロックや偶然性の音楽を主導したケージらは米政権に都合のよい宣伝材料となった。一九四九年にスターリン直々の命令でニューヨークを訪れたショスタコーヴィチは格好の餌食とされ、ストラヴィンスキーらを批判するソ連の公式的な立場をどう思うかと詰問されたほどだった。

米ソの架け橋としての古典音楽

スターリンが死んでも、前衛＝米 vs 古典＝ソ連という対立は続いたが、クライバーンの成功でクラシック音楽に米国大衆の注目が集まった。クライバーンはアイ

図4　ニューヨークでパレードを行うクライバーン

図5　左からクライバーン，アイゼンハワー，ヒューロック夫妻，コンドラシン，通訳

ドルとなり、シカゴのエルヴィス・プレスリー・ファンクラブは崇拝対象を変え、ヴァン・クライバーン・ファンクラブとして再出発したほどだった。宇宙開発でソ連に遅れをとっていた米国はソ連に一矢報いることができたし、（所詮ヨーロッパが本場だという）古典芸術へのコンプレックスを払拭させることもできた。帰国の際、クライバーンが未曾有の歓迎を受け、凱旋パレードまで行った所以であった。

クライバーンは米ソの聴衆に深く愛された。ソ連では愛すべき米国人を発見した市民たちから親しみを込めてヴァーニャと呼ばれ、米国ではクラシック音楽史上初めてアルバムがミリオンセラーを達成し、歴代大統領全員から招待を受けた。だがクライバーン自身はコンクールのイメージを払拭できずに、その再演を繰り返し求められて大成せず、（やはりユダヤ系ロシア人の）プロモーター、ヒューロック（一八八八―一九七四）の死後、故郷に引きこもってしまった。ベトナム反戦運動や共産主義イデオロギーの空洞化など伝統的な価値観が否定された時代だった。彼を表舞台に引き出したのはレーガン米大統領だった。一九八七年、ゴルバチョフ夫妻を迎えての晩餐会で演奏を披露したヴァンはアンコールにソ連の大衆歌曲《モスクワ郊外の夕べ》を演奏した。ソ連代表団はほほ笑みを浮かべて共に歌い始めた。首脳会談に華を添える以上の役割をクライバーンが果たしたことは明らかだった。

冷戦期に米ソは確かに対立していたが、その対立は共通の価値観に基づいていた。軍事技術に大金をつぎ込み、世界的ピアニストやアスリートを育てた両国は、合わせ鏡のようであり、互いに相手を必要としていたと言えるだろう。

（梅津紀雄）

27 ソヴィエト・ロック――DIY精神に満ちた若者たちの軌跡

図1　「骨の音楽展」の展示風景（モスクワ，現代美術館 GARAGE，2017）

「ビート」からソヴィエト・ロックの誕生まで

一九五〇年代半ばにアメリカで誕生したロックンロールは、まもなく「鉄のカーテン」をくぐり抜け、「雪どけ」期のソ連にもほぼタイムラグなしにやってきた。外国を行き来できた外交官や船員、そして留学生などがレコードを持ち込み、それらのコピーが密かに流通した。病院で廃棄された使用済みレントゲン写真を丸く切り取り、ソノシート代わりにしたコピー・レコードは「骨のレコード」などと呼ばれた。ソ連の若者たちは、エルヴィス・プレスリー、リトル・リチャード、やがてビートルズの虜となった。ロシアのロック批評の第一人者アルテーミー・トロイツキー（一九五五―）によれば、ソ連で最初のロックバンドは一九六一年にラトヴィアのピート・アンダーソン（一九四五―二〇一六）らが結成した「ザ・リヴェンジャーズ」であるとされ、ヨーロッパに近いバルト三国でバンドが相次いで登場した。モスクワでは一九六四年に「ソコル」（結成地区の名称／ハヤブサ）が結成されたのを皮切りに、ソヴィエト・ロック創始者の一人、アレクサンドル・グラツキー（一九四九―）の「スラヴャーニェ」（スラヴ人たち）など、次々とバンドが誕生した。

こうした初期のグループは、ロックンロールやビートルズのカヴァーバンドとして活動した。当時のソ連ではロックという言葉は使われず、「ビート」と呼ばれていた。ロシア語で歌うオリジナル曲を演奏する国産ロックが登場するのは、一九七〇年代になってからである。

これはロックか否か?——VIA対アマチュア・非公認バンド

一九六〇年代に入り、若者が熱狂する新しい「西側の音楽」の流入を止められないと悟った当局は、ソ連作曲家同盟に属するプロの音楽家たちを起用してロックを制作し、公式にコンサートの開催やレコードをリリースできるグループをプロデュースした。それらは「歌と楽器のアンサンブル」(略してVIA)と呼ばれ、一九八〇年代前半にかけて活発に活動し、「ヴェショールィエ・レビャータ」(陽気な奴ら)、「ペスニャルィ」(歌うたいたち)、「ゼムリャーニェ」(地球人たち)など、数多くのグループが人気を博した。国営レコード・レーベル「メロディヤ」から次々とレコードも発売された。ソ連初のロック・アルバムとも言われている《世界はかくも素晴らしい》(一九七二)は、作曲家ダヴィド・トゥフマーノフ(一九四〇―)が当時活躍していたミュージシャンたちを集めてプロデュースしたコンセプト・アルバムだ。同時期のイギリスを中心に展開されていた構成が複雑なロックを彷彿とさせるが、ハードなギター音を除去する代わりにポップスやオペラ的要素が盛り込まれた音作りになっている。しかしながら、現在は再評価されているこうしたプロジェクトも、当時は官製ロックなんて格好悪いと避けるロックファンの若者たちも多かった。こうした若者たちはもっぱら、録音テープで流通し始めた非公認のアマチュア・ロックバンド(後述)を聞いたのだ。

一九七〇年代半ばには、アマチュアで活動していた国産ロックの拡散防止策とし

図2　初期「アクワリウム」のステージ

て、世界で大流行していたディスコ・ミュージックが許可される。党指導部にとってはわかりやすく、害がないと思われたのだ。ロックはどこまでも西側の陰謀であり、イデオロギーの兵器なのだった。機材を輸入してディスコがたくさん作られ、西ドイツの人気グループ「ボニーM」などもソ連公演を行った。

国産ロックの黎明期とメディア

官製ロックを嫌う若者たちを熱狂させたのは、一九七〇年前後から増え始めた非公認のロックバンドだった。一九六九年には、モスクワでアンドレイ・マカレーヴィチ（一九五三―）を中心に「マシーナ・ヴレーメニ」（タイムマシン）が結成され、ロシア語でロックを歌い始めた。レニングラードでは一九七二年に「アクワリウム」（水槽／水族館）が結成され、中心人物ボリス・グレベンシコフ（一九五三―）の住居が聖地となるほどカリスマ的な人気を誇った。この二つのバンドはＶＩＡが決してテーマとしなかったような若者の心情の代弁者となり、現在もロシアを代表するバンドとして活動を続けている。一九七〇年代の「アクワリウム」は様々な要素を取り入れた実験的な音作りを試みていたが、一九八〇年代には成熟したロックバンドとして安定した人気を獲得していった。

こうした非公認バンドは「メロディヤ」からレコードをリリースできなかったため、自分たちでテープレコーダーに録音してアルバムを発表した（西側のインディーズ活動に似ている）。これらは「マグニトアリボム」と呼ばれ、カセットテープの流通に伴い一大メディアとして発達した。レコードが存在しないという点こそが重要

図3　「キノー」初の7インチシングル盤ジャケット

で、レコードからダビングされたテープとは区別された。やがて人気バンドのテープやコンサートチケットをめぐり膨大な利益を上げる闇組織が増えたため、アマチュア活動ではファンの期待に沿えなくなった「マシーナ・ヴレーメニ」は、一九八〇年に公認バンドになるという苦渋の選択をした。こうしてＶＩＡとアマチュアの境界も、曖昧で流動的になっていった。

ニューウェイヴとペレストロイカ

一九八〇年代のソ連ではニューウェイヴが台頭した。非公認バンドも激増し、様々なジャンルのロックが発展した。ペレストロイカが始まると遂にロックも解禁され、西側の有名バンドが次々とソ連公演を行った。なかでも圧倒的な存在感を放っていたのは、レニングラードのバンド「キノー」（映画／シネマ）とヴォーカルのヴィクトル・ツォイ（一九六二―九〇）だ。一九八二年にアルバム《四五》を世に送り出してから、全部で八枚ほどスタジオ録音のマグニトアリボムを制作した。哀愁たっぷりな短調曲の数々は、自主制作ゆえの簡素な音で独特の雰囲気を獲得し、現在でも多彩なカヴァーやトリビュートで愛されている。一九八七年には、若手の俳優や現代美術家を起用して若者の世界観を描いたカルト映画『ＡＳＳＡ』のフィナーレに登場し、演奏した。直立不動で扇動的に「改革！」と歌うツォイの姿に若者たちは憧れた。しかし彼は、二八歳の若さで交通事故死した。その後まもなくソ連はなくなり、ロシアのロックは今も続いているが、ソヴィエト・ロックは「キノー」とツォイとともに幕を閉じたといっても過言ではない。

（神岡理恵子）

28 スタニスラフスキーとメイエルホリド――「演出家」の誕生

図1　スタニスラフスキー（1900年頃）

図2　メイエルホリド（1898）

演出家の誕生

ロシア演劇史を語れば、コンスタンチン・スタニスラフスキー（一八六三―一九三八）とフセヴォロド・メイエルホリド（一八七四―一九四〇）の名前が燦然と輝く。演劇は二〇世紀においてソヴィエト・ロシアが誇る文化の一つだったが、その礎を築いたのはまぎれもなくこの二名だった。ロシア演劇の代表的な人物といえば、アントン・チェーホフやアレクサンドル・オストロフスキーを思い浮かべる人も多いかもしれないが、彼らは劇作家であり、それに対してスタニスラフスキーやメイエルホリドは演出家だった。劇作家の作品は戯曲だが、俳優や演出家の作品は上演である。

そもそも、世界の演劇において演出家という職能は歴史が浅い。一九世紀末から二〇世紀初頭、ドイツのマイニンゲン公ゲオルグ二世、フランスのアントワーヌ、イギリスのゴードン・クレイグと、戯曲と上演の間に介在する演出家と呼びうる人々が立て続けに現れた。それに伴って、演劇は上演という「空間芸術」へと変貌を遂げ、演劇史において二〇世紀は「演出家の時代」と呼ばれるまでになる。こうした演出家文化の創成期にロシアに登場したのが、スタニスラフスキーでありメイエルホリドだった。

有り体にいえば、上演とは時間と空間が限定された一過的な現象である。そして

図3　スタニスラフスキー演出《ワーニャおじさん》，スタニスラフスキーはアストロフ役（1899）

演出とは、その現象を作品として形作る行為である。だとすると、そこにはある程度の再現性が必要になるはずだ（各回の上演が大きく異なるとすると、それを同じ名前の作品と同定することは、少なくとも二〇世紀初頭の芸術観からは難しい）。この再現性は、例えば舞台美術、照明、俳優そして観客など、その時間と空間を構成する様々な要素が決定されることで保たれる。スタニスラフスキーとメイエルホリドはこれらの要素に対して、異なる角度からアプローチを試みていた。

完成された芸術作品と「約束事」の演劇

スタニスラフスキーに特徴的なのは、舞台には客席とは違う「登場人物が生きるリアルな世界」がある、という考え方だった。室内の場面があったら、登場人物たちは四方を壁に覆われた室内で生きている。現実として舞台は三方しか囲まれていないが、登場人物たちは閉じられた室内に生きているので、本来壁のない観客席側にも、彼らの世界では壁（「第四の壁」）が存在している。観客はこの壁越しに舞台上の世界をのぞき見る。舞台と客席の間にはこの壁が立ちふさがり、それを踏み越えることは何人たりとも許されない。こうして、いわゆるリアリズム演劇が誕生した。スタニスラフスキーは上演中の飲食はもちろん、客席の出入りや拍手を禁止する。なぜなら、客席の不用意な行為は舞台上の進行を妨げ、その「完結した世界」が瓦解しかねないからだ。これは、演劇が一九世紀末以前の貴族の娯楽、ショーとしての演し物から、完成された芸術作品になる過程でとても大きな一歩だった。真実味を持って立ち上がる戯曲の世界を、観客は「疑わない」ことが求められる。観

図4　メイエルホリド演出《堂々たるコキュ》（1928）

客は笑い、涙し、物語の登場人物の運命（生活）に心が揺り動かされる。しかもそれが、人の手によって、綿密に作り上げられたものなのだ。演劇史における大革命だったといってよい。

一方のメイエルホリドが主張したのは、演劇の「約束事」という原則だった。もともとはスタニスラフスキーの教え子だった彼は、その演劇に飽き足らず、ほどなくして独立した。メイエルホリドが常に意識していたのは、演劇は「つくり手と観客相互が共有する一定の約束事に基づいている」という考えだった。観客は「舞台上で演じている俳優」を見ていること、俳優は「客席を前にして演じている」ことを互いに知っている。観客は、舞台上に置かれた一枚の木の板から大木を想像することができる。ところが、同時代のリアリズム演劇は、そうした約束事を無視するもので、演劇本来の力＝演劇性を失わせ、観客を単なる傍観者へと陥れ、舞台と客席を分離してしまっていた。そのため彼は、舞台と客席を隔てる大きな境界線として機能していた「〔第四の壁である〕フットライトを乗り越えろ」と唱えた。こうして、舞台上と客席の空間が同じになる。彼は、「いま演劇が上演されている」という状況をことさらに強調し、演出の「仕掛け」とその作為性を露わにした。観客はその作為性を主体的に楽しみ、その主体性によって「劇作家、演出家、俳優に続く第四の創造者」となるのだと彼は考えた。

しかしおもしろいのは、スタニスラフスキーの場合も、約束事を見えないようにすることで、むしろそれがより強化されていることだろう。違いはそうした演劇の約束事をどう扱うか、その手つきにある。

図5　『かもめ』を読むチェーホフ，その左にスタニスラフスキー，右端にメイエルホリド（1898）

スタニスラフスキーとメイエルホリドの現代性

メイエルホリドは客席を含んだ「状況」の創出に関心を持っていた。そのため、観客の存在をあらかじめ決定できない不確定の要素と位置づけ、その観客との交流、いわばライブ性を重視した。これは、演劇の文学からの完全な自立を意味し、演劇は戯曲テキストに全面的に含まれるものではなくなった。のちにベルナール・ドルトはこうした演劇概念の変容を「コペルニクス的転回」と呼んだが、上演の状況そのものを作品と考えるその考えは、現代のパフォーマンス理論の源泉ともなり、演劇の枠を越えた影響を持ち続けている。

この点で、スタニスラフスキーの演出はあくまで戯曲に根ざしたものだった。しかし、物語の世界を見事なリアリティとともに立ち上げるその手法は、二〇世紀演劇の一つの方向を決定づけた。何より重要なのは、そうした物語の世界に再現性があるということである。そのため、舞台上で繰り返し「役を生きる」スタニスラフスキーの俳優は「文法」にのっとって、論理的に役を構築し、演技することが求められた。このプロセスを体系化したものを彼は「システム」と名付け、生涯を通じて追究し続けた。彼が考案したこの「システム」はロシア国外にも伝播し、いまや俳優教育において世界中でスタンダードとなっている。

このように対極的にも語りうる彼らの態度は、しかし、どちらか選択を迫られるものではなく、ともに演劇の本質へたどり着くための道標として受け入れられてきた。現代の演劇人たちにとって彼らの存在は目指すべきもの、そして乗り越えるものであり、その遺産はいまも更新され続けている。

（伊藤　愉）

29 モンタージュ——断片の詩学

図1　クレショフ

ソヴィエト・モンタージュ派——ソ連映画の黄金時代

ソヴィエト期のロシアは、「現存する社会主義国家」として、二〇世紀を通じて世界に（反発も含めた）大きな影響を与えた。二〇世紀はまた映画の時代でもあった。一九世紀末に登場した映画は近代化が進む都市の見世物として世界各地で発展し、二〇世紀前半にはすでに文化としての地位を確立した。そして、両者の交差点に花開いたのが「ソヴィエト・モンタージュ派」と呼ばれる作家たちと、彼らが展開した「モンタージュ理論」と呼ばれる方法論である。モンタージュとは、もともとフランス語の「monter（組み立てる、据え付ける、配置する）」という言葉からきており、第一次世界大戦の頃に「フォトモンタージュ」など芸術における方法論を表す言葉として使用されていた。その後レフ・クレショフ（一八九九—一九七〇）、セルゲイ・エイゼンシュテイン（一八九八—一九四八）、ジガ・ヴェルトフ（一八九六—一九五四）といった、編集によって新しい意味を作り出すことに映画的な意味での革命を見いだした作家たちによって、映画制作上の方法的理念にまで高められた。『戦艦ポチョムキン』（一九二五）や『カメラを持った男』（一九二九）などの作品に加え、「クレショフ効果」や「弁証法的モンタージュ」など彼らが提唱した理論は、大衆娯楽にすぎない映画を社会的・美学的に昇華する方法論として、世界を席巻した。

図2　エイゼンシュテイン

図3　ヴェルトフ

映画史の中のモンタージュ

とはいえ、モンタージュ派の映画は、映画史においてもロシア史においても悪名高いものでもある。戦後になると、被写体の実在性を保存し開示するカメラの力に映画の本質を見いだしたフランスの映画批評家のアンドレ・バザン（一九一八―五八）は、編集で意味を作り出すのではなく長回しなどを通じて現実をありのままに提示する「映画的リアリズム」を提唱し、モンタージュ派の理論は映画に「意味」を押しつける悪しき方法論とみなされるようになった（もちろんここにはソ連への世界的な評価の変遷も影響しているだろう）。ロシアにおいても一九三〇年代にはモンタージュに重きを置いた作品に替わり、社会主義リアリズムを奉じる作品が登場した。戦後にロシア映画を代表する存在になったアンドレイ・タルコフスキー（一九三二―八六）もまた、社会主義リアリズムとは大きく異なる作品を制作したとはいえ、やはり戦前のロシアの作家たちの形式主義を批判し、ショット内に流れる時間を編集によって切断することを嫌った。さらに、冷戦後に世界で評価されたヴィターリー・カネフスキー（一九三五―）やアレクサンドル・ソクーロフ（一九五一―）、アレクセイ・ゲルマン（一九三八―二〇一三）といった作家たちも、リアリズム的なスタイルを踏襲するだけでなく、しばしばモンタージュ派の作家たちに対する批判的なコメントを口にしている。モンタージュ理論は今日ではむしろ乗り越えの対象となっていると言える。

しかし、構造主義など知の地殻変動が起きていた一九七〇年代のフランスでソ連の映画作家たちやモンタージュ理論は政治的な方法論として再発見され、今日「リ

図4　タルコフスキー

図5　ソクーロフ

アリズム」と「モンタージュ」という対立は、映画制作における二つの理念を構成するに至っている。さらに、冷戦崩壊後のデジタル映像の登場は、こうした対立を再び変化させつつある。例えばソクーロフは『エルミタージュ幻想』（二〇〇二）において、デジタル映像を駆使して全編ワンショットの映画をいち早く作り上げたが、この作品においてエルミタージュ美術館の各部屋や異なった時代は連続的なカメラ移動を通じた「画面内モンタージュ」によって接続されている。また現在アメリカでも活躍するティムール・ベクマンベトフ（一九六一―）は、プロデュース作の『ハードコア』（二〇一六）で全編一人称視点かつワンショットという実験的なＳＦを、また『アンフレンデッド』（二〇一五）や『サーチ』（二〇一八）ではフェイスブックのチャット画面で物語が進行する実験的な作品を世に送り出した。コンピュータの画面操作において私たちは「ウィンドウ」を自由にモンタージュしていると言えるが、ベクマンベトフは、そうしたコンピュータ時代のモンタージュをあらためて映画の物語技法と結びつけたのである。現在のロシア映画は世界の映画の一角に慎ましく納まっているかに見える。しかし、これらのデジタル時代の一連の作品は、旺盛な形式的実験と芸術性、商業性のダイナミックな共存を、再びロシア映画の特徴とする可能性を秘めていると言えるだろう。

近代への応答としてのモンタージュ

しかし、そもそも二〇世紀において、映画制作上の「技術」に過ぎないとも言える編集が、なぜ「理念」として語られてきたのだろうか。モンタージュという工業

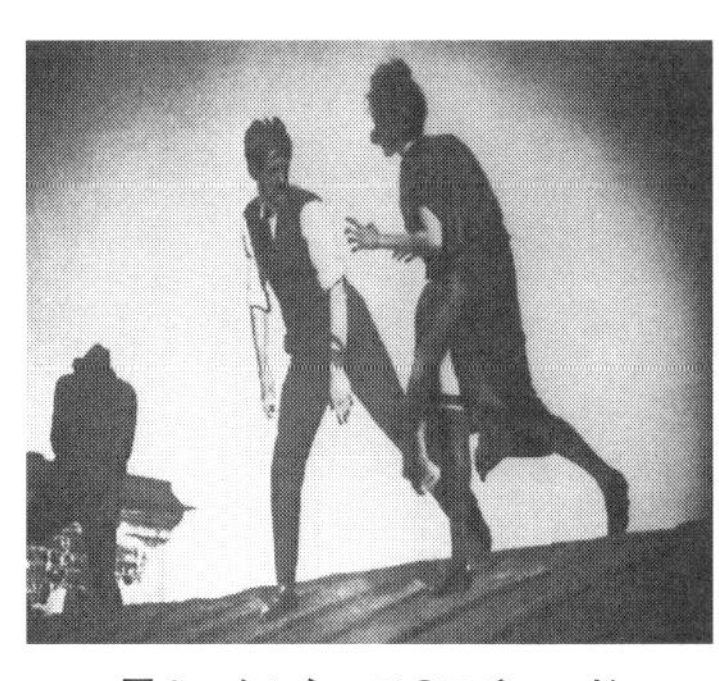

図6　クレショフのエチュード

用語が映画制作上の理念に援用されたのは、二〇世紀芸術における反芸術的な態度と、工業化を利用して新しいソヴィエト的人間を作り出すという当時のソ連の理念が交差した結果とひとまずは考えることができるが、この概念に投影されているのは、必ずしも新しい技術や未来への期待だけではない。エイゼンシュテインは、自身のモンタージュ理論を、彼の師である劇作家フセヴォロド・メイエルホリドが提唱したアクティング・メソッドである、ビオメハニカから作り上げた。エイゼンシュテインは身体各部を独立に意識し、それを再配置＝モンタージュすることで、習慣に凝り固まった身体に有機性を取り戻そうとしたのである。またクレショフが提唱した、異なった人物の身体部分を編集によってひとりの人物の行為に仕立て上げる「創造的地理」も、身体の断片化を、映画を通じて再び統一するための議論と見ることもできる。身体に目を向けたときモンタージュ理論は、身体の機械的断片化と有機的全体性をめぐる、弁証法的な方法論として立ち現れるのである。二〇世紀初頭、舞台芸術家たちは、社会に浸透しつつあった科学的・機能主義的な身体観に反発し、演技やダンスを通じて身体の有機的全体性を回復しようと試みた。しかし彼らは同時に、身体をバラバラの部品の集合として操作するという考えにも取り憑かれた。モンタージュ理論とは、身体の有機的な全体性を取り戻すためにまずその断片化を推し進めるという矛盾をはらんだ方法論なのであり、モンタージュ理論には制作のための理論という次元に加えて、近代が引き裂いた身体イメージへの両義的な応答、という側面もまた存在しているのである。

（畠山宗明）

図１　バルネット監督『青い青い海』

30

ソ連の娯楽映画――もう一つのロシア精神形成史

「偉大な無声映画」の時代

映画の本質は娯楽である。映画は帝政期のロシアでも大衆の心をつかみ、国産劇映画の上映は一九〇八年から始まった。創成期にはロシア史上の事件や、プーシキンやゴーゴリ、Ｌ・トルストイといった文豪の作品、またロシア・オペラから材を採った作品が製作された。中でも製作者ハンジョンコフ（一八七七―一九四五）のスタジオで『スペードの女王』（一九一六）や『神父セルギー』（一九一八）などに主演したモジューヒン（一八八九―一九三九）は、むしろ「無声」の時代であればこそ、美しく強い眼差しの表現力を武器に言語の壁を越えて国際的な映画スターとなった。第一次世界大戦による国産映画の製作減少に伴い、チャップリンやバスター・キートンらの喜劇をはじめ、冒険活劇や西部劇などの外国映画の輸入が増加した。内戦中の一九一九年にレーニンが映画製作を国の管理下に置いて以来、ロシアにおける映画製作は国策に従うものとなった。同時代の国外の動向を意識しつつ、ソヴィエト・ロシアの「新しい」世界像を表明する映画が求められていた。

内戦終結後の一九二一年に導入された「新経済政策（ネップ）」によって、再び社会に活力が戻ると、外国映画を凌駕する勢いでソ連のイデオロギーを発信する娯楽映画が製作される。好例として、国外から戻ったプロタザーノフ（一八八一―一九四五）監督による『アエリータ』（一九二四）やクレショフ（一八九九―一九七〇）監督

図２　『ボルガ―ボルガ』のオルローワ

の『ボリシェヴィキの国におけるウェスト氏の異常な冒険』（一九二四）が挙げられる。後者に俳優として出演したバルネット（一九〇二―六五）は、『ミス・メンド』（一九二六）で監督デビューし、時代が無声からトーキーへと移ろう中、『青い青い海』（一九三六）などでダイナミズムとリリシズムを併せもった作風を深めてゆく。

スターリンと娯楽映画

クレムリンに専用の上映室を設けて外国映画を繰り返し見ていたスターリンは、ソ連初のミュージカルコメディ『陽気な連中』（一九三四）を見て、その製作水準が予想以上に高いことを喜んだという。監督のアレクサンドロフ（一九〇三―八三）は、ハリウッドで感化を受けた美意識をソ連映画に持ち込み、オペラ歌手出身の女優オルローワ（一九〇二―七五）をプラチナブロンドのヒロインとして偶像化した。スターリンはアレクサンドロフと妻のオルローワのコンビを寵愛したが、同時に作品を自ら厳しく管理した。ハリウッド流を志向する二人に対し、保守的な趣味のスターリンは、扇情的なラブシーンや裸体の表現を排除した。娯楽映画における「笑い」と夢は、ソ連社会最大の権威であるスターリン個人によって規定された。

スターリンの意向、共産党イデオロギー担当ジダーノフの指導に加え、スタジオ内の芸術委員会など製作者側の自主規制も映画人の創造意欲を縛った。歴史・伝記物やソ連の叙事詩的作品に活路を求める動きも出て、ソ連映画の教育的独自性が強められた。大祖国戦争を機に悪化した物質的・思想的制限の中、オルローワとアレクサンドロフはＳＦやスパイ物など新ジャンルに挑戦しつつ、時代のアイドル像を

図３　『職場恋愛』の主人公たち

図４　レストランで踊る主人公のアフォーニャ

模索し続けた。二人の苦闘は、世界恐慌を背景とする三〇年代の躍進から、戦時中の国際協調とその後「冷戦」へと追いやられていくソ連の自画像でもある。

「雪どけ」から大衆へ

スターリンの死後、五四年から「モスフィルム」の所長を務めたプィリエフ（一九〇一―六八）は、スターリンが晩年に提起した、映画界を活性化させるための製作増大路線を推進し、中でも「同時代の喜劇を撮る」ことを重視した。喜劇映画の地位向上を図るとともに、舞台設定を同時代に限定することで、衣装をはじめとする製作コストを低く抑え、本数を確保することを狙ったのである。この潮流から真っ先に頭角を現したのはリャザーノフ（一九二七―二〇一五）である。プィリエフに監督指名された『カーニバルの夜（すべてを五分で）』（一九五六）以降、「雪どけ」から「停滞」の時代へ、そしてペレストロイカを経て崩壊に至る社会の変貌を同時代人の目で見つめ続けた。その作風は、次第に市民生活に取材した悲喜劇やメロドラマへと変化していく。監督が「愛の三部作」と呼ぶ『運命の皮肉』（一九七五）、『職場恋愛』（一九七七）、『二人の駅』（一九八二）によって国民的な映画作家となった。

プィリエフは映画製作の拡大と共に、映画人養成の門戸を広げることを考え、一九五六年にモスフィルム併設の「監督高等養成学校」を開校する。これらの試みは映画界に作家と作品の多様性をもたらし、結果的に新しい時代の到来を早めた。この養成学校の一期生に、SF映画『不思議惑星キン・ザ・ザ』（一九八六）で有名なダネリヤ（一九三〇―二〇一九）がいる。出世作『僕はモスクワを歩く』（一九六三）

図５　ソ連喜劇の顔となった悪党三人組

の主人公がシベリア出身の青年だったように、ジョージアにルーツを持つモスクワ育ちのダネリヤの作品には、違和感を抱えたアウトサイダーの孤独と不安が通底している。『アフォーニャ』（一九七五）、『ミミノ』（一九七七）、『秋のマラソン』（一九七九）など、生きづらさに苦しむ主人公を、詩的な繊細さと独特のユーモアをあわせながら卓抜した手腕で描いて、大衆の圧倒的な支持を得た。

モスフィルムに併設した映画学校の運営が軌道に乗ると、学校の独立認可を求めて実績をアピールすべく、プィリエフはモスフィルム周辺の若手映画作家たちにオムニバス映画製作の声をかける。プィリエフが監修した『全く大真面目に』（一九六一）から飛躍したのがガイダイ（一九二三―九三）である。五五年からモスフィルム所属の監督として活動しながらも、その鬼才が危険視され、検閲によって作品は散々な改変を余儀なくされていた。ガイダイが参加したのは、古びたコントの一篇の映像化であった。悪党三人組が、爆発寸前のダイナマイトをくわえた犬に追いまくられて逃げ惑う――『犬のバルボスと大競争』（一九六一）は言葉を排して無声映画のスタイルに回帰し、表象のおかしさとスラップスティックのエネルギーのみで笑わせる、映画の原初的魅力に溢れた作品となった。その後ガイダイは、とぼけた眼鏡の学生シューリクが登場する『ウィ作戦』（一九六五）や『コーカサスのとりこ』（一九六七）、『ダイヤモンドの腕』（一九六九）、『イワン・ワシーリエヴィッチ転職す』（一九七三）といった人気作を次々に発表する。これらの監督たちの活躍により、後期ソ連における娯楽映画の黄金時代が生み出されたのである。

（田中まさき）

31

ソヴィエト・アニメ——プロパガンダと親密なアジールの間で

ユニークな歴史

ロシアはアニメの初期から優れた作品を作り続けてきた。例えば、スタレーヴィチ（一八八二—一九六五）の昆虫が主人公の人形アニメ『カメラマンの復讐』（一九一二）、宮崎駿にも影響を与えたアタマーノフの『雪の女王』（一九五七）、カチャーノフ（一九二一—九三）のチェブラーシカ連作（一九六九—八三）、ノルシュテイン（一九四一—）の『話の話』（一九七九）等がすぐ思いつく。そのどれもが、日本ともアメリカとも違うユニークな画風で現代の観客を魅了する作品である。こうした歴史のユニークさを形づくってきた要因の一つには、総合芸術的伝統の豊かさも考えられるが、革命以降、ソ連という国家が直接、映画やアニメを支援しながら、一方で露骨な介入もしてきたという点にあるとも言える。ここでは、こうした逆説的な要因がどのようにソヴィエト・アニメの特質を作り上げてきたのかをみてみたい。

図１　ロシアで刊行のソ連期児童映画・アニメ論集『たのしいチビちゃんたち——ソ連期幼年時代の文化英雄』

国策としてのアニメ

帝政期のスタレーヴィチの活躍で幕を開けたロシアのアニメだが、彼は革命を期に亡命し門外不出として開発した人形アニメの技術は継承されなかった。革命後は今一度アニメを最初から復活させる必要があった。その際に、映画産業が国有化されたため、アニメの製作は個人ではなく、国営スタジオのような組織で行われるの

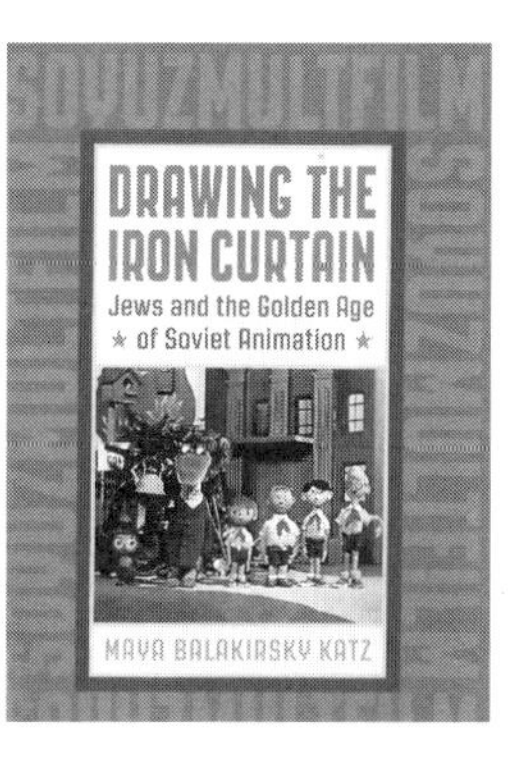

図２　ソ連のユダヤ系アニメーターを論じた研究書『鉄のカーテンをひく――ユダヤ人とソヴィエト・アニメーションの黄金時代』

が主流となる。アニメーターの活動は国家の中に位置づけられたが、それでも一九二〇年代はツェハノフスキーの『郵便』（一九二九）のような野心的実験作が数多く生み出されていった。

しかし、一九三〇年代に入るとスターリンの一方的な政策がアニメ界にも押し付けられるようになる。自画自賛的な娯楽作品を量産し悲惨な現実を隠蔽するべく、ディズニー的な流れ作業的製作システムが導入された。この一環で国内最大の製作拠点として三六年モスクワにソユズデトフィルムが設立となる（翌年ソユズムリトフィルムに改称）。その際、セル画アニメが強要され、プトゥシコが『新ガリバー』（一九三五）で復活させた人形アニメは再度発展が止まってしまう。第二次世界大戦後のスターリン時代末期には外国の物語を取り上げることも強く抑制される。

こうした国家による介入は、当然あらゆる芸術を国家に従属させ、政治宣伝に利用しようという政策からきていた。特に、アニメや映画は、スターリン期は無論、その後の時代も、プロパガンダの手段として重要視されたのである。しかし、ここでは少し留保しよう。「プロパガンダ」とは本来イデオロギーの宣伝を指すが、一般には「間違ったイデオロギー」の宣伝と誤解されることも多い。だが、その内容は「間違っている」の一言で機械的に片付けられるものではなく、何がどのように「間違っているのか」を含めて常に新たな検証が必要である。ここでこのことを強調するのは、ロシアの多くのアニメ監督が今の私たちからみれば、相当プロパガンダ色の濃い作品を作っているためである。一見、政治とは無縁なスタレーヴィチも第一次世界大戦では独軍批判の『ベルギーの百合』（一九一五）を撮っているが、そ

図3　井上徹『ロシア・アニメ』（2005）

の他にも、チェブラーシカ連作のカチャーノフは『オーロラ』（一九七三）を、ノルシュテインも十月革命に取材した『二五日　最初の日』（一九六八）を製作している。

実は、こうした作品は単に宣伝を依頼されて受けたというレベルでは決してなく、自らの世界観と緊密に結びついた高い創造性が見られるのである。例えば、『オーロラ』では有名な巡洋艦オーロラの歴史が語られる中でレニングラード包囲戦への言及がある。美術担当のシュヴァルツマン（一九二〇―）が当時包囲下で母親を餓死で亡くした事実を思い出すと、そこに痛切な鎮魂の想いを感じとることになる（同時期、監督カチャーノフの父親と姉も独軍占領下の故郷スモレンスクで殺害されている）。

親密なアジール

プロパガンダの問題はロシアのアニメ史では避けて通れない論点であるが、さらに注目すべきは、ソ連時代にアニメ産業が抑圧的な体制から逃れられる「アジール（避難所）」のような役割を果たしていたことだろう。アニメは子供向けで「取るに足らない」ため検閲の警戒が弱かったことが、その大きな要因となっている。

スターリンの肝入りで設立されたはずのソユズムリトフィルムはその拠点となった。すでにスターリン期の一九三八年にメイエルホリド劇場が閉鎖された際に、粛清波及の怖れがあったのに（翌年メイエルホリドは逮捕）、元劇場の俳優・劇作家に仕事を提供したのもこのスタジオだった。

その後雪どけからブレジネフ期へと時代が動く中、自由な創作精神を守ろうとするアジール的精神が深まっていく。例えば、チェブラーシカ連作では、国外からや

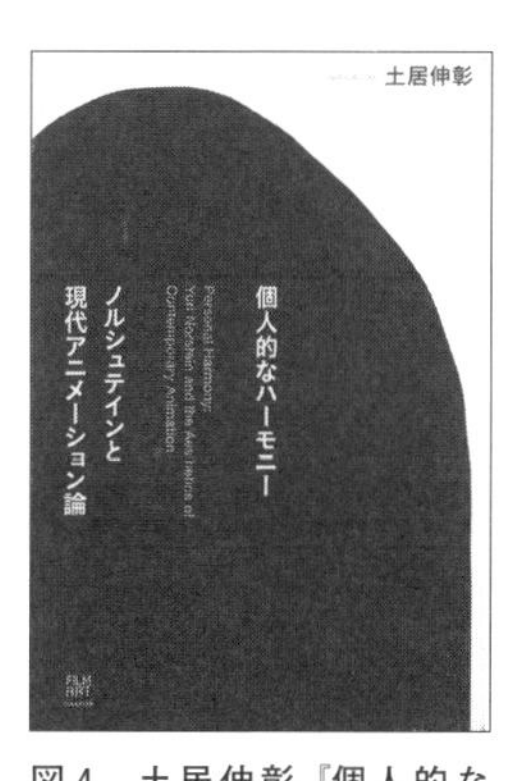

図4　土居伸彰『個人的なハーモニー』（2016）

ってきたが自分が誰かを説明できないチェブラーシカ、やはり外国起源であるワニのゲーナ、帝政期貴婦人の格好をしたシャポクリャークが登場する。第三話「シャポクリャーク」（一九七四）でこの三者が疑似家族のようになるラストを見ると、このようなアウトサイダーによる連帯という形で、現実の抑圧的な体制から逃れ、みずみずしい表現性を取り戻そうとするアジール的な精神性をうかがうことができるのである。

そうした中、ノルシュテイン『話の話』の登場はロシアのアニメ史に画期的な段階をもたらした。土居伸彰の優れた研究書『個人的なハーモニー』で論考されたように、『話の話』は個人的な世界を、物語ることの本源に触れることで永遠化するきわめて独創的な試みであり、だからこそ、その作品は地域や時代を超えて世界のアニメーターの探究と深く緊密にリンクするようになったのだ。『話の話』はただアジールにとどまることに限定されず、さらに広い世界への飛躍となったのである。

ひるがえって、現代ロシアでは、こうした頂点は過去の記憶となったように映る。商業主義の制約は、社会主義時代にはなかった新たな困難も生んでいる。だが、そうした中でもソユズムリトフィルムではソコロフが芸術性の高い人形アニメ『ホフマニアダ』（二〇一八）を一五年の歳月をかけ完成させるなど、アニメーターの奮闘は随所で続いている。商業主義的成功で注目の『マーシャとクマ』（二〇〇九―）なども、よく見れば過去の伝統を汲み取り、新たな創造へつなげようとする姿勢をうかがうことができる。現在のロシアでも「取るに足らない」アニメには、硬直した「大人たち」の先入観を大きく裏切る可能性が秘められているのだ。（長谷川　章）

32 移動展派――ロシアのイメージを創り出す

自由と自立

一八六三年サンクト・ペテルブルク帝室美術アカデミーの一四人の画学生たちが、コンクールのために与えられた主題を描くことに反発し、創作の自由を求めて反乱を起こした。その後反乱を主導したイワン・クラムスコイ（一八三七―八七）を中心としてサンクト・ペテルブルク芸術家組合が結成され、一八七〇年には移動美術展協会へと発展した。美術アカデミーは聖書や神話に題材をとった西欧の新古典主義を規範としていたが、移動展派の画家たちはそれに反発し、一八六〇年代に発展した批判的リアリズムを受け継いで庶民の日常生活や人物の内面に入り込む肖像画、人間ドラマに焦点を当てた歴史画、情緒的なロシアの風景を描いた。

移動展派はサロン絵画やアカデミーの規範的な絵画に対してカウンターとなる主題と様式を打ち出した芸術家たちの集団であると同時に、経済的自立を達成するための共同組合でもあった。ロシア各都市で計四八回の展覧会を行い、一九二三年まで継続した。グループの名称の由来ともなった移動式の展覧会は、地方に芸術を浸透させるという啓蒙的な目的をもっていた。貴族のサロンでの展覧会とは異なる移動展派の活動は、コレクターにじかに絵画を売却し、入場料を払えば誰でも観ることができたため、鑑賞者との新しい関係を作り出した。

図１　ゲー〈ペテルゴフで皇太子アレクセイ・ペトロヴィチを尋問するピョートル大帝〉（トレチヤコフ美術館，1871）

社会に呼応する芸術

移動展派の活動は激動する一九世紀後半のロシアの社会的状況と深く関わっている。クリミア戦争での敗北によってロシアの後進性を強く意識したアレクサンドル二世は、農奴解放をはじめとして様々な行政改革に着手する。都市部で中産階級が興隆する一方、農村部では啓蒙活動を行い、革命を目指すナロードニキたちの活動が盛んになった。農村の自然や庶民の生活を描き出す移動展派の主題や活動のあり方は、当時のロシア社会の民主主義的かつ批判的な雰囲気に合致していた。

移動展派に影響を与えたのは、思想家ニコライ・チェルヌィシェフスキーである。彼は論文「現実に対する芸術の美学的関係」（一八五五）において、現実の美を反映する手段でしかない芸術を批判し、「美それは生（＝生活）である」と主張した。庶民の生活を主題とし、人間の心理やドラマを重視し、身の回りの自然に美を見出す移動展派の画家たちの眼差しは、このようなチェルヌィシェフスキーの芸術観に根ざしている。また小説『何をなすべきか』（一八六三）ではチェルヌィシェフスキーは中産階級の女性が経済的に自立し、お針子たちと協同組合方式のアトリエを結成する様子を描き出した。協同組合「アルテリ」を形成したサンクト・ペテルブルク芸術家組合の活動や、共同受注や共同制作を行いながら、絵画の売却によって得た収益をもとに自立した芸術活動を行う移動展派の方法は、小説の登場人物の生き方に触発されている。いっぽう、パーヴェル・トレチヤコフ（一八三二―一九八）に代表される実業家たちは、ヨーロッパの巨匠の手になる名画ではなく、ロシアの画家によるロシア的な主題の絵画を画家たちに注文し、移動展派を経済的に支えた。

図２　スリコフ〈銃兵処刑の朝〉（トレチヤコフ美術館, 1881）

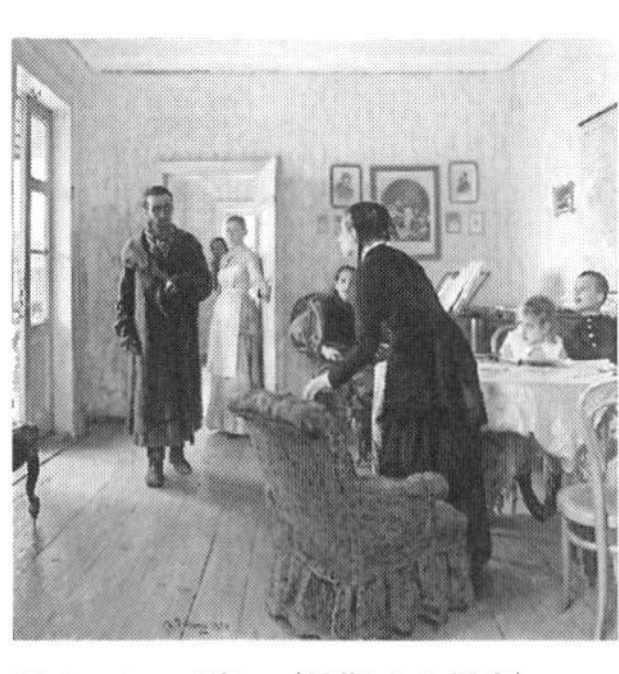
図３　レーピン〈予期せぬ帰宅〉（トレチヤコフ美術館, 1884-88）

ロシア性の創出

画家たちはロシアの歴史にしばしば題材を求めた。ニコライ・ゲーは〈ペテルゴフで皇太子アレクセイ・ペトロヴィチを尋問するピョートル大帝〉（一八七一）で偉大な皇帝である父と、政治に無関心な息子との緊張感ある場面を描き出し、ワシリー・スリコフ（一八四八―一九一六）は〈銃兵処刑の朝〉（一八八一）で一七世紀にモスクワで反乱を起こして鎮圧され、赤の広場で処刑された銃兵隊とその家族を描き出した。どの絵画でも人物の表情が鮮明に描かれ、歴史的事件に登場する人間の心理に焦点があてられる。芸術批評家のウラジーミル・スターソフは、芸術における民族主義や民衆性を主張し、ムソルグスキーやリムスキー＝コルサコフらロシア国民楽派とともに移動展派を擁護した。移動展派はロシアの歴史を描くことで国民的な美術を創出していったのである。

移動展派の画家たちは同時代の社会状況を直接・間接に描いている。ナロードニキたちは農民の信頼を得ることができず敗北し、その多くは投獄や流刑という運命をたどった。イリヤ・レーピン（一八四四―一九三〇）の〈予期せぬ帰宅〉（一八八四―八八）ではやつれ果てた男の突然の帰還に驚く家族の様子が描かれる。この絵画では「人民の意志派」によって暗殺され、死の床にあるアレクサンドル二世の写真が壁にかけられており、ナロードニキ運動との関係が示唆される。イワン・クラムスコイの〈荒野のキリスト〉（一八七二）では、物思いに耽る人間キリストの姿が描かれているが、これは当時の知識人やナロードニキの姿が重ね合わせられているとされる。

図4　クラムスコイ〈荒野のキリスト〉（トレチヤコフ美術館，1872）

図5　サヴラーソフ〈ミヤマガラスの飛来〉（トレチヤコフ美術館，1871）

現代でもしばしば目にするロシアの著名な作家や作曲家の肖像画を描いたのも移動展派の画家たちである。農民に倣い、領地で質素な農村の生活を送りながら小説を書いたトルストイは理想的な人物とされ、クラムスコイ、ゲー、レーピンがそれぞれ優れた肖像を描いている。ワシーリー・ペローフ（一八三三―八二）による〈フョードル・ミハイロヴィチ・ドストエフスキーの肖像〉（一八七二）では、作家は斜め下を向き、目をそらし、自らの思考に没入しているかのようである。

風景画もまたさかんに描かれた。アレクセイ・サヴラーソフ（一八三〇―九七）の〈ミヤマガラスの飛来〉（一八七一）やイワン・シーシキン（一八三二―九八）〈松林の朝〉（一八八九）ではリアルな自然の光景が描かれ、アルヒープ・クインジ（一八四二―一九一〇）はドラマチックな明暗の対比によってロシアに特徴的な〈白樺林〉（一八七九）を描いた。移動展派の画家たちは、アカデミーの影響を受けた、明るい地中海を手本にした自然ではなく、ロシア独自の風景をさかんに描いた。一九世紀ロシアの風景画を分析したクリストファー・イーリーは、シーシキンやサヴラーソフらが、ロシアの風景は見栄えのしない「暗い」自然であるという事実を認め、「貧しい」自然を絵画として成立させる方法を探求したとする。移動展派は、リアリズムを踏まえた上で多様なロシアらしさや国民的モチーフを与える絵画を生み出したのである。この傾向は風景画のみならず、移動展派の絵画全般にも当てはまる。移動展派の画家たちは、西欧由来のアカデミーの様式に対するカウンターの立場をとることで、様々なロシアらしさを視覚的に創出し、ロシア人によるロシアのイメージを形成したのである。

（河村　彩）

33

ロシア・アヴァンギャルド——実現されかけた芸術革命

図１　「最後の未来派絵画展 0.10」展の風景におけるマレーヴィチ〈白地の上の黒い方形〉とスプレマティズム絵画シリーズ（1915）

新しいイズムを求めて

「アヴァンギャルド」はフランス語の前衛、先鋒に由来し、芸術実践や理論の根本的な革新、過去と伝統からの断絶、新奇な内容や手法の探求、社会や政治との積極的な関わりなどを特徴とする。アヴァンギャルド芸術運動は同時代のヨーロッパでも興隆したが、ロシア・アヴァンギャルドは一九一七年のロシア革命に呼応する形で展開したため、他に類を見ないほど深く政治や社会と結びつくことになった。その領域は文学や美術のみならず、演劇、音楽、建築、映画、デザインなどに及び、各分野の芸術家たちが互いに協働するジャンル横断的な運動であった。

ロシア・アヴァンギャルドは一九一〇年代から興隆し、新しい様式が次々と打ち出された。ミハイル・ラリオーノフ（一八八一—一九六四）やナターリヤ・ゴンチャローワ（一八八一—一九六二）らはイコンやルボークといった民衆の素朴な芸術に触発されたネオ・プリミティヴィズムを展開した。詩の分野ではウラジーミル・マヤコフスキー（一八九三—一九三〇）らの立体未来派が活動し、画家と共同で詩集を発刊した。「無対象絵画」と呼ばれた抽象画も展開された。カジミール・マレーヴィチ（一八七八—一九三五）とその弟子たちは、眼前の現象を絵で再現することを否定し、見る者にさまざまな感覚を与える高次の絵画を目指してスプレマティズムを生み出した。いっぽうウラジーミル・タトリン（一八八五—一九五三）は、木片、金属

図2　タトリン〈コーナー・カウンター・レリーフ〉(1915)。写真は1993年に復元されたもの

図3　タトリン〈第三インターナショナル記念塔〉の模型 (1920)。写真は1992-93年に復元されたもの

片やワイヤーから成る〈コーナー・カウンター・レリーフ〉を制作し、台座を排して素材の性質を強調し、マレーヴィチとは別の方法で現実の再現を否定した。

芸術が政治革命と出会うとき

一九一七年にロシア革命が起こると、芸術にまつわる政策や教育なども刷新されることになった。教育人民委員のアナトーリー・ルナチャルスキーは多様な芸術に対して寛容な政策をとり、前衛的な芸術家たちにも新政府への協力を呼びかけた。その結果、政府の役所や研究所、教育機関に彼らが次々と着任した。モスクワでは一九二〇年にインフク(芸術文化研究所)が設立され、初期は抽象画の先駆者である画家のワシーリー・カンディンスキー(一八六六―一九四四)がプログラムの構成に中心的な役割を果たした。インフクでは画家、彫刻家、建築家、芸術理論家などがグループを形成して芸術研究を行い、その研究成果は新しく設立された造形学校ヴフテマス(高等芸術技術工房)の基礎科目のカリキュラムに取り入れられた。

革命後は、社会主義思想を広めるアジテーションおよびモニュメントが芸術の重要な課題となった。タトリンは高さ四〇〇メートルにもなる、モニュメント兼建築物〈第三インターナショナル記念塔〉を設計した。結局塔は実現されず、モデルとエスキスのみが残されたが、鉄とガラスという新しい素材の利用、大胆な形態、高度な技術の要請、そして自然のメカニズムとの調和や革命の理念を志向しているという点で、ロシア・アヴァンギャルドを象徴する作品となった。

一九二〇年代になるとロシア・アヴァンギャルドは第二の段階を迎える。幾何学

図4　ロトチェンコ〈労働者クラブ〉(1925)。写真はトレチヤコフ美術館で復元されたもの

図5　ステパーノワによるプリント布

的で機能的な形態と、明快でシンプルな色彩を特徴とする構成主義が興隆し、芸術作品の制作から実用的な事物の生産へと移行することが目指された。アレクサンドル・ロトチェンコ（一八九一―一九五六）は家具や設備などの日用品を制作し、エル・リシツキー（一八九〇―一九四一）はポスターや本の装丁などのグラフィックや展覧会場のデザインに携わり、リュボーフィ・ポポーワ（一八八九―一九二四）とワルワーラ・ステパーノワ（一八九四―一九五八）は工場でテキスタイルのデザインを手がけた。構成主義者たちの制作物は一九二五年のパリ万国博覧会に出品され、世界から注目を集めた。また一九二三年に発刊された雑誌『レフ』は文学作品や批評の他にも構成主義の活動を紹介した。一九一〇年代の前衛芸術が形式における革命を志向したのに対し、一九二〇年代の構成主義は「生活建設」を唱えて、実際に社会主義の生活そのものをデザインすることを志向したのである。

フォルマリズム批判とソヴィエトの複製技術時代

一九二〇年代後半になると、映像技術の発達に伴って写真や映画が新たな芸術ジャンルとして興隆する。セルゲイ・エイゼンシュテイン（一八九八―一九四八）やジガ・ヴェルトフ（一八九六―一九五四）らの監督がモンタージュの実験を試み、グスタフ・クルツィスらによってフォトモンタージュを駆使したポスターが制作された。雑誌『新レフ』ではドキュメンタリー文学運動「ファクトの文学」が主張され、映画や写真が参照された。一九二八年に結成された「十月」グループには写真家や映画監督など新しいメディアで活躍する芸術家たちが参加し、二年後に設立された写真部門にはボリス・イグナトヴィチら優れた写真家が加わった。「十月」グループのメンバーはラクルスと呼ばれる特異な視点を駆使し、身の回りの事物や現象を異化する写真を撮影した。

アヴァンギャルド芸術は、内容よりも形式を重視し、大衆にわかりにくい「フォルマリズム」としてたびたび非難されてきたが、一九三二年のソ連作家同盟による決議はロシア・アヴァンギャルドの終焉を決定的なものにした。この決議で芸術家たちは自由にグループを結成することができなくなり、社会主義リアリズムを唯一の公式な芸術様式として採用しなければならなくなった。ただし写真やグラフィックの分野では、国立出版局のグラフ雑誌『建設のソ連邦』や記念アルバムを舞台に、一九三〇年代に入ってからも構成主義者たちが実験的なデザインを試みた。

美術批評家のボリス・グロイスは著作『総合芸術スターリン』（一九九二）において、新しい社会の創造者「デミウルゴス」たらんとしたアヴァンギャルドの願望は、スターリンによって最終的に実現されたとし、社会主義リアリズムとアヴァンギャルドの間の連続性を主張した。ただし、アヴァンギャルドと社会主義リアリズムを担った芸術家たちはそれぞれ異なっている。前者が抽象を志向し過去との断絶を強調したのに対し、後者は写実的描写と一九世紀の遺産の継承を重視したという点を考慮すると、両者に共通性を見出すことは難しい。また、ソヴィエトでは芸術は政治の枠外に場所を与えられておらず、結局両者とも政治のための芸術であったという点で、グロイスの見方はソヴィエトの芸術に対する否定的な一般論と一致していることは看過できない。

（河村　彩）

34 スターリン様式——モスクワの空と地下を制した建築

図1　ヴェスニン兄弟による労働宮殿設計案

ロシア・アヴァンギャルド建築とスターリン様式

十月革命（一九一七）後のロシアでは、史上初の社会主義国に相応しい建築とはどのようなものであるべきか、激しい論争が繰り広げられた。そこで登場したのが、ロシア・アヴァンギャルドと総称される建築家たちである。とくにアレクサンドル・ヴェスニン（一八八三―一九五九）やモイセイ・ギンズブルグ（一八九二―一九四六）ら構成主義建築家たちは、王侯貴族やブルジョアによって建設された豪華で壮麗な過去の建築物を否定し、ソ連建築に必要なのは、機械のように一切の無駄＝装飾のない構造なのだと主張した。合理的に組織された建築空間こそが合理的に思考・行動できる社会主義的な人間を生み出すのだ、と彼らは考えたのだった。

しかし一九三〇年代に入ると、アヴァンギャルド建築は姿を消していく。その一因となったのが、スターリン様式の台頭だった。スターリン様式は三〇年代にソ連の唯一の公式の建築様式とされ、それ以外の様式は実質的に禁じられたのである。

モスクワの摩天楼

それでは、問題のスターリン様式とは、いったいどのようなものだったのか。

スターリン様式の建築物は、今でもモスクワの上空と地下にその痕跡をくっきりと残している。まず空の方から見てみよう。モスクワには奇妙な存在感を放つ七つ

図2　モスクワ大学校舎（1953年竣工）

図3　コムソモーリスカヤ駅（1952年開設）

の巨大高層建築が存在する。これらの建築物の用途は、外務省のオフィス、ホテル、高級マンション、モスクワ大学の校舎と様々だが、いずれも一九四〇年代後半から五〇年代にかけて建設され、外観もよく似ているために、「スターリンの七姉妹」と呼ばれている。どの建物も中心に向かうにつれて高くなっていく階段状の構造を有し（そのために「ウェディングケーキ」と呼ばれることもある）、頂上を占めるのはスターリンが執務するクレムリンのスパースカヤ塔を模した尖塔だ。夜になると、この尖塔の先端にある赤い星が、モスクワの夜空に輝きはじめる。

多くのモスクワっ子は、これらスターリン様式の高層建築をおおむね好意的に評価しているが、建築を学んだことのある人ならば、違和感を抱くかもしれない。というのも、これらの建築物では古代ギリシア建築に起源をもつ新古典主義をベースに、様々な建築様式がキメラのように混ぜ合わされているからだ。おまけに、ギリシア神話の神々の彫像があるべき場所に立っているのは、ソ連の英雄や労働者の彫像なのである。

モスクワの地下宮殿

モスクワの地下にも、スターリン様式の空間が広がっている。その豪奢さゆえにしばしば「地下宮殿」あるいは「地下の天国」などと称される、モスクワの地下鉄駅だ。

現在まで続くモスクワ地下鉄の放射円環状の路線の基本形は、一九三五年から一九五四年までの、まさにスターリン時代に形成された。そのなかでも一九三〇年代後半以降に開設された駅は、「七姉妹」同様の折衷的な様式と壮麗さで際立っている。これらの駅ではモザイクやレリーフ、彫刻などのあらゆる種類の芸術が動員され、コルホーズの豊かな実りや、笑顔で働く健康的な労働者たちといった、今まさに建設されようとしている社会主義共同体の理想的イメージが描きだされた。資本主義国の地下鉄駅では、様々な広告が商品の購入へと人々を誘惑するが、モスクワの地下鉄駅は、このようなユートピア的なイメージを用いて、人々を社会主義の建設へ導こうとしたのである。そのような意味で、これらのスターリン様式の地下鉄駅は、交通機関であると同時にプロパガンダの手段でもあったといえる。

世界最大の未完の建築

ではいったい、これらスターリン様式はどこからやってきたのだろうか。その起源は、はっきりしている。他ならぬスターリン自身によって計画された、ソヴィエト宮殿と呼ばれる、ソ連史上最大の建設プロジェクトである。

一九三一年、ソ連という新しい国家を象徴し、連邦最大の会議場を擁する、ソヴィエト宮殿の建設計画が始動した。敷地に選ばれたのは、モスクワの中心に位置する救世主ハリストス大聖堂（一八八三年竣工）の地所だった。このロシア最大の正教建築は爆破・解体され、四週間のうちに更地にされた。それと並行して、ソヴィエト宮殿の建築設計競技も開催された。国内外から寄せられた設計案は、合計二七二案。そのなかにはロシア・アヴァンギャルドの建築家たちだけでなく、フランスのモダニズム建築家ル・コルビュジエ（一八八七―一九六五）ら、国際的な知名度をも

図４　ソヴィエト宮殿設計案

つ建築家たちの案も含まれていた。だが発表された結果は、大方の予想を裏切るものだった。最も高い評価を受けたのは、国際的には無名の若手ロシア人建築家ボリス・イオファン（一八九一―一九七六）の案で、優勝案は該当なしとされた。

この後も三回の設計競技が繰り返され、最終的にこのイオファンがソヴィエト宮殿設計競技において優勝を収める。だが、それでも設計は終わらなかった。ソヴィエト宮殿は世界最大の「レーニンの記念碑」であるべきだというスターリンの命によって、優勝後もイオファンは設計案の修正を強いられた。その結果ソヴィエト宮殿は、階段状の構造の頂点に全長一〇〇メートルのレーニン像が君臨する、世界最高（四一五メートル）の建造物へと変貌する。キリスト教信仰の中心は、革命の指導者を礼拝するための新たな聖堂へと、置き替えられることになったのである。

このようなソヴィエト宮殿の巨大な規模と構造は、もちろんその実現可能性を危うくした。建設が開始された時点でも、多くの技術的問題が未解決のまま残されていた。だが、イオファンらにとっては幸か不幸か、一九四一年に突如としてドイツによるソ連侵攻が始まり、ソヴィエト宮殿の建設は中断される。そして戦後も、建設が再開されることはなかった。この未完に終わったソヴィエト宮殿の代わりにモスクワに出現したのが、じつは先述の「スターリンの七姉妹」だった。この七つの高層建築の頂点を飾るクレムリンの尖塔が表すものこそ、スターリンその人に他ならない。いわばレーニンの記念碑は、スターリン自身の記念碑へとすり替えられたのだ。このようにしてスターリン様式の建築は、指導者を頂点とするソ連社会の理想的イメージを、現実の都市に刻み込んだのである。

（本田晃子）

35

マトリョーシカ――ロシアとソ連のイメージを背負って

マトリョーシカとは

入れ子になっている人形で……という説明が必要ないほど誰もが知っているマトリョーシカ。その名前は農民に多かった女性名マトリョーナに由来し、当初は女性を描いた入れ子人形だけがこう呼ばれていた。マトリョーシカを初めて作ったと考えられるモスクワの「子どもの教育」工房の一九〇三年の商品カタログには、「マトリョーシカおよび各種人形。八ピース、木製、旋盤加工、彩色、入れ子式」とあって「各種」の八ピースから成る入れ子人形はマトリョーシカとは区別されている。だが、一九一二年のある報告書には「現在セルギエフ・ポサードではいわゆる『マトリョーシカ』（入れ子の木製人形）を何万個も生産している」というくだりがあり、入れ子の木製人形全般が「いわゆる」つきでマトリョーシカと呼ばれている。

こうして入れ子の人形＝マトリョーシカという理解は定着し、今では「歴代政治指導者のマトリョーシカ」や「大きなかぶ・マトリョーシカ」と言っても何の違和感もない。他方、量産によって典型的なマトリョーシカの容姿がほぼ固定し、入れ子でなくとも絵柄からマトリョーシカと認識されるようになった。マグネット、タンブラー、キーホルダー、ペン……マトリョーシカが描かれると何でもロシア土産になる。ついには、あのボーリングのピンを丸っこくしたようなシルエットだけでもマトリョーシカと認識されるに至り、輪郭だけをデザインに使った布地やアクセ

図１　削り出しの様子（モスクワ市バーベンキ村にて，2013）

サリーも現れた。マトリョーシカは、いったいどうやってこれほど普及し、ロシアのシンボル的な存在となったのか。そのつくりと歴史を概観しつつ考えたい。

マトリョーシカの作りかた

ピースが多くきちんと絵柄の描かれたマトリョーシカはけっこう値が張る。職人が特別の道具と技術で作る工芸品なのだ。あの独特の形は、木工ろくろで木材を高速回転させ、そこに刃物を当てて削り出して作る。材は主にシナノキで、充分に乾燥させて必要な長さに切り、旋盤にかける。回転する木材に刃を当ててまずなめらかな円筒形にし、円筒の底面を削って丸いくぼみを作ると人形の下半身の形が現れる。これを一旦切り離して逆向きに円筒に当て、それに合わせて大きさを決めながら上半身を作る。全体の形をととのえて切り離し、やっと一ピースできあがりだ（図１）。この工程を繰り返して五個なり七個なりでやっと一つのマトリョーシカになる。しかもこの段階ではまだのっぺらぼう、次は絵付師の出番である。

私たちがマトリョーシカと聞いてイメージするのは、黒い瞳を見開いた血色のよい女の子で、黄色いスカーフをかぶりエプロンにあざやかな大輪の花がいくつも描かれているものではないだろうか。これは商業と手工業で栄えたニジニ・ノヴゴロド州の町セミョーノフに特徴的なデザインで、鮮やかな赤や黄色はアニリン染料による。一方、モスクワ州セルギエフ・ポサードには焼きごてで線を描くウッドバーニングの伝統がある。ここでは、優しい色づかいの素朴な雰囲気の女性を中心に、様々なキャラクターのマトリョーシカが作られてきた。ニジニ・ノヴゴロド州より

図２　絵付けの様子（セルギエフ・ポサード市にて，2013）

少し北東にあるキーロフ州は、麦わらを貼りこんで光沢ある模様を入れる技法で知られている。こうした絵付けはすべて手作業で行われるが、一人の絵付師がすべてを行う場合もあれば、分業制で大量生産に対応する場合もある（図２）。

マトリョーシカの誕生と成長

マトリョーシカは今から百余年前、大資本家が芸術家と農民を巻き込んで新事業を展開する中で生まれた。鉄道王サッヴァ・マーモントフ（一八四一―一九一八）がアブラムツェヴォの屋敷地で芸術家の活動を支援していたことは有名だが、その妻エリザヴェータ（一八四七―一九〇八）は同地で農民の職業訓練所となる木工所を開設、画家たちがデザインしたフォークロア調の家具や雑貨を生産していた。ロシアの民俗や古代をイメージしたいわゆる「ロシア・スタイル」の作品群である。

この美術工芸の流行はサッヴァの兄アナトーリー（一八三九―一九〇五）とその妻マリヤの経営するモスクワの玩具・子ども用品店「子どもの教育」にも見られ、マトリョーシカはそこで一八九七―九八年頃生まれた。「雄鶏を抱いた娘」（図３）を含め、この店の印が押されたマトリョーシカは最初期の作と見なしてよい。

モスクワの「子どもの教育」は自前の工房を構えて玩具や雑貨を販売し、その商品の中には民族衣装を着た人形やロシアの町の模型など、民俗的なモチーフを取り入れたものもあった。最初のマトリョーシカは、ここで木工職人ワシーリー・ズヴョーズドチキン（一八七六―一九五六）が挽き、画家セルゲイ・マリューチン（一八五九―一九三七）がデザインしたものだろうと言われている。

図3　マトリョーシカ「雄鶏を抱いた娘」（バルトラム名称芸術教育玩具博物館にて，2013）

マトリョーシカ誕生に関しては、日本の入れ子七福神人形がアイデア源になったという伝説がある。確かに玩具博物館には日本の古い七福神人形が所蔵されており、一九世紀末ロシアの日本への関心の高さや美術工芸品の往来を考えるとあり得ない話ではないが、当の七福神人形がいつロシアに入ったのか、誰かがこれに着目したのかどうか、を明らかにする資料は見つかっていない。

ロシア・スタイルの木工品は、一九〇〇年のパリ万国博覧会で大好評を博した。「子どもの教育」店主マリヤ・マーモントワはマトリョーシカを含む一連の玩具によって銅賞を受賞したが一九〇四年に逝去し、その後、マトリョーシカを本格的に作り始めたのは、この万博で急成長したモスクワ県会の教育工房だった。セルギエフ・ポサードにあった同工房は「子どもの教育」から型を取り寄せ旋盤工を招いて、一九〇五年以降量産に踏み切ったのだ。

ソ連体制の下、セルギエフ・ポサードはザゴールスクと名を変えて玩具製造を続け、セミョーノフやキーロフといった後発のマトリョーシカ生産地も、国の生産計画に従って超大量のマトリョーシカを生産した。その結果、各産地の典型的なスタイルに基づいたマトリョーシカは、新しい要素を付加されつつ増殖した。ソ連諸民族のマトリョーシカ、宇宙飛行士のマトリョーシカ、モスクワ・オリンピックのマトリョーシカなどが新たなソ連みやげとなったのである。ロシアの民衆的なイメージを背負って生まれたマトリョーシカは、こうしてソ連のイメージも背負うこととなった。ソ連崩壊後は各地の工場の縮小・閉鎖に伴い、マトリョーシカは再び手作り工芸品となり、多様な作家によるオリジナル作品が多く生まれている。（熊野谷葉子）

Column 4

ロシアのサーカス場

ロシアには三八のサーカス専用常設劇場がある（執筆時）。サーカスが盛んなヨーロッパでも常設劇場がある国はほとんどなく、これだけたくさんのサーカス専用劇場を有する国はほかにない。ロシア人にとってサーカスがいかに身近で、愛されているかを物語る数字といえる。このなかで最も有名なのは、モスクワの「モスクワボリショイサーカス」である。モスクワ郊外レーニン丘に一九七一年に開設されたサーカス場は、ヨーロッパ最大三四〇〇席の客席をもつだけでなく、設備面でも最新の技術を備えていることで知られる。通常の舞台のほか、曲馬、氷上、水中、イリュージョン専用のマネージ（円形ステージ）を持ち、それを五分以内で転換させるという舞台機構は、それまでのサーカスの常識を変えた。ひとつの番組で、水中ショー、アイスショー、イリュージョン、さらには馬のショーを次々に見せていくことが可能になった。

モスクワにはもうひとつ、街の中心ツヴェトノイ・ブリヴァールに「モスクワニクーリンサーカス」がある。一八八〇年ドイツの興行師サラモンスキーが建てたサーカス場を、一九一九年ソ連政府が接収し国営化したもので、「モスクワボリショイサーカス」がオープンしてからは、「スタールイ（古い）サーカス」と呼ばれるようになった。一九八三年道化師としてだけでなく、映画俳優としても知られ、国民的な人気を博していたユーリー・ニクーリンが支配人に就任、老朽化が進んだサーカス場改築のために立ち上がり、モスクワ市を動かし、一九八九年同じ場所に新たなサーカス場をオープンさせる。彼に敬意を表し、モスクワ市は一九九六年ニクーリン生誕七五年を記念して、サーカス場を「モスクワニクーリンサーカス」と命名した。翌年ニクーリンは亡くなったが、サーカス場の名前と共に、彼の名前は永遠に市民の記憶に残ることになった。

ニクーリンサーカスよりさらに古い歴史を誇るのは、サンクト・ペテルブルクにある「チニゼッリサーカス」だ。町の中心フォンタンカ運河沿いに建つサーカス場はイタリアの興行師チニゼッリが一八七七年に開設したもので、ヨーロッパ最古のサーカス場として知られている。ヨーロッパサーカスの香りが残るサーカス場には、舞台衣装、道具をはじめ、プログラム、写真、ビデオ、書籍など一三万点以上のコレクションを所蔵するサーカス博物館がある。ここでは子供たちのために、さまざまな企画や見学ツアーも行われている。サーカス場はロシア人にとって、娯楽の場としてだけでなく、サーカスの歴史に触れ、サーカス文化に親しむ場でもある。

（大島幹雄）

第5章

何よりも大事な文学

パーヴェル・フィローノフ〈知識人の再生〉(1910)

模倣から生まれた文学

『罪と罰』『戦争と平和』――およそ文学に興味のない人でも、これらのタイトルは耳にしたことがあるだろう。文学といえばこういうものだというイメージの源泉として、この二つのタイトルは、おそらく世界に並ぶものなき双璧をなしている。すなわち、人生の有為転変に悩み苦しむ人間の内面を描き出すのが文学だ、というイメージ。実際、『罪と罰』も『戦争と平和』も、そのイメージどおりの作品といって間違いではない。

二つの作品が書かれたのは、「小説の世紀」と呼ばれる一九世紀が後半に入った一八六〇年代のロシアであり、国外でも高く評価されるようになったのは、フランス人ヴォギュエの『ロシア小説』(一八八六)による紹介以降、つまりは「小説の世紀」も終わりかけたころであったといわれる。そもそも一九世紀のはじめには、ロシアでは貴族はもっぱらフランス語を使い、ロシア語に不自由な者もいるという状態だった(『戦争と平和』はまさにその状況を描いている)。一七世紀末、ピョートル大帝の開始した近代化は、西欧文明の模倣・摂取の運動であり、ロシアの近代文学もまたその運動のなかでつくりだされた。『罪と罰』の舞台である当時の首都ペテルブルクは、「西欧への窓」としてピョートル大帝が沼地の上に短期間のうちに築いた街で、しばしば「幻影都市」と呼ばれる。『罪と罰』は、この人工的な都市で孤独に暮らす青年が、ナポレオンのようになろうという幻想を膨らませて起こす犯罪の物語であり、模倣から生まれたロシアの近代の幻影性を象徴している。

こうして西欧をお手本に、まずは模倣からつくりだされたロシアの文学が、逆に世界の文学のお手本のごとき地位へと成り上がったわけである。

模倣としての文学

模倣がお手本へと入れ替わったこの歴史的経緯は、ロシアの文学を考えるうえで示唆的である。古くはプラトンが述べたように、芸術とは現実を模写するものだ、という考え方がある。『罪と罰』や『戦争と平和』は、文学史上ではリアリズム(写実主義)という流派に属する作品とされるが、「写実」とは文字どおり、現実を写すということだ。人生の有為転変とそれに悩み苦しむ人間の内面を、できるだけリアルに写しとるのが作家の役割だ、という発想がその基盤にある。

では人は、そのように現実を模写した文学を、何を求めて読むのだろうか? 一つの大きな理由は「共感」だろう。ここにはまさに自分の人生が、自分の悩みが描かれている、という感覚を、すぐれた文学はしばしば読者に与える。この感覚は、いままではっきりとは認識していなかったけれども、いわれてみると自分はこのような悩みを抱いていたのだ、という気づきも含む。気がついていなかった「ほんとうの自分」を、人は文学作品に見出すのである。『罪と罰』の主人公ラスコーリニコフは、世界中の若い読者にそのような気づきを与え、ラスコーリニコフの悩みに同一化して都市をさまよわせた。

このとき、文学は単に現実を模倣したものではなくなっている。逆に読者が文学を模倣して、それをお手本に、現実のなかで行動するのだ。

お手本としての文学

文学が人生のお手本になるというこうした現象は、普遍的なものではあるが、ロシアではとりわけ顕著であったといわれる。主な要因は二つある。一つは前述した、ロシアの近代文化の模倣性だ。西欧の模倣から新たな現実をつくっていった近代ロシアにおいて、文学という人工物から現実がつくりだされるのも自然なことだった。もう一つの要因は、ロシア文学の強い宗教性である。キリスト教においては、聖書という書物が人生の規範を信者に与えた。近代化・世俗化の遅れたロシアでは、文学がそうした「人生のお手本」としての役割を引き継ぐよう期待され、作家は「人生の教師」たることがしばしば求められた。トルストイはそれを代表する人物であり、後半生には「トルストイ主義」の教師として、世界中の信者が彼を参詣した。

こうした「人生のお手本」としての文学は、ソ連において、国家規模で制度化されることとなる。ソ連で唯一公式の芸術様式とされた社会主義リアリズムは、模倣がお手本と化す現象の極みであった。それが描くべき現実は、目の前にすでにある現実ではなく、「革命的発展における現実」、すなわち社会主義革命が発展した先に現れるはずの、未来の現実であると規定された。社会主義リアリズムは、目の前にある粛清や飢餓といった悲惨な現実は描かず隠蔽し、代わりにあるべきお手本としての現実を描いて、それを実現するよう読者を鼓舞したのである。

こうして近代ロシアにおいて文学は、「人生のお手本」として社会で重要な地位を占めつづけた。ソ連崩壊後、文学の高い地位は急速に失われたが、フィクションが「人生のお手本」となる現象自体は、新たな装いのもと、現代のメディア環境で衰えることなく存続している。「人生の教師」のように、あるいは社会主義リアリズムのヒーローのように、ロシアのメディアは政治的指導者の姿を日々報じつづけているのだ。

（乗松亨平）

36

ロシア語——標準語への道のり

教会の文語と民衆のことば

「ことばを学ぶ」という表現は我々ロシア人にこそふさわしい。なぜなら、我々上流階級はすでに、民衆から、すなわち生きたことばから著しく引き離されているからである」（『作家の日記』）。ドストエフスキー（一八二一—八一）が記したこの言葉にはロシア語がたどってきた歴史がこだましている。ロシアの標準語が成立する過程は、ロシア教会スラヴ語という文章語と民衆の話しことばという二つのロシア語の対立と統合の歴史といってよい。ここではそうした近代ロシア標準語の成立のあらましをたどってみよう。

ロシア教会スラヴ語の成立

ロシア語を含む現在のスラヴ系諸言語は時代を遡ると、ある一つの共通の言語にたどりつく。六世紀から八世紀にかけて、スラヴ祖語と呼ばれるこの共通の言語から古東スラヴ語が分離し、九世紀末には古東スラヴ語の担い手たちのもとでキエフを中心とする統一国家キエフ・ルーシが成立する。一〇世紀末、キエフ大公ウラジーミル一世が正教キリスト教を国教としたのを機に、スラヴ世界最古の文語である古代教会スラヴ語がブルガリアから典礼書とともにもたらされた。キエフ・ルーシでの書写を経て、これらの典礼書にはやがて原典にない現地のことばの特徴が混

図1　ファヴォルスキーによる『イーゴリ遠征物語』の挿絵

在してくるが、このようにして成立した「ロシア教会スラヴ語」はものを書き記す際の何よりのよりどころとして、ロシア語の歴史に甚大な影響を及ぼすことになる。中世ロシア文学の金字塔とされる『イーゴリ遠征物語』（一一八七年頃）も、この書きことばの伝統抜きには考えられない。

その後、キエフ・ルーシがモンゴル来襲（一二四〇）により衰亡し、モスクワ大公国が台頭するのに伴い、モスクワの話しことばの影響下に行政実務の文語である実務文体が新たに出現した。他方、一四―一五世紀のオスマン帝国の侵攻を受け、ブルガリア、セルビアの聖職者がロシアに逃れてきたが、彼らのもとで教会典礼書が古風な綴りで改訂され、荘重な装飾的文体が編み出された。こうして人工的に改変されていく教会スラヴ語は、しだいに民衆の日常的な話しことばから隔たっていった。一七世紀の分離派の指導者、長司祭アヴァクムの『自伝』（一六七二―七三）は、そうした教会スラヴ語の伝統を逸脱し、話しことばの表現性を大胆に取り入れたその画期的な文体と深い宗教性によって、後世のトゥルゲーネフ（一八一八―八三）やドストエフスキーらに大きな感銘を与えることになる。

近代ロシア語の成立

ピョートル一世（一六七二―一七二五）の絶対主義帝政を経てエカテリーナ二世（一七二九―九六）の啓蒙主義時代に至る一八世紀に、ロシア語は近代国家にふさわしい国語として飛躍的に形を整えていく。西欧先進諸国の制度と文化の導入を急ぐピョートルがみずから制定した「民間活字」と簡便な正書法、ロモノーソフ（一七

図2　近代ロシア標準語の父，プーシキン。O.A. キプレンスキー〈プーシキンの肖像〉（1827）

一一―六五）によるロシア語初の文法書『ロシア文法』（一七五七）、『ロシア・アカデミー辞典』（全六巻、一七八九―九四）は新時代のロシア語の姿を示す画期的な成果である。

とはいえ、こうした形式を統合すべき新しい文語の姿はまだ模索の最中であった。教会スラヴ語的な要素の多寡によって文体を高・中・低の三つに分けたロモノーソフの古典主義的な「三文体理論」や、サロン的な話しことばによる言文一致の試みであるカラムジンの「新文体」などが提示されたが、いずれも広く国民に支持され用いられるには至らなかった。さらに一九世紀初めの上流社会はフランス贔屓（ガロマニア）の風潮に染まり、フランス語とロシア語の二言語併用状態にあった（トルストイの『戦争と平和』の冒頭でロシア貴族の家庭の会話がフランス語で交わされているのはその反映である）。同時にまた、ロシア語の規範をめぐっては、教会スラヴ語の伝統を重んじる保守派や、民衆の話しことばを重んじる立場など、さまざまな志向が対立していたが、この対立はまもなく詩人アレクサンドル・プーシキン（一七九九―一八三七）の登場によって見事に解消されることになる。

一九世紀初頭、プーシキンはその作品のなかで、伝統的な書きことばの品格、都会の話しことばの軽妙な語法と修辞、口承文学の伝統を汲む簡潔で力強い民衆の話しことばのすべてを奇跡的なバランス感覚で統合し、新しい言文一致体の模範を示した。ここについに近代ロシア語の全国民的な諸規範が確立するのである。トゥルゲーネフの言葉を借りれば、プーシキンは「標準語と文学を創りだすという、他の国なら一〇〇年以上かかるであろうふたつの仕事をたったひとりで成し遂げた」の

図3　ベルリンのロシア語新聞。題字脇に「ロシア語こそ祖国」とある

だった。

現代のロシア語へ

一九世紀後半、ヨーロッパの民族主義運動と軌を一にして、ロシア貴族らもまたロシア語へと回帰し、学校教育もすべてロシア語で行われるようになるなど、ロシア語は国家の言語として揺るぎない地位を獲得する。続く二〇世紀の戦争と革命による社会変動はロシア語にも大きな変化をもたらした。革命後、一九一八年にはピョートル以来の正書法をさらに合理化した新しい正書法が導入され、ロシア語の外観が文字どおり刷新された。また新たな組織制度を表す耳慣れない響きの略語や新語が氾濫したが、「ことばの革命」を唱導したマヤコフスキー（一八九三―一九三〇）らによる前衛文学運動はこうした言語上の変革と呼応するものでもあった。その後、新聞やラジオなどマスメディアを介して標準語がロシア語地域全体に浸透し、冷戦終結後には堰(せき)を切ったように英語からの外来語が流入した。ロシア語の現在の姿とはこうした歴史の到達点に他ならない。

「言語・民衆、これはわが国語では同義語である。ここには何という豊かな深い思想が込められていることか！」。冒頭に掲げた言葉に添えてドストエフスキーはこう述べている。ロシア語の歴史とはロシア人が自分のアイデンティティを見出していく過程でもあった。ロシア人がロシア語によせる過剰にもみえる愛着と信頼。そこにはロシアそのものを理解するための重要なキーが隠れているのではあるまいか。

（古賀義顕）

図1　プーシキン（生誕200周年記念切手，1999）

37

詩人——プーシキンからブロツキーまで

危険な職業

現代ロシアにエドゥアルド・リモーノフ（一九四三—）という、カリスマ的な人物がいる。過激な主張で知られる極右の民族主義政治活動家だが、もともと旧ソ連時代にはアングラ詩人で、一九七〇年代半ばに一時西側に亡命した。その彼がニューヨークのどん底生活を赤裸々に描いた自伝小説『俺はエージチカ』（一九七九）の中で、こう言っている——「ロシアじゃ昔から詩人は誰だって精神の指導者みたいなもんで、例えば、詩人と知り合いになれるってことは大変光栄なことなんだ。ところがここじゃ、詩人なんてクソじゃないか（……）」。実際、一九六〇年代から七〇年代のソ連で絶大な人気を誇ったエヴゲニー・エフトゥシェンコ（一九三二—二〇一七）の詩には、「ロシアの詩人は、詩人以上だ」という有名な言葉がある。つまり、ロシアでは詩人は、単に詩人であるということを超えた大きな存在だったのだ。

ロシア語には「人心の支配者」という表現がある。もともとはロシア最大の国民詩人とされるアレクサンドル・プーシキン（一七九九—一八三七）がナポレオンやバイロンなどを念頭に置いて使った言葉だが、慣用句として定着し、社会的に大きな影響力を持つ同時代の傑出した文学者や詩人を指すようになった。ロシアでは帝政時代にも、ロシア革命以降のソ連時代にも、文学は検閲によって厳しく抑制され、しばしば権力から迫害された。しかし、文学が軽んじられていたからではない。そ

図2　ツヴェターエワ（パリ，1925）

図3　ブロツキー（ヴェネチア，1980年代）

の逆に文学、特に詩は大きな影響力を持ち、権力にとって危険なものだったからである。そのように詩人が偉大であった時代はすでに過去のものになり、二一世紀のロシアでは詩人の存在はそれほど重要視されなくなってしまったけれども。

確かにロシア詩の歴史は悲劇に彩られてきた。プーシキンとミハイル・レールモントフ（一八一七—四一）はともに決闘で殺された。二〇世紀では、セルゲイ・エセーニン（一八九五—一九二五）もウラジーミル・マヤコフスキー（一八九三—一九三〇）も、マリーナ・ツヴェターエワ（一八九二—一九四一）も自殺し、オシプ・マンデリシュターム（一八九一—一九三八）は粛清の犠牲になった。ヨシフ・ブロツキー（一九四〇—一九六）は、ソ連で「徒食者」として逮捕され、後に亡命を余儀なくされた。ロシアでは詩人とは、目がくらむほどの栄光の高みでもあり、また命がけの危険な職業でもあった。

ロシア詩の歴史

ここでロシア詩の歴史についてごく簡単に振り返っておこう。ロシアでは中世以来、歴史歌謡、宗教詩、儀礼歌、そしてブィリーナと呼ばれる英雄叙事詩など、広い意味で「詩」と見なせる様々なジャンルが口承文芸として存在していた。しかし書かれた文学のジャンルとしての近代的な詩が本格的に始まるのは、一八世紀半ばと言ってよい。その後、プーシキンが一九世紀初頭に近代ロシア詩の土台を確立するとともに、その周辺には優れた詩人たちが輩出し、この時期はロシア文学の「金の時代」と呼ばれることになった。一九世紀半ばのリアリズム全盛時代は小説が優

図4　オクジャワ（モスクワの自宅で，1993）

勢なジャンルとなり詩は背景に退いたが、一九世紀末から二〇世紀初頭の、いわゆるロシア文学の「銀の時代」には、再び詩が隆盛となる。この時期に次々に興る象徴主義、アクメイズム、未来主義といった流派を担ったのは詩人たちだった。ソ連時代には、社会主義リアリズムの教義が詩の自由な発展を抑圧したが、アンナ・アフマートワ（一八八九―一九六六）、ボリス・パステルナーク（一八九〇―一九六〇）、マンデリシュターム、ツヴェターエワなどの優れた詩人を輩出した。一九五三年のスターリンの死以降、一九六〇年代にかけての自由化の時代には、エフトゥシェンコ、ベラ・アフマドゥーリナ（一九三七―二〇一〇）などの新進詩人が若い読者たちのアイドルとなり、ギターで弾き語りをするブラート・オクジャワ（一九二四―一九九七）などの「吟遊詩人」が活躍した。二〇世紀末にはアメリカに亡命した詩人ブロツキーがノーベル文学賞を受賞し（一九八七）、世界的に高く評価された。

日常言語に組織的に加えられた暴力

ロシア語の詩の書き方としては、音節アクセント詩法が一八世紀半ばに理論的に体系化され、一九世紀初頭のプーシキン時代に実践的にも確立され、いまでも基本として用いられている。これは各行の音節数を一定に揃え、アクセントのある音節を規則的に配置するもので、英語やドイツ語の詩作法に近い。リズムのパターンは基本的に、「弱強」（ヤンプ）、「強弱」（ホレイ）、「弱弱強」（アナペスト）、「弱強弱」（アンフィブラーヒイ）、「強弱弱」（ダクチリ）の五種類である。このような約束事は形式的に詩人を縛るものではあるが、逆説的なことに、表現を日常言語の束縛から解放し、言語芸術の新しい可能性を開くものでもある。ロシア・フォルマリズムの文芸理論の一翼を担った言語学者のロマン・ヤコブソン（一八九六―一九八二）によれば、詩とは「日常言語に組織的に加えられた暴力」なのだ。その結果、特別なリズムや修辞技法を駆使した「詩的言語」によって、新たな言語表現の世界が切り開かれた。それはまた、あらゆる内容を盛る器にもなったのである。

ロシア詩の宝庫は豊かだ。プーシキンの代表作『エヴゲニー・オネーギン』（一八三三）は詩で書かれた長編小説という、破天荒な形式のものだった。対照的に、チュッチェフ（一八〇三―七三）の四行詩のように、詩は究極の簡潔なアフォリズムにもなった――「ロシアは頭ではわからない。／共通の物差しでは測れない。／ロシアには独特の性格があって――／信ずることしかできない。」（一八六六）。他方、詩はネクラーソフ（一八二一―七七）の「詩人と市民」（一八五六）のように、社会的な呼びかけにもなった――「君は詩人でなくても／市民でなければならない」。二〇世紀に入ると、未来派のアヴァンギャルド詩人たちが大胆な言語実験を行った。フレーブニコフ（一八八五―一九二二）は「笑い」から派生した新造語を繰り出して「笑いの呪文」（一九一〇）を唱え、クルチョーヌィフ（一八八六―一九六八）は「ディル・ブル・シチィル……」で始まるナンセンスな音声詩（一九一三）に「プーシキンのすべての詩よりも多くの民族的なもの」がこめられていると主張した。他方、詩は大衆芸能の中でも生き続けている――「リンゴの花ほころび……」と始まる、ソ連の大衆歌謡「カチューシャ」（一九三八）は、伝統的な詩の形式を忠実に守っているのだ。ロシア詩はかくも多様で、ロシア魂と同じくらい幅が広い。（沼野充義）

38 トルストイかドストエフスキーか――二者択一を超えて

図1　トルストイの肖像(1856)

人生に限りなく近い小説

何か驚くべき出来事に出くわしたとしよう。その驚きを誰かに伝えたくて、手近な友人を相手に一部始終を話す。ところが聞き手の方は、語っているからには何かがあったにちがいない、とはじめから身構えている。だから、その時その瞬間の驚きは、真に伝達することはできない。

これは物語が本来的に抱える逆説といえるだろう。何事かを語っているという事実が、何か語るに値する出来事が起こったのだということを前提にしている。出来事に逢着した瞬間の驚きは、語りのなかで失われざるをえない。この逆説の根幹にあるのは、物語と人生の対立である。物語には発端があり、結末があり、伏線があるけれど、人生にはない。物語には構成があるけれど、人生は無秩序だ。

それならば、小説は人生の不確かさを表現しえないのだろうか。人生に限りなく近い小説はありえないのだろうか。

この問題に真っ向から挑んだ作家こそ、トルストイとドストエフスキーにほかならない。人生を主題とするには飽き足らず、人生そのものになりかわらんとする小説。そんな途方もない野心をはらんだ異形の作品を、両者は創り出したのである。

「と」か「か」か

図2　ドストエフスキーの肖像（1861）

レフ・ニコラエヴィチ・トルストイ（一八二八―一九一〇）。フョードル・ミハイロヴィチ・ドストエフスキー（一八二一―八一）。この二人の同時代人は、「と」で結ばれるよりも、「か」で対比させられることの方が多かった。文壇のまぎれもない二大巨頭であった両者が、おあつらえ向きに対照的な特徴を持っていたことはまちがいない。片や名門貴族の出、片や「雑階級」（下級貴族、官吏、僧侶、商人等からなる一九世紀半ばに興った社会階層）の出。片や広大な領地を有する地主、片や文筆を糧とする職業作家（ちなみに、ロシアで職業作家なるものが登場したのも、文芸雑誌が勃興した一九世紀半ばのことだ）。前者は推敲に次ぐ推敲を重ねたが、後者は原稿料の前借りに縛られ、口述筆記を駆使して書き急いだ。

試みに、『戦争と平和』（一八六三―六九）と『罪と罰』（一八六六）を比べてみよう。『戦争と平和』はナポレオン戦争時代のロシアを活写する歴史絵巻で、優に五〇〇人を超える登場人物たちは社会階層もさまざま、作品の舞台も社交界、家庭、戦場、農村と悠然と移ろっていく。他方の『罪と罰』は、ペテルブルクの限られた空間のなか、比較的狭い人間関係のもとに、殺人者をめぐる物語が劇的に進行していく。両者を並べて対立の構図を引き出すのは、それほど難しいことではない。

トラディション／カウンタートラディション

一方、二者択一を超えて、「と」の地平で両者を捉え直そうとする見方も存在する。アメリカのロシア文学者ゲーリー・モーソンは、一九世紀のロシア文学に関して、「トラディション」対「カウンタートラディション」という構図を提起し、ト

図3　モスクワの生家に立つドストエフスキー像

ルストイとドストエフスキーを後者の側に位置づけた。

ロシア文学のトラディションとは、批評家ベリンスキー（一八一一—四八）にはじまり、チェルヌィシェフスキー（一八二八—八九）を経て、その後の革命家たちへと受け継がれていく系譜である。彼らは文学の社会的役割を鮮明に打ち出した。文学は、専制や農奴制や検閲といった諸問題を抉り出し、読者の自覚を促すものでなければならない。チェルヌィシェフスキーの代表作である『何をなすべきか』（一八六三）は、革命派の青年たちにとっては「行動の教科書」というべき小説だった。

もっとも、トルストイやドストエフスキーの作品も社会性を濃厚に帯びている。それは多かれ少なかれ一九世紀ロシア小説のほとんどすべてに当てはまる特徴といってよい。ゴンチャロフ（一八一二—九一）の『オブローモフ』（一八五九）も、トゥルゲーネフ（一八一八—八三）の『父と子』（一八六二）も、それぞれに先鋭な同時代への応答としてあり、また、そのようなものとして読まれたのだ。

では、トラディションの作家たちを際立たせるのは、どのような契機なのか。彼らは、ユートピアへと必然的に進展していく歴史過程を信じ、個人はその普遍的なプロセスのなかにあると考えた。だが、歴史があらかじめ結末の定められた物語であるならば、現在は未来に従属するものとなり、個人の自由は失われてしまう。

トルストイとドストエフスキーは、「閉じられた時間」に抗して「開かれた時間」に究極的な価値を置いた。現在とは未来へと至る必然的な段階ではなく、偶然的で不確実で、だからこそ開かれたものだ。無数の可能性のなかを生きる人間は、その意味で自由な存在であって、「未来の進歩」という旗を掲げた船を曳く人夫ではない。

だが、構造を持つ以上、物語は人生との対立を本質的に抱え込んでしまう。ここで冒頭の問いに戻ることになる。人生に限りなく近い小説はありえないのだろうか。

「どういうわけか」と「突然」

この問いに応えるべく、二人の作家はそれぞれに「伏線と結末のない小説」を模索した。トルストイは「なぜか」「どういうわけか」という副詞を好み、ドストエフスキーは「突然」「不意に」という副詞を多用する。これは同じ関心から出た異なる表現といってよい。その根幹には、偶然的で不確実な時間への鋭い感覚がある。トルストイは評論『なぜ人は自らを麻痺させるのか』（一八九〇）で『罪と罰』に論及し、こう述べている。「老婆を殺すか殺さないかという問いが決せられたのは〔……〕ラスコーリニコフが何もしないでただ考えていたとき、彼の意識のみが活動し、意識のうちに、ごく微細な変化が生じたときなのだ」。意識のわずかばかりの変化が、人を殺人へと導いてしまうこともある。人間の意識は時々刻々と変化してやまない。「どういうわけか」ふらつく意識のありようを精緻に描いたのがトルストイであり、そこから「突然」に派生する出来事を劇的に描いたのがドストエフスキーなのだ。いずれの場合も、登場人物は定められたプロットのなかを動く操り人形ではなく、不確実な日常のなかで惑い、苦しみ、選択する一個の人間である。

トルストイとドストエフスキーの読者には、共通する特徴が見られる。登場人物たちのことを、生身の身近な人間であるかのように語るのだ。それは、限りなく人生に近い小説のなかで、彼らが各々の現在を生きているからなのだろう。（高橋知之）

図4　トルストイ『なぜ人は自らを麻痺させるのか』の表紙

39 余計者——一九世紀ロシアのニート？

ロシア文学を代表するキャラ

文学は多くの典型的人物を生み出してきた。最近の言い方なら「キャラ」である。たとえばドン・キホーテやシャーロック・ホームズは、ひとつの固有名であるにとどまらず、「世間知らずの夢想家」や「超人的な名探偵」としてパターン化され、あまたの登場人物を反復生産してきた。一九世紀、黄金時代のロシア文学が作り出した最も重要な典型が、余計者である。この呼び名自体はトゥルゲーネフ（一八一八―八三）の短編「余計者の日記」（一八五〇）にちなむが、通例その始まりにして代表とされるのは、国民詩人プーシキン（一七九九―一八三七）の韻文小説『エヴゲニー・オネーギン』（一八二五―三二）の主人公オネーギンである。その後、レールモントフ（一八一四―四一）『現代の英雄』（一八三九―四〇）のペチョーリン、トゥルゲーネフ『ルージン』（一八五六）のルージン、ゴンチャロフ（一八一二―九一）『オブローモフ』（一八五九）のオブローモフ、ドストエフスキー（一八二一―八一）『罪と罰』（一八六六）のラスコーリニコフなど、名だたる小説の主人公たちがこの系譜に数えられる。

図1　オネーギン（サモキシ＝ストコフスカヤ画，1916）

「ロシア」からの疎外

この典型はその名のとおり、社会のなかで居場所を見つけられず、余りものとな

図2　オネーギン（ソコロフ画，1892）

った人物を表す。多くは貴族の男性で、高い教養や能力をもつが、それを活かすことができずに無為のまま過ごしている。その不能ぶりはしばしば恋愛でも発揮され、惹かれあう相手の愛に応えることができない。たとえばオネーギンは、田舎地主の娘タチヤーナの求愛をはねつけるが、その後、首都の社交界の花形となった彼女に逆に求愛し、拒絶されるというすれちがいを演じる。

純真な美しい心をもつタチヤーナは、ロシア人の精神性の具現として称えられてきた。そんな彼女と結ばれそこなうオネーギンは、単に社会のなかで余計なだけでなく、「ロシア」から疎外された存在といえる。このような意味で余計者は、当時の貴族が抱えていた疎外感を象徴している。一七世紀末にピョートル大帝が始めた近代化の過程で、ロシア貴族は西欧文化を急速にとりいれ、フランス語で日常会話をするほどになった。一九世紀に入って近代ナショナリズムが高揚したとき（これもまた西欧の模倣だったわけだが）、ロシア貴族は、自分たちがロシアの「民族的伝統」から切り離されてしまっているのに気づいた。ロシアの伝統や民衆から乖離して、西欧的教養をもてあます貴族の無為を、余計者は表現している。たとえばトルストイ（一八二八―一九一〇）は評論「訓育と教育」（一八六二）で、大学を出ても適切な仕事を見つけられない余計者的な若者たちを嘆き、その原因は、彼らの西欧的教養を「ロシアの民衆の肉体が受け入れられない」ことにあると述べる。余計者の系譜を「オブローモフ主義」という言葉で定式化した批評家ドブロリューボフ（一八三六―六一）も、同様の理解に立って民衆への接近を呼びかけ、一八七〇年代のナロードニキ運動（「民衆のなかへ（ヴ・ナロード）」を標語とした）の先駆となった。

図3　オブローモフ（シチェグロフ画, 1973）

図4　オブローモフの夢（シチェグロフ画, 1973）

近代化からの疎外

ただし、こうした見方は歪みを含んでいる。一九世紀はロシア貴族の没落の時代だったが、それは民族的伝統を失ったからというより、近代化と資本主義の進展についていけなかったからである。西欧生まれの資本主義からの疎外（近代化の遅れ）を、ロシアの民衆や伝統からの疎外（近代化のいきすぎ）として理解する、という歪みがここにはある。

ゴンチャロフの『オブローモフ』には、こうした歪み自体が描かれている。余計者的無為を極めるオブローモフ（小説冒頭で朝、目覚めた彼がベッドから起き出すのは、岩波文庫版で三〇〇ページが経過してからだ）は、実務に優れて貿易業を営むドイツ系の友人シュトルツと対照され、オブローモフの不決断に耐え切れなくなった恋人も、最後には西欧近代を具現するようなこの人物と結ばれる。こうして近代化から疎外された主人公は、「オブローモフの夢」と題された有名な章で、故郷の所領の農村を思い出す。永遠に時間が停まったかのような平和な村で、乳母からロシアのおとぎ話を聞かされて、少年オブローモフは「虚構に浸りきり、年老いるまでその奴隷になってしまった」のだと語られる。民衆や伝統への回帰によって、近代化の遅れを解決しようとする志向の歪みが、ここでは示されているといえるだろう。

余計者という典型の特徴は、このような歪みにある。近代化や資本主義からの疎外だけなら、世界の近代文学に類似の例は数多い。たとえば同時代のフランスで生まれた「ボヘミアン」という典型は、労働や財産に縛られずに、自由と芸術を謳歌する人々だった。やはり同時代のアメリカにも、あらゆる労働に対して「しないほうがよいのですが」という返事で拒絶する、メルヴィルが描いた無為の権化バートルビーや、資本主義を拒んで森で自給自足生活を送ったソローがいる。二〇世紀のヒッピーにも通じる彼らが、みずからの無為を資本主義への抵抗としてしばしば積極的に意義づけたのに対し、ロシアの余計者は空虚感や自責の念に苛まれており、二一世紀のニートに通じるといえるかもしれない。

余計者は世界を救う?

とはいえ、余計者を積極的に意義づけようとする試みがなかったわけではない。ドストエフスキーは講演「プーシキン」(一八八〇)で、余計者の系譜を「放浪者」という言葉で捉えなおした。たしかにオネーギンは、ロシアの民衆から切り離され、自国にありながら根をもたずにさまよう永遠の放浪者である。しかしこの典型は、ロシアの将来における偉大な意義を示しているという。ドストエフスキーによれば、ロシア人は、ヨーロッパ諸民族の対立を和解させ、全人類を結びつけるという歴史的使命を帯びている。なぜならピョートル大帝の改革以来、ロシア人は他民族の文化を愛とともに受け入れてきたからだ。つまり、自民族の伝統から切り離され、さまよいつづける余計者であるからこそ、あらゆる民族と融和し彼らを和合させられる。ロシアが世界を救済するという、ロシア・メシアニズムの思想に基づいて、ドストエフスキーは従来の見方を逆転し、余計者こそがロシアの民族性を体現すると主張したのである。

(乗松亨平)

40 戯曲——一九二〇―三〇年代の劇中劇の魅力

ロシアの喜劇と劇中劇

ロシアの戯曲には、劇中劇が繰り返し登場する。それは、社会批判やパロディなどの機能を果たしてきたが、ロシア演劇が思想的側面や手法において、西欧の演劇や文学の影響を受けながらも、そこから独自の発展の道を模索するには劇中劇が不可欠だったためである。そして、劇中劇が頻繁に現れたのは、ロシアの国民演劇成立の源といえる喜劇においてだった。

ロシアの劇中劇は、エカテリーナ二世の宮廷を女地主が君臨する屋敷になぞらえたフォンヴィージン（一七四五―九二）の『親がかり』（一七八二）や、検察官が来たという噂と不安がプロットを動かすゴーゴリ（一八〇九―五二）の『検察官』（一八三六）、借金返済を逃れるために中心人物が自らの葬儀を演出し、変装姿で現れるスホヴォー＝コブイリン（一八一七―一九〇三）作『タレールキンの死』（一八六九）など、一八・一九世紀の喜劇において萌芽の形で表されていた。

一方、実験演劇が華やかだった革命後の十数年間に登場した喜劇は、諷刺・ジャンルの越境・変身・多響性・芸術的媒介を共通項に、古典劇の内的形式を構造的に発展させた劇中劇の造形力を借りて、「演劇に関する演劇」を開花させる。この時期が演劇学の曙と重なることも偶然ではないだろう。

ここでは、一九二〇―三〇年代に書かれた劇中劇のユニークな仕掛けを探り、そ

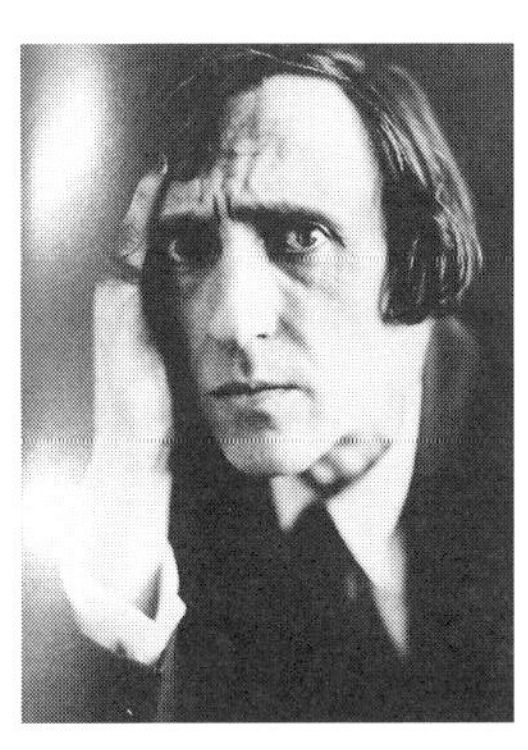
図1　ニコライ・エヴレイノフ

図2　ミハイル・ブルガーコフ

の尽きせぬ魅力に触れたい。

劇中に別の劇が組み入れられている場合

エヴレイノフ（一八七九―一九五三）の『最も重要なこと』（一九二一）では、シェンキェヴィチ（一八四六―一九一六）の『クオ・ヴァディス』（一八九六）を自然主義的演出に沿って惰性で稽古する俳優たちが、恋愛関係や心の問題に悩む人々の住むアパートへ赴く。そして、複数の顔を持つドクトル・フレゴリの指示により実生活で役を演じ、住人の問題を解決するが、最後にフレゴリの正体はコメディア・デラルテのトリックスターであるアルレッキーノだと判明する。演劇セラピーの手法で生の演劇の実現を目指す意図には、ロシアで当時よく読まれたフロイト（一八五六―一九三九）の影響も見出せるが、注目すべきなのは、劇中劇によりエヴレイノフが伝統的な上演や観劇の方法と袂を分かった点である。

一方、ブルガーコフ（一八九一―一九四〇）作『赤紫の島』（一九二八）では、劇の中で芝居を作る構成や登場人物のやりとりが、エヴレイノフの『最も重要なこと』（一九二一）やピランデッロ（一八六七―一九三六）の『作者を探す六人の登場人物』（一九二一）の劇構造を彷彿とさせる。これは劇中劇が流行したことを物語る。ある劇団が、検閲官にゲネプロを見せるため、南洋の島の革命劇をたった一日で仕上げるというストーリーだが、本筋にも劇中劇にも時代や演劇界がみごとに諷刺され、検閲制度に対する鋭い批判が見られる。

同じブルガーコフの『ゾーイカのアパート』（一九二六）では、縫製アトリエが夜になると怪しげなショーを繰り広げる悪魔的空間と化す。物売りの声や路面電車の音、蓄音機から流れる歌、アトリエに出入りする中国人の訛りの激しいロシア語、随所に散りばめられた不正確なフランス語などが、多響的カオスを生む。本筋に伴走するフォクストロットやロシアのロマンス、オペラなど、芸術的媒介も巧みに取り込み、作者の創作の集大成である長編『巨匠とマルガリータ』(一九六六年発表)執筆を準備した助走的作品である。

夢の手法を用いる場合

公式イデオロギーにそぐわない作品上演への規制が強まる一九二〇年代後半には、夢幻的な戯曲が多く書かれた。内戦を扱う八つの夢からなるブルガーコフの『逃亡』(一九二八)は、祖国を失う白軍兵士らを待ち受けるクリミアと地中海が多言語・多文化空間として現れる。『至福』(一九三四)では、タイムマシンが現代人を未来へ飛ばし、『イワン・ワシーリエヴィチ』(一九三五)では、現代人とイワン雷帝が入れ替わるが、いずれも発明家の夢だったというオチがつく。そして、登場人物が用いる言語や習慣の極端な相違が滑稽さとグロテスクの両面から読者に日常的価値の再考を迫る。

挿入劇と夢の手法をかけ合わせたハルムス(一九〇五—四二)の『エリザヴェータ・バム』(一九二七)では、冒頭でエリザヴェータが彼女を逮捕にきた二人と玄関のドア越しに会話するうち、彼らは部屋へ入り込み、本筋からずれたコミカルな芸を披露する。ここからエリザヴェータが連れ去られる幕切れ前までを彼女の夢の世界と捉えることもできよう。ジャンルの概念を揺さぶるこのような手法には、早くもポストモダンが見え隠れする。

劇中劇の仕掛けと演劇性

劇中劇が扱う諷刺は、劇行動の中心軸をずらす手法や強いパロディ性で実現できるし、多響性と芸術的媒介性は、異なる時代のロシア語や外国語、歌・踊り・演奏・詩などの援用により、限りなく効果的に展開しうる。そして、劇中劇に受け手の願望や理想に寄り添いながら劇空間を二重三重にふくらます魔法がかけられ、相手の正体を知りつつ楽しむ仮面舞踏会にいるかのような感覚を受け手に与える。また、現実と願望の擦り合わせの場としての夢を用いて、演出や上演の可能性を広げることもできる。革命後は、演出家と劇作家が協働してリアルな演劇的日常のアピールをねらったが、演劇創造の舞台裏を知りつくした劇作家だったエヴレイノフもブルガーコフも、劇中劇をロシア演劇の豊かな発展に不可欠なカーニバル劇と考えていた。

劇中劇は、観客を「混乱」に陥れ、筋の展開の予想を裏切るグロテスクなからくりといえる。そして、わくわくするような限りない演劇性にあふれ、夢幻の魅力によって読み手や演出家の心を捉えて離さないのが、劇中劇を採り入れた一九二〇―三〇年代ロシアの秀作戯曲なのである。

このようにみてくると、劇中劇とは真の演劇の探求という果てなき夢への積極的な導き手であることがよくわかるだろう。

（村田真一）

41 ロシア・フォルマリズム——その理論の歴史（性）

図1　ヤコブソン（1920）

「文学理論」の誕生

後年、西側の研究者らによって与えられた名称である「ロシア・フォルマリズム」とは、教科書的に述べれば、一九一〇年代半ばから二〇年代末くらいまでの時期にかけて、主に、モスクワのモスクワ言語学サークル（代表的な人物としては、ロマン・ヤコブソン（一八九六―一九八二）、グリゴーリー・ヴィノクール（一八九六―一九四七）、ニコライ・ヤコヴレフ（一八九二―一九七四）等）と、現在のサンクト・ペテルブルクの詩的言語研究会（オポヤズ）（代表的な人物としては、ヴィクトル・シクロフスキー（一八九三―一九八四）、ボリス・エイヘンバウム（一八八六―一九五九）、ユーリー・トゥイニャーノフ（一八九四―一九四三）等）によって展開された、言語学や詩学の領域において新しいアプローチを提起した潮流であり、「ロシア」や「ソ連」という文脈を超えたところでも、現代文芸理論の端緒となった文芸学の運動として世界的に知られている。それは、異化、日常言語／詩的言語、ファーブラ（ストーリー）／シュジェート（プロット）、文学的ファクト、文学の進展に関する理論等、さまざまな概念やアイデアを提起し、それ以前の印象主義的な批評や、その作品の時代背景、作家の思想や実生活といった観点から作品を論じるスタイルに異を唱え、その作品を「文学」たらしめる「文学性」の追究や「文学の自律性」に基づく作品分析を通じて、「科学＝学問としての文学研究」の確立を目指した。そのとき重要になってくるのは、「何を」ではなく「いかに」の問いを立て、それを具現化する「手法」や「構成」を主題にすえることであり、「フォルマリズム」という呼称が示すように、「内容」ではなく「形式」を重視する姿勢となる。

　彼らの提起したさまざまな問題は、プラハ言語学サークルの成立に影響を与え、ヤコブソンを通じてクロード・レヴィ＝ストロースに示唆を与えたような個別的なケースはおくにしても、一九六〇年代にはツヴェタン・トドロフやジュリア・クリステヴァらによってフランスに紹介され、より洗練された形でジェラール・ジュネットらの物語論に昇華される。一方、「フォルマリズム」が「禁止」されていたソ連内でも、同時期にモスクワ＝タルトゥ学派に「再発見」されることで、構造主義的アプローチの先駆として評価されることになった。

図2　トゥイニャーノフ（1926）

複製技術時代の文学論

　しかし、文学作品の分析で「内容」や「思想」に重きをおかない姿勢、あるいは「形式」への注目は、そもそもどのような背景のもとで生まれたのか。それについては、無論、いわゆるアヴァンギャルド芸術――とりわけ立体未来派の超意味言語（ザーウミ）などに代表される詩の実験――へのリアクションという側面であったり、ボードゥアン・ド・クルトネ（一八四五―一九二九）らによって展開された新しい言語学の影響であったり、従来から言われていることを含め、さまざまな視点から語りうる。それら任意の視点のうち、ここでは新しいテクノロジーという観点から考えてみよう。

　一九二七年、自分たちが文学研究で蓄積したそれまでの知見を「応用」して、映

図3　エイヘンバウム（1946）

画論に取り組んだ論集『映画の詩学』がエイヘンバウムの編纂で出版されている。たとえば、その中の論考「映画の基礎について」でトゥイニャーノフは、詩脚と映画のコマ、詩行と映画のショットとを類比的に捉え、映画にせよ詩にせよ、考察の対象とするのは詩行＝ショットだということを述べている。なるほど、「応用」という感じがする。しかし、翻って考えてみれば、彼（ら）が行ってきた詩や散文へのアプローチが、そもそも映画的なものであったということも可能なのではないだろうか。エイヘンバウムは、『映画の詩学』の前年に発表した「映画は芸術か？」という記事の中で、映画は他の芸術をコンテンツとする融合的（シンクレティック）芸術だが、それ故、映画自体は特別な芸術ではなく、存在している芸術を新しい環境に立たせる技術なのだと述べていた。このとき彼が具体的に念頭においていたのは演劇のことだが、新しい環境に立たされるのは文学とて同様である。映画という新しい競合メディアが生まれることで、文学観がそもそもかわったということは容易に想像できる。ロシア・フォルマリズムを担った論者のほとんどは、すでにつねに映画のある世界に生まれた世代である。そう、現代文芸論の端緒となったロシア・フォルマリズムとは、複製技術時代の文学論でもあるのだ。

歴史の中のロシア・フォルマリズム

一方、ロシア・フォルマリズムの背景を考える際に考慮すべきだと思われるのは、第一次世界大戦と革命である。芸術の革命であるアヴァンギャルドと政治の革命である十月革命とが曖昧に結びつけられてイメージされるように、文芸学の革命とい

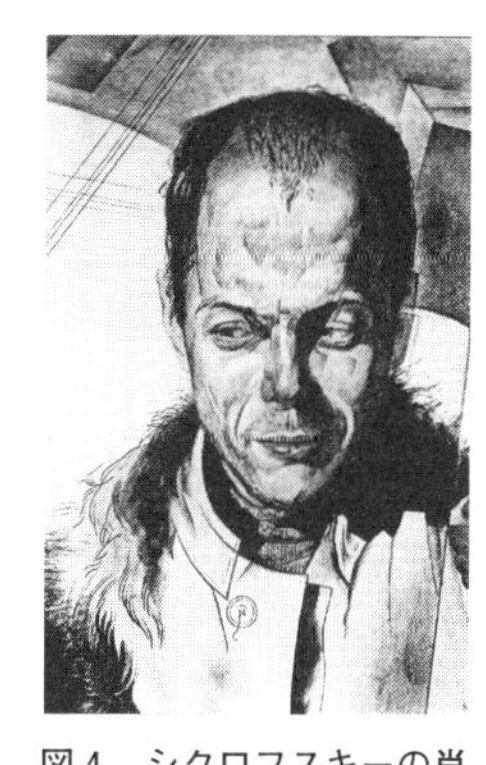

図4　シクロフスキーの肖像画（1919）

えるフォルマリズムもまた、未来派との併走関係はもちろん、たとえば、一九二四年一月のレーニンの死の直後に刊行された『レフ』誌で組まれた「レーニンの言語」特集の執筆陣の中心がオポヤズのメンバーであったことなどから、彼らもなにか革命のパトスを共有していたように思われがちではある。

だが、わかりやすい例としてシクロフスキーについて述べれば、自伝的散文『センチメンタル・ジャーニー』（一九二三）で記されているように、第一次世界大戦の前線から帰還した彼は、十月革命後のペテルブルクの惨状に驚愕し、憲法制定議会が解散されたことを知り失望するが、そうした状況を受けて、社会革命党員（エスエル）として、反ボリシェヴィキの地下活動に身を投じることとなる。「文学作品は純粋な形式である」や「文学作品の内容は文体的な手法の総計に等しい」といったいわゆるフォルマリスティックな定式が示される彼の『ローザノフ――「文体の現れとしての主題（シュジェート）」より』（一九二一）は、（『センチメンタル・ジャーニー』によれば）自らの身分を靴工と偽りながら、そうした地下活動を行っている最中に書き上げたものである。

第一次世界大戦と革命、そして内戦がもたらしたこうした未曾有の経験が、「フォルマリズム」という理論に刻印されていないはずがなかろう。地下活動を続けるシクロフスキーは、「さまざまなシステムに属する切れ切れのかけらとして、生は流れている。／身体ではなく、ただ衣装こそが、ばらばらになった生のさまざまな瞬間を一つにしている」とも記している。彼のこの、ある種の世界観の表明を「フォルマリズム」のそれに引きつけて解釈するのは、あまりにも付会にすぎるだろうか。彼らの「理論」には、きっとその「生」が刻まれている。

（八木君人）

42 社会主義リアリズム——ソ連版スーパーヒーローの誕生

「全体主義」の文学

「社会主義リアリズム」とは、ソ連の公式創作手法とされた規範である。共産党独裁国家を率いるヨシフ・スターリン（一八七八—一九五三）のもと、ソ連唯一の作家組織「ソ連作家同盟」の第一回大会（一九三四）で採択され、スターリン存命中はソ連で唯一許容された芸術のあり方だった。つまりそれは、自由のない国の「全体主義芸術」であった。社会主義リアリズムは全芸術領域に適用されたが、なかでも思想伝達に適するゆえに主導役を担ったのは文学である。作家たちは、革命闘争、農業集団化、大規模産業化などにより「社会主義」が発展していくさまを「リアリスティック」な筆致で描かねばならない一方、そうした出来事のもつ残酷な側面（大規模な飢餓や国家暴力）を伝えるリアリズムは許されず、読者の思想教育のため、勧善懲悪の物語を書かねばならなかったのである。つまり社会主義リアリズム文学とは、実に画一的で退屈な文学だった。いや文学というより、虚偽に満ちた政治プロパガンダと言ったほうがよいだろうか。実際、そうした面は否定しがたい。

おとぎ話のプロット

だがそれでも、文学は政治パンフレットとは異なる。独裁者や国家機関の指令に従うだけでは、読者に読んでもらえる作品は書けない。ところが社会主義リアリズム文学は、多くの読者に熱狂的に読まれたのである。前身たるプロレタリア文学とあわせて世界的影響力をもち、邦訳も多くなされている（プロレタリア文学と社会主義リアリズム文学をつなぐ役を果たしたのはマクシム・ゴーリキー（一八六八—一九三六）で、特に彼の小説『母』（一九〇六）は社会主義リアリズムの範型とされた）。

したがって社会主義リアリズムは、強制の産物であっただけでなく、一般読者に支持された根拠ももっているはずだ。カテリーナ・クラークというアメリカのロシア文学研究者は、そんな観点から社会主義リアリズム小説を分析し、多くの作品で反復される、社会主義的とは言いがたい基本プロットを見いだした。それは、若い主人公が問題を抱えた世界に現れ、敵や苦難に直面するが、偉大な師と出会い、難題を解決し、ヒーローになる、というおとぎ話のプロットだ。クラークによれば、このプロットによって物語は「拡散した文化エネルギーを集中させることができる」。つまり画一的パターンは、その画一性で読者を辟易させるのではなく、逆に、普遍性のある形式を通して読者を物語に魅きつけるのである。

おとぎ話との類似から私たちは、社会主義リアリズム文学を、上からの抑圧の産物としてではなく、より深い無意識的な文化形態の反復として見直すことができる。それは、社会のごく一部のエリートや知識層が享受してきた近代文学とは異なるジャンルなのだ。一九世紀後半から文学の国民化が起こっていたとはいえ、一九世紀末のロシアの識字率は二〇％程度で、これを一九三七年の七五％まで引き上げたのは、ソ連、そしてスターリン政権だった。スターリン体制下での「文化向上運動」などを通してはじめて文化に組み込まれた「大衆」に「読みやすい作品」を提供す

図2　アメリカ版スーパーヒーロー（「鋼鉄の人」スーパーマンとスーパーガール。J. シーゲル・J. ムーニー「世界一のヒロイン！」1962年より一部抜粋）

図1　ソ連版スーパーヒーロー（V. ムーヒナ「労働者とコルホーズ女性」1937）

ることが、社会主義リアリズム作家たちには求められていたのである。

スーパーヒーローの誕生――大衆文学としての社会主義リアリズム

ソ連が存在した二〇世紀は、大衆（マッス）の世紀だった。世界大戦、革命、大量生産（マスプロダクション）、新しいマスメディアの登場などによって、大衆が直接参与する政治形態、大量消費社会、そして大衆文化が生まれた。ソ連の社会主義リアリズムも、そうした世界的文脈のなかで出現し、大衆読者のために労働者・農民層の環境を描く、社会主義版の大衆民主主義文化でもあったといえる。

アメリカの思想史家スーザン・バック゠モースが記すように、二〇世紀の世界を席巻したアメリカとソ連の大衆ユートピアは、ねじれた結びつきや共通性をもっているが、両者の最もわかりやすい類似点は、スーパーヒーロー――アメリカン・コミックスの主人公と、社会主義リアリズムの主人公――の存在だ。世界恐慌時の一九三〇年代、二つの大衆文化で同時に誕生したスーパーヒーロー（大抵は男性）は、鋼鉄のごとき超人的身体能力・精神力によってふつうの人々を圧倒する。しかし同時に彼らは己のエゴイズムを極限まで押し殺し、正義や共同体や困窮する人々のために尽くす。どちらのスーパーヒーローも、一個の人間でありながら、同時に個人を超越し、大衆の夢や望み、そして彼らの集合的身体を集約するのだ。そうしたスーパーヒーロー像は、世界恐慌時の東西二つの政治経済体制（アメリカのニューディール政策とソ連の五カ年計画）が生んだ文化・道徳イデオロギーだった。

図３　『鋼鉄はいかに鍛えられたか』の闘う主人公

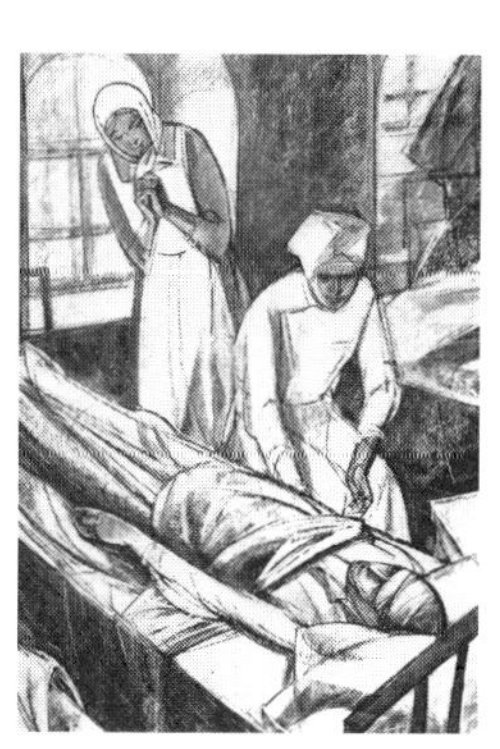
図４　『鋼鉄はいかに鍛えられたか』で身体を損傷した主人公

社会主義リアリズムとスターリン時代の暴力

このように社会主義リアリズムとアメリカ大衆文化は、時代の双生児であるが、決定的な違いもある。どんな闘いからも無傷で生還するアメリカン・ヒーローと異なり、社会主義リアリズムの主人公たちは、ソ連社会に献身するうちに、自身の身体を崩壊させていくのだ。たとえば、社会主義リアリズムの代表作ニコライ・オストロフスキー（一九〇四―三六）の『鋼鉄はいかに鍛えられたか』（一九三四）の主人公は、戦線や建設現場であまりに熱心に働いた結果、盲目・全身麻痺にいたる。ボリス・ポレヴォイ（一九〇八―八一）の『本物の人間の物語』（一九四六）の主人公は、パイロットとして第二次世界大戦に従軍して両足を失い、義足で戦線に復活する。アレクサンドル・ファジェーエフ（一九〇一―五六）による同じく第二次世界大戦を扱った『若き親衛隊』（一九四五、一九五一年改作）では、地下抵抗組織の若者たちがドイツ軍の苛烈な拷問を受けたのちに処刑される。このような身体崩壊の過程は、ヒーローたちの精神性が強調されることで読者に見えにくくなっているが、実はこの身体崩壊を介してはじめて、主人公は己の超人性を証明できるのだ。

このようなスーパーヒーローの物語が生み出された当時のソ連では、農業集団化、粛清、強制労働といった国家政策により、大量死が繰り返し起こっていた。スーパーヒーローたちは、こうした国家暴力の受動的被害者というよりは、暴力を自発的に受け入れる存在だ。しかし彼らは、当時正面から描くことが許されなかった国家暴力を、このような形で己の身体に刻み込むことによって、多くの人々が経験した暴力の記憶をとどめているのである。

（平松潤奈）

43

ポストモダニズム——後期社会主義の文化理論

「ロシア・ポストモダニズム」という逆説

ポストモダニズムは、ソ連崩壊後の一九九〇年代に流行した、社会主義リアリズム以後にロシア文化で広く定着したおそらく唯一の「イズム」である。とはいえ、「ロシア」と「ポストモダニズム」の組み合わせは奇異に映るかもしれない。というのも、米批評家フレドリック・ジェイムソンが「後期資本主義の文化理論」と定義したように、ポストモダニズムは基本的に資本主義の高度な発達を背景にしている。一方のロシアは、革命により二〇世紀の大半を社会主義体制下で過ごした。また、ポストモダニズムは文字通りモダニズムの「後(ポスト)」の理論だが、ロシアのモダニズムに相当するアヴァンギャルドは政治的な抑圧により断絶したとされる。そんなロシアで、いったいどうしてポストモダニズムが可能なのだろうか。

後期社会主義の文化理論

欧米では、モダニズムとポストモダニズムは隣り合った二つの文化パラダイムである。しかしロシアでは、その間に欧米にはない社会主義リアリズムという第三項が存在している。この「余計者」の扱いをどうするか——その難問を解決したのが、美術批評家ボリス・グロイス(一九四七—)だった。彼は、アヴァンギャルドが目指した芸術と生の一致という理念を社会主義リアリズムが引き継ぎ、スターリン芸

図１　エリク・ブラートフ〈ソ連共産党に栄光あれⅡ〉（1975/2005）

術が完成させたと考えたのである。主張の妥当性については賛否が分かれるが、社会主義リアリズムを広義のモダニズムで括る可能性を提示した点で画期的だった。

近代の知を正当化する言説は「大きな物語」と呼ばれるが、文芸批評家マルク・リポヴェツキー（一九六四―）は、強大で独裁的なソ連のイデオロギーにロシア版の「大きな物語」をみた。フルシチョフはスターリニズムへの反省から言論統制を一時的に緩和したが、それによりイデオロギーの脱正当化が起こり、ヒエラルキー的な世界認識に対立する混沌としたポストモダン文化が生じたというのである。

一方、思想家ミハイル・エプシュテイン（一九五〇―）は、ポストモダニズムと共産主義の同質性に着目した。彼によれば、スターリン期のソ連にはイデオロギーと現実の間に何のギャップも存在せず、あたかもディズニーランドのように、現実はイデオロギーという虚構が生み出す現実＝ハイパーリアリティに代替されていた（ただし、共産主義をポストモダニズムと同一視するのは行きすぎとの批判もある）。

論者によって認識の違いはあるものの、ロシア版のポストモダニズムは、共産主義という「大きな物語」が失効した後の後期社会主義の文化理論だと言えよう。

ポストモダニズム文学の系譜

リポヴェツキーによれば、ロシアのポストモダン文学は欧米のそれに比べモダニズムに近く、二項対立の転覆といった脱構築的美学は、ダニイル・ハルムス（一九〇五―四二）やウラジーミル・ナボコフ（一八九九―一九七七）など先行作家の作品にも見出せる。また、イデオロギーの脱正当化という意味では、ソ連の強制収容所

図2　ソローキン（札幌にて，2013）

の実態を暴いたアレクサンドル・ソルジェニーツィン（一九一八―二〇〇八）の作品もポストモダニズムの文脈で取り上げられることがある。

　ロシアでポストモダニズムの作品が本格的に現れてくるのは一九六〇年代以降である。たとえば、アンドレイ・ビートフ（一九三七―二〇一八）の『プーシキン館』（一九七八）やヴェネディクト・エロフェーエフ（一九三八―九〇）の『酔いどれ列車、モスクワ発ペトゥシキ行』（一九七三）といった長編には、ロシアの古典からのおびただしい引用やパロディが見られる。あるいは、ユーリー・マムレーエフ（一九三一―二〇一五）の諸短編では、集団主義社会の中で行き場を失った個人の怪物的な自我が描写される。社会主義リアリズムの規範を逸脱するこうした作品を公に発表することは許されず、それらは「地下出版（サミズダート）」や「国外出版（タミズダート）」の形で流通した。

　しばしばポストモダニズムの中核と見なされるのは、「コンセプチュアリズム」や「ソッツ・アート（社会主義リアリズム＋ポップアート）」と呼ばれる、モスクワを中心とする非公式芸術の潮流の美学である。この潮流を代表する作家ウラジーミル・ソローキン（一九五五―）の長編『ロマン』（一九九四）は、一見トゥルゲーネフやトルストイを思わせる一九世紀リアリズム長編の精巧なコピーとなっているが、後半で物語は暗転し、主人公ロマンは登場人物を皆殺しにしたうえ自殺する。「ロマンは死んだ」という最後の一文は、主人公ロマンの死と同時に、「長編小説（ロマン）」というロシアの伝統的な文学形式の死をも意味している。

　一九九〇年代を代表する作家ヴィクトル・ペレーヴィン（一九六二―）はＳＦ出身で、禅仏教や神秘主義思想から多大な影響を受けている。「ロシア最初の禅仏教

図3　『ペレーヴィンと空虚の世代』（2012）表紙

小説」とされる長編『チャパーエフと空虚』（一九九六）は、社会の激変に適応できず精神を病んだ主人公が、現代と内戦期のロシアを往き来し、内戦の英雄チャパーエフと禅問答を繰り返しながら、空虚なロシアからの「脱出」を目指す物語である。

ポストモダニズムは乗り越えられたのか

一九九〇年代後半にはポストモダニズムの「終焉」論が現れるようになり、批評家らはロシアでポストモダニズムが一定の役割を終えたことを確認したうえで、以降の文学はより穏やかな形で真理や歴史を扱えるようになるとの展望を述べた。

しかし、そうした楽観的な展望とは裏腹に、ポストモダン文学はナショナリズムへの傾斜を強め、パーヴェル・クルサーノフ（一九六一―）『天使に嚙まれて』（二〇〇〇）のように、露骨な帝国主義的主張を持つ作品も現れた。既存のポストモダン作家も同様のテーマの作品を相次いで発表するようになり、二〇〇〇年代以降のポストモダニズムはそれ以前と区別して「後期ポストモダニズム」と呼ばれることもある。一方、二〇〇〇年代に台頭した新世代のリアリズム作家たちは、ポストモダニズムが否定した「現実」へのラディカルな回帰を訴えたが、皮肉なことに、それはしばしば社会主義リアリズムへの回帰を思わせるものとなった。

潮流としてのポストモダニズムはもはや過去のものだが、現在の文学がその延長線上にあることは否定できない。二一世紀中葉の細分化したロシアとヨーロッパを実験的な手法で描いて高評価を得たソローキン『テルリア』（二〇一三）が示しているように、ロシアのポストモダン文学は今なお独自の進化を続けている。（松下隆志）

Общество Межпланетных Сообщений временно помещается при обсерватории б. Трындина (Москва, Б. Лубянка № 13).

Однако о дальнейшей работе секции в печать более слухи не проникали. Журнал «Ракета» — не вышел и, по-видимому, работа секции постепенно заглохла.

Некоторое оживление в работе пожалуй, наступило в 1927 году, когда 30 января Ассоциация Изобретателей Инвентистов в Москве разослала многим лицам, занимавшимся вопросом о межпланетных сообщениях, обращение следующего содержания:

«Выставкой Межпланетного отдела Ассоциации Изобретателей Инвентистов доводит до Вашего сведения о том, что 10 февраля 1927 г. открывается в помещении «АИИЗа» Москва, Тверская, 68, первая мировая выставка моделей и механизмов Межпланетных аппаратов конструкций изобретателей разных стран. «АИИЗу» известно, что Вы работаете над проблемой космического полета и, вероятно, не откажетесь принять горячее участие в организуемой нами выставке в виде своих трудов, как-то: копий рукописей или

図１　『惑星間通信』の研究者の会合

44

ユートピアとSF——似ていない双子

ユートピアvsファンタスチカ（SF）

ロシアSF（ロシアではSFは単にファンタスチカと呼ばれることが多い）の伝統は一九世紀以前に遡るが、ジャンルとして最初の高揚を迎えたのは一九二〇年代である。火星SF『アエリータ』（一九二二─二三）を著したアレクセイ・トルストイ（一八八二─一九四五）、ソ連のジュール・ヴェルヌと称されたアレクサンドル・ベリャーエフ（一八八四─一九四二）、独自のファンタジーの世界を切り開いたアレクサンドル・グリーン（一八八〇─一九三二）といった小説家に加え、「宇宙ロケットの父」ことコンスタンチン・ツィオルコフスキー（一八五七─一九三五）、その盟友であり、大著『惑星間通信』（一九二八─三二）の著者ニコライ・ルィニン（一八七七─一九四二）といった著述家も活躍していた。この背後では、秩序を求めるユートピア的志向と現実の不穏なダイナミズムを見つめるファンタスチカ的志向が衝突していた。この二つの潮流を軸に二〇世紀のロシアSF史を振り返る。

ザミャーチンとスヴャトロフスキーの対決

ユートピア文学に対するファンタスチカの優位を主張したのは、「世界三大アンチユートピア小説」の一つとして知られる『われら』（一九二〇年執筆）の著者エヴゲニー・ザミャーチン（一八八四─一九三七）である。彼は、一九二二年に発表した

H・G・ウェルズ論の中で、ユートピア小説のプロットは静的であるが、ウェルズの作品は動的なプロットを有したファンタスチカであるとして高く評価した。ファンタスチカの可能性を自作で実証したのが『われら』である。アレクセイ・ガスチェフ（一八八二―一九四一）ら労働者階級の詩人たちは、ロシア革命後のユートピア的高揚の中で、機械のリズムへの人間の身体活動の同調・一体化を賛美する作品を発表していた。ザミャーチンはこれらの作品を素材として小説に取り込みつつ、架空の全体主義国家〈単一国〉の不安定な姿を時間と空間の相対化という手法で鮮やかに描き出した。ザミャーチンはウェルズが一九二〇年にソ連を訪問した際に会見もしている。ＳＦ文学の潮流は国境を越えて大きく動いていた。

一方、このウェルズ論に対して強く反発したのが、経済学者でＳＦ書誌の第一人者でもあったウラジーミル・スヴャトロフスキー（一八七一―一九二七）である。彼は、評論『ロシアのユートピア小説』（一九二二）において、ザミャーチンがロシアのユートピア小説の豊かな伝統に触れなかったことを批判しつつ、ウラジーミル・オドエフスキー（一八〇三―六九）、ニコライ・チェルヌィシェフスキー（一八二八―八九）、アレクサンドル・ボグダーノフ（一八七三―一九二八）ら一九世紀から二〇世紀にかけて続くユートピア的傾向の作品を詳細に論じた。現代ロシアＳＦの原点と呼ぶべき一九二〇年代において、ザミャーチンのようにユートピアから独立したＳＦ文学という構想と、スヴャトロフスキーのようにユートピア的伝統を重視したＳＦ文学の展開の構想が激しく衝突したことに留意すべきであろう。

図２　「近い照準論」の怪作『可能性の境界にて』（1947）表紙

ユートピア・ＳＦの後退と復活

一九二〇年代後半から第一次五カ年計画の進展とともに、社会主義建設を描く小説が数多く執筆された。これらの作品は、カテリーナ・クラークが指摘する通り、自然改造とともに、人間の内なる自然（アナーキズム的傾向などスチヒーヤと呼ばれる自然の力）を克服するというプロットを備えていた。しかし、しばしば過酷な突貫作業を伴った工業化の現実は、機械など科学技術の進歩の力によってではなく、人間の意志の力によって自然を克服できるというストーリーを生み出した。この論理は、マクシム・ゴーリキー（一八六八―一九三六）らが編纂した『スターリン名称白海＝バルト海運河建設史』（一九三四）において貫徹された。もはや、プロパガンダにおいてすらＳＦの出る幕はなかった。第二次世界大戦後には、ＳＦは遠い未来のユートピア社会ではなく、現前の自然改造など社会主義建設事業を描くべきだとする「近い照準論」が猛威を振るった。ワジム・オホトニコフ（一九〇五―六四）の作品のように無葛藤理論（階級対立が消滅した戦後ソ連社会においては、文学で描くべき深刻な「よいものと、悪しきもの」との葛藤はもはや存在せず、描写されるべきは「よいものと、より優れたもの」との葛藤であるという文芸理論）のＳＦ版とでも言うべき特異な作品群が生まれた。

しかし、遠未来の共産主義的ユートピア社会を描いたイワン・エフレーモフ（一九〇八―七二）の長編『アンドロメダ星雲』（一九五七）の成功により、イデオロギーに占有されていたユートピアが各作家の文学的な領域に取り戻された。これに刺激され、ストルガツキー兄弟（兄アルカージー、一九二五―九一。弟ボリス、一九三三―二〇一二）やワジム・シェフネル（一九一五―二〇〇二）らが活躍を始めた。スプートニクの打ち上げという宇宙開発での成功にも後押しされつつ、ＳＦは青年層の心を大きくつかみ、国際的な注目も集めた。ピョートル・ワイリ（一九四九―二〇〇九）とアレクサンドル・ゲニス（一九五三―）の評論『六〇年代人』（一九八八）において、ＳＦのユートピア性は一九六〇年代のソ連の時代精神を表すものとして詳細に論じられている。

図３　ルィバコフ「救済の第一日」収録の作品集

黙示録的構想へ

一九六〇年代半ば以降、ストルガツキー兄弟は、初期のユートピア的傾向を次第に脱し、『そろそろ登れカタツムリ』（一九六八）や『ストーカー』（一九七二）、『滅びの都』（一九七五年執筆。刊行は一九八九年）といった寓意に富む作品を生み出した。こうしたストルガツキー兄弟の作風を二〇世紀初頭の「銀の時代」の黙示録的文学に連なるものと位置づけ、「アポカリプティック・リアリズム」と名付けた研究も存在する。ユートピア的な静的構造ではなく、変転する人間の運命をとらえることが主眼となった。ヴャチェスラフ・ルィバコフ（一九五四―）は、短編「冬」（一九八七）、中編「救済の第一日」（一九八六）等において、チェルノブイリ事故とも通底するかのような黙示録的感覚を鮮明に描出した。一九八〇年代以降、ストルガツキー兄弟の薫陶を受けた作家たちにより、ロシアＳＦは、再び、ユートピアではなくファンタスチカへの道を歩み始めたかのようだ。

（宮風耕治）

図１　『検察官』を朗読するゴーゴリ

45

声と顔――文学と美学と政治におけるビザンツ的インパクト

声の文芸学

「声と顔」などという曖昧模糊とした概念が、はたしてロシア文化のキーワードになりうるだろうか。一九一〇―二〇年代の文芸学の状況から考えてみよう。文学に関する科学の樹立を目指すフォルマリストのボリス・エイヘンバウム（一八八六―一九五九）が散文の探究に向かったとき、彼がその固有の対象として見出したのは、物語の筋でも思想でもなく、声だった。一九二五年に彼は書いている。「リズムから出発する詩の諸形式とジャンルの理論には堅固な原理的基礎があるが、散文の理論にはそれがない。筋立てはあらゆる物語散文の分析の出発点になるほど言葉と緊密に結びついていない。それゆえ私には、語りの形式の問題が、散文の理論を構築する出発点としての意義を持ちうるように思われる」（「レスコフと現代の散文」）。すでに一九一八年の論文「ゴーゴリの『外套』はいかにつくられているか」において、彼は、ゴーゴリのテクストの基礎になっているのはロシア語で「スカース」と呼ばれる独特な「語り」の様式であり、これまで『外套』のヒューマニズムとされてきたものは「センチメンタルでメロドラマ的な」コメディアンの話芸にすぎないと喝破して、人々に衝撃を与えていた。これに噛みついたのがミハイル・バフチン（一八九五―一九七五）である。語りの口頭的・演技的側面にもっぱら着目したエイヘンバウムに対して、バフチンは、小説のなかに導入された声はまさしく他者の言

図2　バフチン（1974）

葉であり、他者の視点と他者の世界観を取り込んで作者の意図を屈折させる媒体であると主張して、「声」にまったく新しい次元を開いた。『ドストエフスキーの創作の諸問題』（初版、一九二九）で彼は書く。「自立した融合することのない声と意識の多数性、十全な価値をもった声たちの真正のポリフォニーが、実際、ドストエフスキーの小説の基本的な特質なのである」。

のちの構造主義やポスト構造主義に国際的な影響を及ぼしたロシアの文芸学は、こうして「声」をめぐる論争から始まっていたのである。だが、このあたりの事情はすぐに忘れられてしまう。バフチンの「対話」は、フランスの構造主義者たちによって「間テクスト性」というニュートラルで非人格的な語に置き換えられ、人文業界の便利な符牒となって流通する。構造主義的な思考の覇権は、「声」の隠喩の多層的な厚みを切り捨てることによって可能になったのである。

声と顔のビザンツ的起源

こうしたバフチンの思考が、実はロシア宗教思想の伝統に意外なほど深く根づいていたことが、近年の研究で明らかになりつつある。ミハイロヴィチによれば、「自立した融合することのない声と意識の多数性」というポリフォニー論のテーゼは、キリストが、神と人間という二つの本性において「融合せず、変化せず、分割せず、分離せず、存在する」とした四五一年のカルケドン公会議の定式に由来しているし、「存在するとは接触することである」というバフチンの言葉を引く坂口ふみもまた、バフチンの「接触と交流と対話の存在論」の淵源を、東方教会の三位一

図3　ルブリョフ〈三位一体〉
（1411年ないし1425-27）

体論、とりわけその「共同性と個の深みにおける交わりを司る聖霊の位格への深い傾倒」のうちに見出そうとしている。坂口によれば、一なる神の実体に傾きがちな西方に対し、東方は父と子と聖霊の三なる位格を強調することで、「普遍に対抗する個の思想」「本質に対抗する存在の思想」を鍛えあげてきたのであり、ドストエフスキーやバフチンの思想は、ヨーロッパ世界に対する東方の「ビザンツ的インパクト」を証しするものなのである。興味深いのは、声の思想をキリスト教教理の成立史まで遡るこうしたやり方が、ロシアにおける顔の思想の起源にも示唆を与えているように思われる点だ。ロシア語は、三位一体の「位格（ペルソナ）」の訳語として、そのものずばり「顔（リツォー）」という語を当てているのである。

顔の神学・美学・政治学

二〇世紀がロシアにおける聖画像（イコン）復興の時代でもあったことを思い出そう。今日、ロシアといえば真っ先にひとが思い浮かべるイメージの一つであるアンドレイ・ルブリョフのイコン〈三位一体〉（一四一一年ないし一四二五—二七）がトロイツェ・セルギエフ修道院で発見されたのが一九〇五年、修復されてモスクワのトレチヤコフ美術館に移されたのは一九二九年である。ロシアにおける「声」の発見は、「顔」の発見の同時代的出来事だったのだ。イコン芸術の非西欧的・反表象的な性格を主張する神学者パーヴェル・フロレンスキー（一八八二—一九三七）は、像の崇敬において実現する原型との「存在論的接触」の意義を強調して、「ルブリョフの三位一体はある。ゆえに、神はある」とまで言う（「イコノスタシス」一九二

図4　マレーヴィチ〈黒の正方形〉(1915)

一)。だが神の顔のインパクトは神学の領域にとどまらない。

ロシア文化論の泰斗ジェイムズ・H・ビリントンは、その名も『ロシアの顔』(一九九八)と題された啓蒙的な書物において、二〇世紀初めのロシアで神の顔が果たした矛盾する三つの役割について述べている。第一に、再発見されたイコンの美は、唯物論的な前世紀への反動として二〇世紀初頭に興った宗教哲学ルネサンスの雰囲気のなかで、美の背後にある精神世界に対する広範な人々の関心を呼び覚ました。第二に、イコンの第一の機能をまさしく否定しながら、イコンのもう一つの機能——政治的機能が浮上した。スターリンとその一党は、反宗教キャンペーンを大規模に展開する一方で、イコンの図像学を流用しながら自らの神格化を推し進めた。赤の広場におけるレーニン廟の建設、数限りなく繰り広げられるパレード、市中に氾濫する指導者の肖像は、かつてイコンが果たしてきた役割のパロディだったのであり、「顔」はここに至って政治の手段として再発見されたのである。最後に、イコンの顔の発見はロシア・アヴァンギャルド芸術に決定的な影響を与えた。〈黒の正方形〉(一九一五)で白地のキャンバスの中央を黒々とした正方形で塗りつぶし、一九一六年のマニフェスト「キュビズム、未来主義からスプレマティズムへ」で「絵に描かれた顔は生の憐れむべきパロディにすぎない」と断言していた画家のカジミール・マレーヴィチ(一八七八—一九三五)は、一九二〇年の私信で「私はそこに、かつて人々が神の顔のうちに見ていたものを見ているのです」と告白している。真実の顔に対する身を焦がすような憧憬は、その激烈な否定の身振りと隣り合っていたのである。

(番場　俊)

決闘

決闘の規則について議論が始まったのはルネサンス期のイタリアとされ、侮辱に対して命と名誉を懸けて応答するこの儀式はもともとロシアには存在していなかった。外国から新たにやってきた決闘を、ロシアの貴族たちはいかなる相手からの暴力にも屈することなく個人の自由と名誉を守る手段として受け入れたのである。皇帝による専制政治の下で、公式に禁止されていた事情も手伝い、決闘は支配の及びえない隠れ家のような領域となった。

決闘をおおやけに描写できるのは事実上文学に限られていた状況で、ロシア文学における決闘は神話的なオーラをまとった。決闘を題材にした作品はすでに一八世紀に登場しているが、とくにその光輝が際立つのは一八二〇年代から三〇年代にかけて、ロマン主義文学の中で主人公と周囲の欺瞞との葛藤が繰り広げられたときだ。決闘描写のひな型を作ったのはデカブリストのひとりアレクサンドル・ベストゥージェフ（一七九七—一八三七）である。マルリンスキーという筆名で執筆したこの作家は実生活でも決闘好きとして知られていた。しかし決闘の神話化を決定的なものにしたのはプーシキン（一七九九—一八三七）とレールモントフ（一八一四—四一）である。心ならずも決闘で親友を撃ち殺してしまう代表作『エヴゲニー・オネーギン』（一八二五—三二）の同名の主人公の姿を鏡に映すかのように、プーシキンは妻をめぐる諍(いさか)いがもとで自身も決闘に巻き込まれ儚(はかな)く落命する。詩「詩人の死」の中でその死を貴族社会と専制政治による陰謀と喝破してみせたレールモントフはそれが原因で流刑に処されるが、自他ともにプーシキンの後継者をもって任じ、代表作『現代の英雄』（一八四〇）に主人公ペチョーリンの決闘を挿入している。しかし崇拝する詩人の後を追うかのように彼も決闘に斃(たお)れてしまう。プーシキンの死にレールモントフの読み直しが続き、決闘は何ものにも妥協せず自由を追求する文学者の理想像を示す隠喩として読まれ、語り継がれるようになった。

その後トゥルゲーネフ『父と子』（一八六二）、トルストイ『戦争と平和』（一八六五—六九）、チェーホフ『決闘』（一八九一）、クプリーン『決闘』（一九〇五）やドストエフスキー（一八二一—八一）の作品などで決闘が扱われたほか、銀の時代と呼ばれる二〇世紀初頭前後の作家たちの中にはプーシキンの決闘を現実に模倣することで作家としてのイメージを構築しようとする試みが見られた。文化的記憶としての決闘は今日に至るまで受け継がれているが、同時にそれは演技や約束事としての性格を意識した文学性の強いものでもあった。

（安達大輔）

第6章

日常生活

オリガ・シュートキナ，パーヴェル・シュートキン『ソヴィエト料理正史』（アスト社，2013）表紙

基層のアニミズム

元来ロシア（古名ルーシ）では、雷の神ペルーンを頂点とする多神教が信じられていたが、一〇世紀末、ウラジーミル大公が正式にキリスト教を受け入れて土着の信教を排除しようとした。しかし「上から」キリスト教が強要されても、民間のアニミズム的信仰はそれと混在・融合する形でロシア文化の基層にしぶとく残った。今でも、さまざまな精霊が跳梁し、呪術や占いが信じられ、いにしえの冬送りの祭りはキリスト教の暦の中に根をおろして「マースレニツァ（バター祭）」として祝われている。このように、一神教という強烈な磁場に多神教的価値観を内包しているところが、ロシアの生活文化の特徴のひとつである。

さらに基層の上にかぶさっているのが、キリスト教の中でもカトリックやプロテスタントではなく規律の最も厳しい正教だったことも、ロシアの生活に大きく作用したといえるだろう。ロシア革命の後、宗教が事実上禁止されるまで、一般の正教徒は、大なり小なり斎戒（さいかい）の規則にしたがって食事制限を行っていた。一年を通して、肉や乳製品などをいっさい口にできない精進の期間と、まるでそれを補塡するかのような豪勢な祝祭の時期が、振り子のように交替でやってくるというサイクルが、よく指摘されるロシア人の極端に走る性向や歓待好きといったメンタリティを形成した一因となったのではなかろうか。

ソ連時代の生活様式

ロシア革命（一九一七）ののち帝政から体制が転換し生活様式が一変したことは今さら指摘するまでもあるまい。ソ連当局は「社会主義建設」というユートピア的な目標を掲げて、貴族階級や土地の私有制度を廃止し、農業集団化を強制的に推し進めるとともに、工業化のために労働者の都市部への流入を加速した。そのうえ飢饉や戦争で疲弊したソ連社会は、流通制度の不備も災いして、慢性的なモノ不足による貧しい消費生活に耐えなければならなかった。

一部の特権階級である「赤い貴族」を除き、モスクワやペテルブルクといった大都市の住民の住環境は劣悪で、私的な空間を持ち得ない手狭な共同住宅（コムナルカ）でウィークデイをやり過ごし、週末になるとそこから逃げだすようにして郊外のダーチャに出かける人が大半だった。ダーチャで広々とした自然に触れてリフレッシュし、手ずから菜園で野菜を育てることで自給自足に近い状態を維持したのである。その意味で、街中のコムナルカと郊外のダーチャを毎週往復する二重生活は、ソ連時代に生活を成り立たせるために必要不可欠な生活形態だったともいえる。ウィークデイの仕事はさっさと切りあげてダーチャに行く人が多く、金曜の午後は町の外への「下り」道路が大渋滞となり、日曜は逆に近郊から戻ってくる「上り」道路が混雑した。

スターリン時代は粛清と収容所で威嚇する恐怖政治が横行し、戦後は長きにわたって「停滞の時代」が続いた。社会主義の教義に合致しないものは検閲で禁止され、公の場で体制批判をすることはいっさいできず、外国旅行もままならない、きわめて生きづらい管理社会であった。それほど不自由な生活だったにもかかわらず、人々は信頼できる内輪の者同士で集まっては（しばしば台所で！）一口話（アネクドート）を披露しあってしたたかに権力者を笑い飛ばし、スポーツに興じ、吟遊詩人らの歌に耳を傾けて唱和し、ときには地下出版で手に入れた「社会主義リアリズム」とはほど遠い優れた小説を読みふけることもあった。そうした精神生活は、たとえば物質的に豊かで平和だと言われる現代日本の現状と比べてはたして見劣りのするものなのか。貧しく締めつけの厳しい社会だったからこそかえって強く異国に憧れ、激しく宇宙を幻視し、どこにもない独創的な芸術文化を生みだすというパラドクスが実現したのではなかったか。

ポストソ連時代の消費社会

一九九一年にソ連が崩壊してふたたび体制転換を経験したロシアでは、またしても生活環境が劇的に変化した。モノ不足は解消し、スーパーや二四時間営業の店が増え、多くのカフェやレストランがオープンして外食産業が発展した。お金さえあればほぼ何でも買えるという、西側と同じような大衆消費生活が徐々に定着する一方で、経済格差が広がり、年金生活者や低賃金の労働者など恵まれない人たちの生活は苦しくなるばかりだ。

精神生活における最大の変化は、宗教に対する禁が解かれてロシア正教文化が復活したことだろう。教会に通うことが可能になり、教会の修復もさかんに行われ、社会における正教会の存在感が増している。新興宗教を含め信仰を生活の拠り所にすることもできるようになったわけだが、それには飽き足らず、新しい社会に失望してソ連時代を懐かしむ人たちもいる。このような、ソヴィエト的メンタリティから抜け出せず後戻りしているかに見える現象を捉えて、ノーベル文学賞作家のスヴェトラーナ・アレクシエーヴィチは、「使い古し（セカンドハンド）の時代」と呼んだ。

ソ連崩壊とともに物資や人の移動が自由になりグローバリゼーションが進んだこと、インターネットの急速な普及により夥しい量の情報が入手できるようになったことも、一般の人々の生活様式に大きく影響しているのは間違いない。

（沼野恭子）

46 ロシア料理——現代ロシアの食事情

図1　新装版『美味しくて健康によい食べ物の本』（2014）

現代ロシアの食の多様化

社会体制や情勢のドラスティックな変化とともに、ロシアの食生活は歴史的に大きな変容を遂げてきた。その一方で、昔ながらの変わらぬ食習慣や料理もしぶとく生き続けている。その両者をにらみながら、現代ロシアの食文化の特徴を①多様化、②伝統、③食制限、④健康志向という四つの観点から捉えていこう。

二〇世紀末以降、ロシアで食文化の分野に起こった最も顕著な変化は、さまざまなレベルでの「食の多様化」である。ソ連時代は、農業集団化による収奪、戦争による生産の低迷、計画経済による供給の低下、流通網の不備など複合的な要因が重なって慢性的なモノ不足が続き、多様な食など望むべくもなかった。ソ連医学アカデミー栄養研究所が編纂した『美味しくて健康によい食べ物の本』は一九三九年に初めて出版されて以後、ソ連でほとんど唯一の料理書として何度も版を重ねたが、そこに掲載されていた多種多様なレシピは、実在の指示対象のない記号という意味でシミュラークル、別の言葉を使えば「絵に描いた餅」であった。この間、人々の食生活を支えていたのは主に郊外のセカンドハウス「ダーチャ」の家庭菜園で採れる野菜や、農民が集団農場とは別に自営地で収穫したものを販売する市場（ルィノク）の農作物だったのである。

ところがソ連崩壊後、大都市とその近郊に大小スーパーマーケットが出現してあ

図２　ソ連時代の雰囲気を再現したレストラン「黒猫」

図３　モスクワの食文化博物館

りとあらゆる食料品、インスタント食品、冷凍食品、各種飲料を扱うようになり、カラフルな料理書や有名人の登場するテレビ料理番組が人気となる。外食産業の展開はすさまじく、センスのいいカフェ、ハンバーガーやピザなどのファーストフード店が急増し、レストランはフレンチ、イタリアンなどのヨーロッパはもとより日本、中国、中央アジア、コーカサスといったさまざまなエスニック料理店が賑わうようになった。面白いのは、北極探検を連想させる北方料理の店、ソ連時代の雰囲気を再現したレトロな店、ソ連映画のセットを持ち込んだ店などといった何らかのコンセプトに基づいた、現代アートのインスタレーションさながらのレストランが流行りだしたことだ。市場経済の導入とともに「サービス」の概念が少しずつ根づき、消費者の多様な趣味やニーズに応えるようになったのである。

伝統の見直し

第二に、「ロシア料理の伝統」を復活させようという動きがある。新奇なものだけでなく「古き良き」食生活を現代風にアレンジして蘇らせ選択肢を増やすという意味では、これも多様化の一種と言えなくもない。食文化研究家ヴィリヤム・ポフリョプキン（一九二三―二〇〇〇）や料理人マクシム・スィルニコフ（一九六五―）らが「正真正銘のロシア料理」を追求したり、本格的な一九世紀ロシア貴族の食卓を再現した高級レストランや昔ながらの農家（イズバー）をかたどったチェーン・レストランが出現したりするのは、ロシアのアイデンティティを探ろうというレトロな風潮に連動した文化現象とも言えよう。

図4 〈モスクワのズビーチェニ売りと本の行商人〉木版画（1858）

ロシア本来の基本的な食べ物といえば、キャベツ汁（シチー）、穀物を煮たもの（カーシャ）、ビーツを使って作るボルシチやサラダ、ライ麦から作る黒パン、小麦粉から作る白パン、魚汁（ウハー）、各種詰め物のパイ（ピローク）などだ。ソース類はあまり発達せず、塩とコショーと発酵させたクリーム（スメタナ）が味付けの基本だが、クロード・レヴィ＝ストロース（一九〇八―二〇〇九）が「料理の三角形」で「腐ったもの」として提示した発酵食品の類は、寒冷な気候条件のため保存食として古くから大いに利用されてきた。

伝統的な食が見直されていることは言語の面からも確認することができる。死語になりかけていた食関連の言葉で復活しているものがあるのだ。例えば、「居酒屋、旅籠」を意味する「トラクチール」や「（修道院の）食べ物」を意味する「トラペザ」といった言葉を日常的に見かけるようになった。ハチミツや糖蜜を入れたハーヴティー「ズビーチェニ」は長い間日常生活から姿を消していたが、最近、名前だけでなくお洒落な飲み物として実物が復活している。

食制限の復活

第三に、ソ連崩壊後、宗教（ロシア正教）の復興に伴って斎戒（精進）の習慣が一部復活してきたことも特筆に値する。斎戒とは、心身を清めることを目的とした食事制限だが、ロシア正教はキリスト教の他の宗派に比べ、ことのほか厳しく複雑で、年に平均二〇〇日前後も斎戒日がある（肉、卵、乳製品などの摂取禁止）。聖職者でもなければ、すべてをきちんと守る人はそういないが、若い人でも「（キリストの受難日である）水曜と金曜は肉を食べない」という人が出てきている。また最近では、「精進メニュー」が置いてあるレストランやカフェもあれば、「精進レシピ」の本やネット情報も溢れている。事実上宗教活動が否認されていたソ連時代にはなかったこうした現象には、純粋な宗教的理由だけでなく、ヴェジタリアンの増加、ダイエットや健康志向といった事情も関係していると考えられる。

健康志向とグローバリゼーション

第四には、食が多様化しグローバリゼーションが進んだ結果、人々が健康によいものを意識的に選択するようになったことを指摘しておきたい。スシバーが人気を博したのも「スシは体によい」と考えられているからだし、ソ連崩壊前後から人気のあったアメリカ資本のコーラに対抗する形で、ロシア古来の清涼飲料水「クワス」が注目されたのも「クワスのほうが体によい」という飲料メーカーの戦略が功を奏したためだろう。当然ナショナリスティックな伝統主義とも絡んでいる。

同じ構図は、アメリカ主導の多国籍企業による遺伝子組換え食品（GMO）を封じ込めるため、ロシア政府が遺伝子組換え作物をロシア国内で育成・栽培することを禁じる法律を制定（二〇一六）したことにも見られる。GMOは人工的で健康に悪いものであるのに対し、ロシアの農法は昔ながらのオーガニックなもので体によいという論法である。はたしてロシアはGMOや有害な化学的物質を排して、エコロジーの観点から望ましい食糧需給をしていくのか。「多様性」と「制限」のはざまにあるロシアの食の未来を注視していく必要がある。

（沼野恭子）

47

ウォッカ――酒以上のもの

ウォッカとその他の酒

ウォッカは水のようにみえる酒である。無色透明で味や香りはほとんどない。その語源はロシア語の水vodaからくると広く信じられているが、一四世紀にジェノアの使節がモスコヴィア（モスクワ大公国）にもたらしたアルコール飲料アクア・ヴィタ（命の水）に由来するとの説もある。アルコール度数四〇度の蒸留酒で、現代では連続式蒸留機で高濃度のアルコールを精製し加水して製造される。イギリスのグレーン（穀物）ウイスキーや日本の甲類焼酎に似た造り方である。

ウォッカの起源ははっきりしない。ソ連時代にウォッカを文化史に位置づけた料理史家ヴィリヤム・ポフリョプキンは、ロシアが一五世紀に最初に造ったと主張しているが、同じウォッカ大国ポーランドやウクライナから異議もある。いずれにせよ蒸留酒であるウォッカはイスラーム文化からヨーロッパに蒸留技術が伝えられて以降に生まれた酒である。ヨーロッパの他の蒸留酒ブランデー、ウイスキー、ジンなどと同じ頃（一四―一五世紀）、ロシア、ポーランド、ウクライナ、ベラルーシあたりで造られるようになったとしておこう。

もちろんロシアはウォッカ誕生以前から酒を飲んでいた。キエフ大公ウラジーミル（?―一〇一五）は九八九年に国教を定めるにあたり「ルーシ（ロシアの古名）に飲む楽しみあり」と言って、飲酒を禁じるイスラーム教を斥けギリシア正教を受け

図１　〈ルーシに飲む楽しみあり〉（民衆木版画）

入れたのである。ロシアと酒の関わりは根が深い。その頃のロシアが何を飲んでいたかは昔話からうかがうことができる。ロシアの昔話は「しかし蜜酒とビールは口ひげを伝わるばかりで、ちっとも口に入りませんでした」でよく締めくくられる（なんだか寂しい終わり方だが、そこまで飲むなよという戒め、とした解釈もある）。つまりロシア古来の酒は蜂蜜から醸造した蜜酒だった。蜂蜜は醗酵しづらい。中には一〇年以上熟成させるものもあり高価で貴重な酒だった。当然飲めるのは貴族など限られた人々だった。民衆が主に飲んでいたのはライ麦など穀物を醸造して造られる一種のビールである。アルコール度数の低いこの酒は腐敗しやすく長期保存はできない。だからロシアの民衆は日々浴びるように酒を飲んでいたわけではなく、祝祭期に限りビールを醸し飲んだ。このビールはクワスやオルと呼ばれていた。クワスはライ麦の麦芽汁にホップや果汁などを加えて発酵させた少し甘酸っぱい飲み物で、アルコール度数が現代のビールほどのタイプともっと弱いタイプがあった。このうち弱い方は、酒ではなく日常の飲み物として、数百年を経た今日まで飲まれ続け「クワス愛国主義」（熱狂的愛国主義への皮肉）という言葉も生まれているほどだ。また現代ロシア語では酒一般をvinoと呼ぶが、この語は特にワインを指す場合もある。ワインも古くから飲まれていた。ただし原料のブドウはロシアでは採れない。すべて輸入品であり、教会の儀礼に用いられるほか、貴族などが飲むものだった。ピョートル大帝（一六七二―一七二五）はハンガリーのトカイワインを好みしばしば外交交渉で相手を酔い潰すのに用いたと言われる。ちなみに一九世紀末にクラスノダール地方などで国産ワインや発泡性ワイン（シャンパンスコエ）が造られ始めた。

図2　酒カタログの表紙（20世紀初頭）

ウォッカをめぐる三角形

昔話に暗示されるように、酒の害は中世以来ロシアの悩みの種だったが、本格化するのはウォッカ出現以降だろう。ライ麦や小麦など手近な穀物を原料として造ることができ、高いアルコール度数のおかげで腐敗もせず、少ない量で酔いをもたらし、それゆえ運びやすいウォッカはロシアに浸透していく。そこにウォッカと国家と民衆をめぐる三角形が形成された。ウォッカはすぐに為政者の注目するところとなり、専売人にウォッカの製造・販売をゆだねる専売請負制、間接税などを通じて国庫の柱となる。一六世紀、イワン雷帝（一五三〇—八四）はモスクワでのウォッカの私販を禁じ、新式の専売所（カバーク）だけにその販売を認め、統制を強めた。一八世紀には酒税が歳入の三割にまで達している。一九世紀末には蔵相ヴィッテ（一八四九—一九一五）による財政改革の一環として国家による専売制が開始された。次第に民衆は日常的にウォッカに浸るように導かれたともいえる。看過できなくなると政府は酒の害を説き、販売の制限や値上げで抑制を図った。だが呑む／呑まないのジレンマは個人の問題ではなく国家の問題でもあったのである。また民衆も酒を控えるどころか、その都度、密造酒（サモゴン）を造って対抗した。

純粋さを求めて

密造酒が出回ることからわかるように、元来ウォッカは簡単な蒸留機で造ることができた。一七世紀後半に確立した製法では、ウォッカはライ麦や小麦、大麦（近年ではジャガイモも用いる）などでんぷん質を含む原料を醸造し、その原液を二—四

図3　現在販売されているウォッカ，ツァールスカヤ（右）とクレムリン（左）

図4　1950年代の禁酒運動のポスター（レプリカ）

回蒸留した後、木炭でろ過し、アルコール度数が四〇%程度になるよう加水して造られた。この最適比率四〇%を見出したのは元素の周期表で名高いドミトリー・メンデレーエフ（一八三四―一九〇七）だとする伝説があるが証拠はない。原酒はにおいやフーゼル油など多くの不純物を含み悪酔いの原因となるため、濾過（ろか）の回数が多いほど高級な酒とされた。もちろん濾過を重ねるほど原料の香りや風味は減少し、代わりに透明でクセのない、純粋なアルコールに近くなる。

この純粋さへの志向は飲み方にも現れている。ウォッカはショットグラス（リュームカ）でひといきに飲む。ウィスキーやブランデーのように味や香りを楽しみながらちびちび飲むのはロシア式ではない。むしろそういう飲み方をすると信用できない人間とみなされることもある。肴も黒パンの一切れかキュウリのピクルスがあれば十分だし、なければそれでもよい。そもそもカバークでは、客の深酒を避けるため、食べ物を出すことが禁じられていた。その伝統もあり、ロシア人がウォッカに求めるのは味覚ではなく、むしろ純粋な酔いなのだ。亡命作家アンドレイ・シニャフスキー（一九二五―九七）に言わせれば「酔いとはわれわれの根源的な国民的欠陥であり、それ以上に固定観念だ。必要や悲しみのためにロシアの民は飲むのではない。奇跡や並外れたものへの欲求から飲み、地上の均衡から魂を引き出し肉体を離脱した至福に戻すために、いわば秘儀的に、飲むのだ」（『つれづれの思い』〔一九七二〕）。ロシアにとってウォッカとは、単なる酒以上の何かなのである。

（大西郁夫）

48

ダーチャとコムナルカ——セカンドハウスと共同住宅の歴史的変遷

ダーチャの歴史

ロシアの住宅事情やライフスタイルを考える上で重要なキーワードといえば「ダーチャ」と「コムナルカ」である。

「ダーチャ」という言葉は、そもそもは「与える」という意味のロシア語の動詞davat'を語源とし、君主（あるいは国家）によって使用が認められた都市近郊の分与地を意味した。しかしウラジーミル・ダーリ（一八〇一―七二）の『ロシア語詳解辞典』（一八八九）によると、一九世紀にはダーチャは「郊外の家、独立した邸宅、郊外にある避暑地」を意味するようになった。強調しておきたいのは、ダーチャは都市の現象であり、ダーチャの発展は都市の発展と密接に結びついていたということである。一九世紀後半に鉄道が発達し都市と郊外を結ぶようになると、モスクワが商業と工業の中心地として台頭する。一九世紀末のモスクワのダーチャは、貧しい勤め人や労働者を含むあらゆる階級の人々が利用したという意味で「民主的」な現象だった。ソ連の歴史家ミハイル・チホミーロフ（一八九三―一九六五）は、二〇世紀初頭のモスクワについて、「春になると、モスクワでは一種のバビロンの大移動が起こる。貧しいアパート生活者たちがアパートを捨て家財道具をすべて抱えてダーチャに移住するからだ」と述べている。

ロシア革命後のダーチャの歴史は、特権階級のために「ゴスダーチャ（国家の

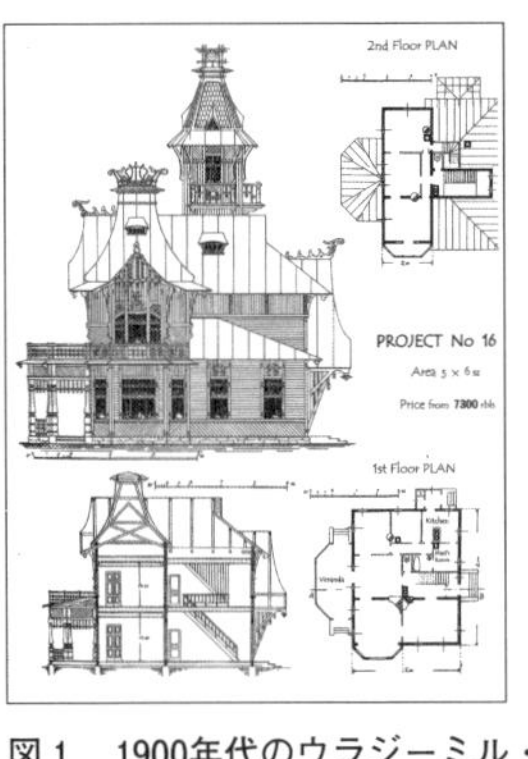

図1　1900年代のウラジーミル・ストーリによるダーチャ設計図

図２　1930年末の丸太ダーチャの家（クラトヴォ村）

ダーチャ）」が建てられた第二次世界大戦までの時期と、大衆的な菜園が分配された戦後に分けられる。ゴスダーチャは、モスクワから二〇、三〇キロのあたりに建てられ、一軒あたりの敷地が広く、一ヘクタールが二区画に分割された。ソ連の作家たちが利用したことで有名なペレジェルキノや、俳優や学者が住んだニコーリナ・ゴラー、クラトヴォなどがその代表である。木造建築は時代遅れで「共産主義の新しい建築に相応しくない」と見なされ、一九三〇年代には木造枠組工法が普及するようになる。これは安くて簡単な工法だが、天井が低く部屋も狭かった。さらに木造枠組住宅の耐久年数は、それ以前の丸太造りの家よりもずっと短かかったため次第に廃れていった。ちなみに、一九三〇年代を描いたニキータ・ミハルコフ（一九四五―）監督の映画『太陽に灼かれて』（一九九四）の舞台は、ソ連政権に貢献したとの理由で与えられたゴスダーチャである。

戦後ソ連のダーチャをめぐる状況の特徴は、大衆がダーチャを手に入れられるようになったことである。敷地はかなり小さく、その役割も市民が野菜を育て食糧を得るための場に変わった。当初は菜園が主体で家の大きさは厳しく制限されており、一九五〇年代には二五平方メートルだった。家を建てることが完全に許可されたのは一九六〇年代末で、当時は「ダーチャ」ではなく「庭の敷地」と呼ばれた（敷地面積四〇〇―六〇〇平方メートル）。一九六〇年代から一九九〇年にかけて、都市郊外のセカンドハウスとしてのダーチャをもとに菜園協同組合が発展した。典型的なところでは、一ヘクタールが一六の敷地に分割され、道のそばに家が建てられ、花壇や菜園があり、鶏や家畜を飼うこともでき、ベリーの茂み、りんご、さくらんぼ、

図3　モスクワ州で1953年から開発された菜園協同組合の家と野菜畑

すももなどの果樹が植えられた。ダーチャでの生活は畑作業をするだけでなく、森へキノコ狩に行ったり、川で水泳・水浴を楽しんだりするといった娯楽の側面もある。ソ連崩壊後、ダーチャの多くで持ち主が世代交代し、土地の手入れの仕方もかなり変化した。「以前は、両親が一生懸命ダーチャで働き、作業着が一番めだつ場所にかかっていたが、今ではだれもあまり働きたがらず、作業着はタンスにしまわれたままだ」とモスクワ州のあるダーチャの持ち主は話している。

革命後のコムナルカ

周知のとおり、ロシア革命後、私的土地所有が禁止され、住宅が再配分された。一九二二年までに近郊のバラックから都市へ五〇万人の労働者が流入したと言われる。新しい法律では、一人あたりの居住面積は八平方メートルを越えてはならないことになり、それ以上の部屋がある者は「富裕」と見なされ「集密化」を余儀なくなされた。ちなみに、この言葉はミハイル・ブルガーコフ（一八九一―一九四〇）の中編「犬の心臓」（執筆一九二五）に登場する。この「圧縮」政策の結果、ひとつの家に、社会的出自も階級も教育もまったく異なる見ず知らずの人たちが一緒に住むようになり、さまざまなトラブルが起きる原因となった。このことはソ連の二人組の諷刺作家イリヤ・イリフ（一八九七―一九三七）とエヴゲニー・ペトロフ（一九〇二―四二）が長編『黄金の子牛』（一九三一）でユーモラスに描いている。この政策は、最初は一時的なものと考えられていたが、工業化や一九三〇年代の農村における大飢饉の結果、都市部の人口増加が進み、一九六〇年代まで続くことになった。こ

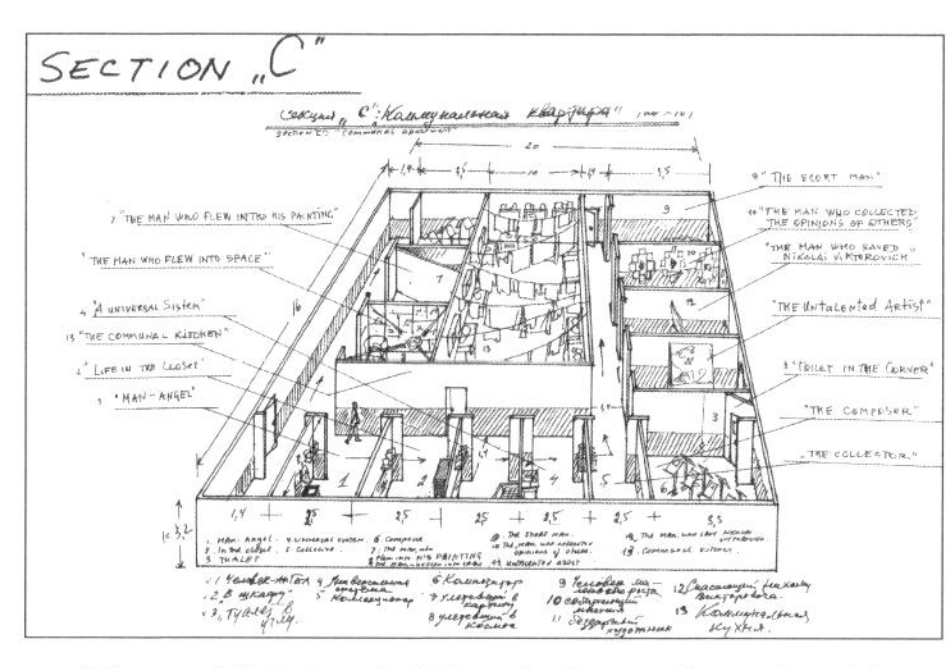

図4　イリヤ&エミリヤ・カバコフ〈コムナルカ〉

うして台所とバスルームを共有して何世帯かが狭い住空間に暮らす共同住宅（五—七部屋から成る家に一五—二〇人が居住）のことを通称「コムナルカ」というようになる。

コムナルカではトラブルやドラマのみならず友情や相互援助も見られ、大都市に住むソヴィエト市民の生活そのものだった。映画や文学でもよく取り上げられたが、現代芸術家イリヤ・カバコフ（一九三三—）の作品（インスタレーション〈共同キッチン〉、一九九二）が特筆に値する。カバコフは「コムナルカはソ連の生活のよきメタファーである。ここでは生きていけないけれど他の生き方もない、という状況が、ソヴィエトの生活全般を表しているからだ」と述べている。

一九五〇年代末まで国は住居問題に何の手も打たなかったが、専門家マルク・メエロヴィチは、こうした不便な住環境を保持しておくほうが住民を管理しやすく、当局には都合がよかったからだと分析している。スターリン死後、フルシチョフ時代になってから住居政策が転換し、ようやくスタンダードな大規模アパートの建設が始まった。この「新住居政策」によって、ソヴィエト文化のもうひとつの現象である五階建ての狭苦しいアパート「フルシチョーブィ」が生まれたわけだが、独立とプライバシーが手に入ったことの意義は大きかった。まさにこの狭苦しい台所で「キッチン会話」をし、西側のラジオ「自由」を聞き、詩を朗読し、ギターの伴奏で歌う文化が生まれた。こうした文化はコムナルカでは想像もできなかった。

だからこそ一九三〇—七〇年代という長きにわたってダーチャは、都市のコムナルカに住む多くの人に自分自身の家と土地の主人だという感覚を与えてきたのである。

（アンナ・グーセワ）

49

ロシア・ファッション──美意識の変遷

図1　エリザヴェータ女帝（在位1741-62）

革命前のロシアのハイファッション

一八世紀にピョートル大帝が近代化政策を進めて以来ロシアではヨーロッパ志向が強まったが、服飾文化の領域も例外ではなかった。ピョートルの娘エリザヴェータ女帝はヨーロッパのファッションに敏感で、フランスから商船がやってくると真っ先に遣いをやって布地や雑貨を買いつけ、つねにヨーロッパの最新流行の装いをしていたという。ヨーロッパのモードは女帝のみならず貴族の女性たちの関心の的となり、その情報は印刷技術が向上してくると女性向けの雑誌に掲載されるようになった。一七七九年にロシアで初めて流行の衣服や髪飾りなどを紹介する『月刊モード』誌が現れた。ニコライ・ノヴィコフ（一七四四―一八一八）が、出版を通して当時のロシアの女性たちに読書を促そうという啓蒙的な目的で発行したものだが、ヨーロッパの最新モードの紹介といった意味合いも持っていた。

一九世紀のロシア・ファッションはほぼヨーロッパのファッションに追随する形で推移した。一九世紀初頭にはコルセットやパニエ（スカートを膨らませるための下着）も華美な装飾もないハイウエストのいわゆるシュミーズドレスが流行るが、その後またウエストは本来の位置に下がりコルセットが復活し、スカートも袖も膨らんでロマン主義的なシルエットに戻る。この頃ダンディズムが現れてから男性のファッションはその後長らく大きな変化はない。

一九世紀半ばにクリノリン（クジラのヒゲや針金を鳥かごのような形にしてスカートを膨らませるもの）が流行するが、世紀末に向かってスカートは次第に自然な形の裾広がりになり、「S字型シルエット」（バストと腰が突き出ていて細いウエストを強調するスタイル）に取って代わられた。

二〇世紀初頭に興行師セルゲイ・ディアギレフ（一八七二―一九二九）率いる「バレエ・リュス」がヨーロッパを巡業して大成功を収めたが、そこではアレクサンドル・ゴロヴィーン（一八六三―一九三〇）、レオン・バクスト（一八六六―一九二四）、ニコライ・レーリッヒ（一八七四―一九四七）ら一流の芸術家が舞台衣装を担当した。服飾文化においてロシアがヨーロッパに追いついたのはこの時期である。

図2　2002年に開かれたラーマノワの展覧会カタログ（表紙）

ファッションの革命とソヴィエト・ファッション

ロシア革命前に宮廷御用達のデザイナーだったナジェージダ・ラーマノワ（一八六一―一九四一）は、女性の身体をコルセットから解放して「ファッション界の革命」を起こしたフランス人ポール・ポワレ（一八七九―一九四四）と親交があり、影響を受けた（ちなみに、ポワレ自身にはバクストの影響があると言われている）。彼女は革命後も亡命せず、物不足の時代には労働者が自らスカーフやタオルで洋服を作ることができるよう工夫し、一九二五年のパリ万国博覧会ではロシアの農民風のデザインでグランプリを受賞する。ファッションに革命がもたらされるとともに、実際の革命もまたファッションを激変させたのである。「新しい社会」のための「新しい衣服」を模索した結果見出したのがロシア古来のシンプルで機能的な農民のル

図３　ラーマノワの農民風デザイン（1925）

図４　左からポポーワ，ステパーノワ，ラーマノワのデザイン（1923-24）を復元したもの（1984）

バーシカやサラファンだったというのも興味深いパラドクスである。

同じ頃、ロシア・アヴァンギャルドの芸術家たちも服飾デザインを手がけていた。アレクサンドラ・エクステル（一八八二―一九四九）は、円や直線、三角形などの幾何学的な図形を色鮮やかに組み合わせた斬新なデザインが得意だが、ヤーコフ・プロタザーノフ監督のＳＦ映画『アエリータ』（一九二四）では、ラーマノワの協力を得て衣装を担当した。この作品の中で、王女アエリータをはじめとする火星人たちがアヴァンギャルド風の実験的な衣装で動きまわっている。

才能あるアヴァンギャルド芸術家のリュボーフィ・ポポーワ（一八八九―一九二四）とワルワーラ・ステパーノワ（一八九四―一九五八）は工場専属のデザイナーとして服飾デザインに従事した時期がある。イーゼルを捨てて衣服、ブックカバー、陶器、家具など生活に役立つものを工業生産するこうした動きは「生産主義」と呼ばれた。ふたりはそれぞれ、俳優のための「プロゾジェージダ」（作業着）や「スポルトジェージダ」（体操着）などもデザインしている。

社会主義リアリズムがアヴァンギャルドを放逐した後、ソ連の服飾デザインを担ったのは、一九四四年に創設されたモスクワのファッション・ハウスだったが、「ファッション」という概念自体が共産主義イデオロギーと親和性が低かったためか、なかなか独自のソヴィエト・ファッションを生み出すに至らなかった。しかし一九六五年にこのファッション・ハウスの芸術監督に就任したスラーワ・ザイツェフ（一九三八―）は、ピエール・カルダン（一九二二―二〇二〇）に高く評価され、「赤いディオール」として世界的に認められるようになる。ザイツェフの作品の最大の特徴は、ロシア古来の民族衣装やモチーフ（ココーシニクという頭飾りやホフロマ模様、レース、刺繍、毛皮）などの「ロシアらしさ」を大胆に取り入れたことだ。

図5　パルフョーノワのショー「無限の赤」（1998）

ポスト・ソヴィエト・ファッション

ソ連崩壊後は、ザイツェフ、ワレンチン・ユダシキン（一九六三―）、タチヤーナ・パルフョーノワ（一九五六―）らがロシア風モチーフを取り入れながら絢爛豪華なショーを展開してきた。一九九四年からはザイツェフの主導のもと、ロシアのファッション業界の活性化のために毎年「モスクワ・ファッション・ウィーク」が開催され、才能ある若手デザイナーが次々に誕生している。

最近のロシア・ファッションは、従来とは美意識をかなり異にしている。二〇二〇年現在、カリスマ的な人気を誇るデザイナーはゴーシャ・ルプチンスキー（一九八四―）だ。チープで飾り気のない若者のストリートファッションに、一九九〇年代のポスト・ソ連を示す記号やロシア・アヴァンギャルドを彷彿させるデザインがあしらわれ、キリル文字で語句や名前が書かれている。二〇〇八年にデビューし、コム・デ・ギャルソンの全面的な援助を受けるようになった。さらに、ジョージア出身でバレンシアガのクリエイティヴ・ディレクターに就任したデムナ・ヴァザリア（一九八一―）や、ウラジオストク出身のロッタ・ヴォルコワ（一九八三―）もルプチンスキーと多くの点でコンセプトを共有している。ポスト・ソ連の日常にロシア文化のレガシーを組み合わせて「ロシア・スタイル」と呼ばれる非日常に変身させ注目を浴びる彼らの繊細な感性もまた革命的と言えるかもしれない。（沼野恭子）

50 スポーツ――国家主義と芸術を土台に

図1　スポーツマンのパレード

労働と防衛への備え

スポーツについてしばしば強調されるのは、スポーツの語源が「運び去る」ことを意味するラテン語の deportare であること、また、ヨハン・ホイジンガ（一八七二―一九四五）が『ホモ・ルーデンス』（一九三八）において、遊びや競争こそ人間の文化の本質なのだと指摘していることである。スポーツとは日常の仕事を離れた場所に成立する遊びや楽しみであり、同時にその種の営みは人類の普遍的な性質であるというのだ。

だが、世界各国の近代スポーツの歴史を検討すると、それぞれの国の政治や社会の中で異なった発展を遂げてきたことがわかる。たとえば、軍の強化のためにスポーツが利用されたり、植民地からの独立運動のシンボルとしてスポーツが用いられたり、ということが起きているのだ。オリンピックでスポーツの政治利用が戒められているのは、その危険が強いからでもある。

ロシアの場合、帝政期には貴族が狩猟や乗馬を行ったり、様々なスポーツクラブが誕生したり、ということがあったが、これはヨーロッパ各国に共通する現象だ。だが、スターリン期に、ロシアのスポーツは独自性を強めることになる。

世界初の社会主義国として国際的に孤立したソ連において、スポーツに求められたのは、国防のための体力強化だった。一九三一年に導入された体力テストが「労

図2　ブルメリ

働と防衛への備え」（頭文字を取ってGTOと呼ばれた）という名称で、手榴弾投げや弾薬箱運搬のような軍事色の強い種目を含んでいたのは、象徴的だ。

一方で、スポーツにはプロパガンダや娯楽としての機能も求められ、スポーツマンのパレードが挙行されたり、サッカーの試合が人気を呼んだりもした。多くのサッカーチームの母体となったのが、軍や秘密警察、鉄道など国家を支える組織であったのも特徴的だ。

メダル競争

帝政期のロシアは一九〇八年のロンドン五輪、一二年のストックホルム五輪に選手団を派遣しているが、革命後のソ連はオリンピックをブルジョア的なものとみなし、代わりに労働者のためのスポーツの祭典「スパルタキアード」を開催していた。ところが、第二次世界大戦後、東アジアや東欧に社会主義国が次々と誕生し、ソ連も国際連合で主要な位置を占めるようになった。国際大会でもソ連選手の活躍が目立ち始めた。そうした状況下でソ連は一九五二年のヘルシンキ五輪でオリンピックに初参加、アメリカに次ぐ数のメダルを獲得した。五六年のコルチナ冬季五輪、メルボルン夏季五輪ではいずれもメダル獲得数で一位となり、オリンピックは宇宙開発と並ぶ、米ソ対決の舞台となった。

一九八〇年には、ソ連軍のアフガニスタン侵攻を契機とするアメリカやアジア諸国のモスクワ五輪のボイコットが、続く八四年にはロサンゼルス五輪における社会主義諸国のボイコットが起きた。五輪の政治利用である。

図3　ロドニナ＆ザイツェフ

冷戦期には走り高跳びの世界記録保持者だったワレリー・ブルメリ（一九四二―二〇〇三）やフィギュア・スケートのペアで五輪三連覇したイリーナ・ロドニナ（一九四九―）、世界最高のゴールキーパーと評されるサッカー選手レフ・ヤシン（一九二九―九〇）などのスター選手も生まれた。

資本主義陣営との対決からは、伝説的な試合も生み出された。たとえば、アマチュアのソ連代表がプロのカナダ代表を破った一九七二年のアイスホッケー・スーパーシリーズ初戦、あるいは残り三秒でソ連がアメリカを逆転した、同じ七二年のミュンヘン五輪のバスケットボール決勝である。

舞台芸術の伝統

ロシアのスポーツのもうひとつの特徴は、フィギュア・スケート、新体操、アーティスティック・スイミング（シンクロナイズド・スイミング）など美しさを競う「アーティスティック・スポーツ」において圧倒的な強さを発揮してきたことである。二一世紀に入ってからも、フィギュア・スケートではエヴゲニー・プルシェンコ（一九八二―）やエヴゲニヤ・メドヴェージェワ（一九九九―）らスターを輩出し、新体操ではアリーナ・カバエワ（一九八三―）、エヴゲニヤ・カナエワ（一九九〇―）、マルガリータ・マムーン（一九九五―）と四大会にわたりロシア選手が五輪の金メダルを獲得している。アーティスティック・スイミングは二〇〇〇年のシドニー五輪以降、デュエット、団体ともロシアのチームがオリンピックを五連覇中だ。

その背景としてしばしば指摘されるのが、バレエやダンスといった舞台芸術の伝

図4　カバエワ

統である。新体操そのものがソ連で生まれた競技なのだが、その起源としてモスクワで活動した舞踏家イサドラ・ダンカン（一八七七—一九二七）の名がしばしば挙げられるのも興味深い。

一方、リオ五輪新体操の金メダリスト、マムーンについてのドキュメンタリー映画『オーバー・ザ・リミット——新体操の女王マムーンの軌跡』（二〇一七）は、パワハラ的言辞で選手を追い詰める指導法と勝利至上主義を暴露し、衝撃を与えた。

マインドスポーツ

二〇一四年のソチ五輪ののちに発覚した「国ぐるみのドーピング」も、それに続くロシア選手団の五輪からの排除も、かつてのスポーツ大国を甦らせようとする欲望の帰結だろう。その国家主義を批判するのはたやすいが、それはアスリートが国を背負って闘うという、現在のスポーツ制度が内包しているものでもある。

とはいえ、コンピュータ・ゲームがeスポーツと呼ばれ始めたように、スポーツの概念は変容しつつある。身体と知能、男女の性差といったスポーツの制度を支える対立も批判にさらされている。

一九九〇年代以降、チェスや碁、ブリッジはマインドスポーツと呼ばれるようになった。だが、ロシアにおいてチェスは、ソ連時代からスポーツとして考えられていた。第二次世界大戦後、ソ連、ロシアからは次々とチェスの世界チャンピオンが生まれたが、中でもアナトーリー・カルポフ（一九五一—）やガリー・カスパーロフ（一九六三—）の名はよく知られている。

（岩本和久）

51

大都市の渋滞対策——モスクワで進む都市交通イノベーション

図1　クレムリン前の大渋滞（2008）

モスクワの交通が面白い

モスクワ市は、長年にわたり慢性的な渋滞に悩まされていた。これに対して二〇一〇年にソビャーニン市長（一九五八―）が就任すると、モスクワの交通システムの「大変身」が始まる。当初は、駐車場が不十分なのに路上駐車を強制撤去したり、道路幅員が不十分なのに無理やりバス専用車線を設けたりと、強権的な対策に偏っていた。しかし、交通渋滞の改善には、市民の移動を自家用車から公共交通に転換してもらう必要がある。公共交通が不便なままでは、結局誰も公共交通に転換しようと思わない。公共交通を徹底的に便利にしつつ、ブランディングにより利用者が使いたくなるような工夫をする必要がある。モスクワ市もそのことに気づいたのか、近年は取り締まりから交通インフラの建設や車両の更新などに集中投資を始めており、めまぐるしい成長を遂げている。ここではその例をいくつか紹介してみたい。

ヤンデックス社の台頭

モスクワの交通システムの大変身は、民間IT企業ヤンデックス社の努力から始まったと言ってもよい。同社は、二〇〇〇年初期からNIS諸国を中心に検索エンジンや地図サービス事業を展開していたが、二〇一一年にはタクシー配車サービス「ヤンデックス・タクシー」に乗り出した。これにより、かつては長時間待たされたり、（違法なものを含め）交渉ベースだったりと不便だったタクシー市場が一変し、即時適正価格でタクシーが利用できるようになった。同社の強みは、地図を自社で作成している点である。これにより地図情報上のエラーを即座に修正してサービスに反映できる。この強みを活かし、二〇一四年には、バスや路面電車の位置情報と経路を示すアプリ「ヤンデックス・トランスポート」を公開。寒空の下でいつ来るかわからないバスを待つ必要がなくなった。さらに、二〇一八年からは料理の宅配サービス「ヤンデックス・イダー」やカーシェアリングサービス「ヤンデックス・ドライブ」などのアプリも登場。幅広く交通環境の改善に貢献し続けている。

進化が進むモスクワの地下鉄

モスクワの地下鉄といえば、プラットホームの深さ（最深のものは地下八四メートル）や構内の様々な美しい装飾であまりにも有名だ。また、ピーク時には九〇秒、オフピーク時でも二分間隔という高頻度輸送を実現しており、日最大輸送人員は九〇〇万人と世界トップクラスだ。このすでに多くの市民の移動手段として定着しているモスクワの地下鉄が、近年よりめまぐるしく進化しているのである。二〇一一年時点では一二路線一八二駅（東京は一三路線二八五駅）であったものが、二〇二〇年には一四路線二三九駅にまで増え、さらに二一二三年以内に二〇駅以上が完成する計画となっている。車内無料 Wi-Fi サービスは当然利用可能で、二〇一三年に導入された交通系ＩＣカード「トロイカ」も二〇一五年には「ヤンデックス・メトロ」という地下鉄路線図が見られるアプリでチャージ可能となり、切符売り場でわ

図2　新型車両のモスクワ号

図3　モスクワ中央縦貫線のイヴォルガ1号

ざわざ並ぶ必要がなくなった。また、ネットワーク拡大の中でも短い運行間隔を保つべく、着々と新型車両も導入されている。二〇一六年導入の最新の「モスクワ号」は、車両間を自由に移動できる貫通式の車両となり、タッチパネルや充電用USBポートまでもが備えられており、モスクワ市民に親しまれている。

拡張する近郊鉄道ネットワーク

「エレクトリーチカ」として知られる都市近郊鉄道のネットワークも近年拡張し始めている。二〇一六年一〇月には、地下鉄の混雑緩和や放射方向のネットワーク増強を目的に、市内の既存の貨物路線を活用する形でモスクワ中央環状線（エム・ツェー・カー）が開業した。全周五四キロメートル、三一駅を擁し、そのうち二四駅で地下鉄や放射方向の近郊鉄道に乗り換えられることになっている。車両はすべてシーメンス社のラストチカ号が用いられており、四—八分間隔で運行されている。

これに引き続き、二〇一九年一一月には、従来は鉄道ターミナル駅で止まっていた放射方向の近郊鉄道路線同士をつなぐ形でモスクワ中央縦貫線（エム・ツェー・デー）が二路線開業した。新駅の増設やロシア製の新型車両イヴォルガ号の導入も進むが、旧型車両も合わせて用いられている。二〇二四年までにさらに三路線が開業する予定とのことである。ともあれ、モスクワ中央縦貫線の運行間隔は一五分程度と地下鉄や中央環状線と比較して長すぎることや、それらに乗り換えるには一旦施設外に出て数百メートル歩かなければならない配置の駅が多いこと、近郊路線同士をつないだ区間では速度が著しく低下するため時間がかかることなど、課題も多い。

図４　ターミナルで充電する電気バス

図５　最新鋭の路面電車

更新の進むバスと路面電車

鉄道だけでなく、バスや路面電車も進化を続けている。バス専用車線は二〇一〇年以降の比較的早期に大規模に導入された。その後も、一方通行路をバスだけが逆走する「バス逆行レーン」やバス停におけるバス接近情報の掲示、主にバスの円滑走行確保を目的とした停止禁止エリア（ワッフルメーカーと呼ばれている）の明示など、様々な工夫をしてきている。中でも目を惹くのは、ターミナルで急速充電して走る電気バスの導入だ。モスクワ市内にはトロリーバスも存在するが、老朽化に伴い頻繁に集電装置が架線から外れ、交通を阻害していた。そこでトロリーバスの代替として二〇一九年から電気バスが導入され始めた。製品の調達から一五年間の維持管理までを一括契約する「ライフサイクル契約」というスキームを用いて、二〇二〇年末までに合計六〇〇台が導入された。バスからは少し遅れるが、路面電車も進化を始めている。専用軌道化が進められているほか、こちらもライフサイクル契約により二〇一九年時点ですでに三〇〇編成の低床の新型車両が導入されている。

実現力を持ち始めたロシア

ロシアには素晴らしい発想力を持つ人が多いが、計画経済の名残からか、実現しない計画が多かったのも特徴であった。一方、このところ計画は着実に実行されるようになってきている。今のところモスクワ市内の渋滞は解消していない（渋滞は本質的には解消しない、というのが筆者の持論である）が、これからも成果を上げ続けるものと期待される。今後もモスクワの交通から目を離せない。

（鳩山紀一郎）

Column 6

マロース（厳寒）はつらいよ？

マロース（厳寒）というと暗い、つらいというイメージがあるかもしれないが、ロシアではマイナスのイメージばかりではない。というよりむしろ、ロシアの人々はマロースが好き、と言ってしまってもいいかもしれない。ロシアの国民詩人プーシキンの「冬の朝」という詩の冒頭で「マロースと太陽！　なんて素晴らしい日！」とあるが、マロースのよく晴れた日は、雪景色は明るく、空は目が覚めるように青く、日差しはまぶしいほどで、まさにおとぎ話のような世界である。非常に厳しいマロースのことを寒さで丸太小屋の丸太がきしむような音を立てることから、「きしむマロース」と言う。窓には美しい窓霜ができ、バスの窓の内側も凍り付く。しかし、どんなに寒い日でも外で散歩をするし、子どもたちはそり遊びなどを楽しむ。モスクワでも、都心のあちこちで（「赤の広場」にも！）冬場だけの屋外スケート場ができる。アイスクリームが大好きなロシアの人々は、マロースの時期だって食べるし、町中のキオスクでもアイスクリームを売っているのだ。

「マロース爺さん」もマロースに明るいイメージを与える。いわゆるサンタクロースにあたるが、クリスマスにではなく、お正月にやって来る。ちなみにロシア正教会ではユリウス暦が使用されているため、クリスマスは一二月二五日ではなく一月七日であり、いわゆるクリスマスツリーも新年の飾りつけである。

子どもにとって嬉しいことといえば、ある一定以下の気温で学校が休みになることだ。モスクワだとマイナス二五度くらいで小学校低学年は休みになるが、シベリアのイルクーツクではマイナス三五度、世界一寒い都市ヤクーツクでは、小学校ですらマイナス四五度以下にならなければ休みにはならない。高校だとマイナス五〇度以下である。想像を絶する寒さという気がするが、湿度なども関係があるため、数字だけで単純に寒さの比較はできない。曇り空の多いモスクワよりも、からっと晴れたシベリアのほうが気分が明るく過ごしやすいという人もいる。

マロースが一番厳しい頃には正教会の一二大祭の一つである主の洗礼祭（一月一九日）があり、「洗礼祭のマロース」といわれる。この日には川や湖で水浴びをするが、著名人が水浴びする姿が報道されたりする。

歴史上、マロースが果たしてきた役割も無視できないだろう。ナポレオンの軍隊に被害を与え、レニングラード包囲戦の際には、ヨーロッパ最大の湖ラドガ湖が氷結したおかげで、市民が脱出することができたのである。

（坂上陽子）

第7章

ロシアと日本の深い関係

雑誌『日本とロシア』表紙（神戸，1906）

出会いと発見

日本とロシアの本格的な文化交流の歴史は、一八五三年、プチャーチン提督の長崎来航をもって幕を開けた。これは珍しく幸福で「文化的」な邂逅だった。日露双方の代表団（日本側代表は川路聖謨（かわじとしあきら））が相手を尊重して友好的に接したうえ、その様子を、同行していた作家イワン・ゴンチャロフ（一八一二―九一）がルポルタージュ『フリゲート艦パルラダ号』（一八五八）に詳しく記し、後世に残してくれたからだ。ゴンチャロフが代表作『オブローモフ』を完成させたのが一八五九年だから、作家はロシアと日本との出会いを記しながら、ほぼ同時に、稀代の怠け者を主人公とする小説の構想を練っていたわけである。

その後の日露交流がつねに幸福だったわけでは、もちろんない。とはいえ、日露戦争（一九〇四―〇五）が不幸な出来事だったことは間違いないが、結果として日露間の異文化接触を力ずくで推し進める機動力になったことも否めない。現に、極東の未知の小国にすぎなかった日本は、この戦争を機にロシアの文化界において存在感を増すことになった。「銀の時代」と呼ばれるロシア文化の隆盛期に、浮世絵が注目されてジャポニスムが花開き、日本の短詩形式に強い関心が寄せられた。後に日本学の泰斗となるセルゲイ・エリセーエフ（一八八九―七五）が東京帝国大学に留学したのもこの時期（一九〇八―一二）だ。ロシアは「文明国」「芸術の国」としての日本を発見したのである。

後発国の相似

一方、日露戦争が勃発するはるか以前からロシア文学に魅せられていた日本では、一八八〇年代よりロシアの小説を翻訳・紹介し始め、さかんに受容していた。東京外国語学校出身の二葉亭四迷（ふたばていしめい）（一八六四―一九〇九）、米川正夫（よねかわまさお）（一八九一―一九六五）、中村白葉（なかむらはくよう）（一八九〇―一九七四）や、日本正教会附属神学校出身の瀬沼夏葉（せぬまかよう）（一八七五―一九一五）、昇曙夢（のぼりしょむ）（一八七八―一九五八）といったロシア語を習得した人々が、ロシアの小説を次々と原語から直接日本語に翻訳してロシア文学の清新な息吹を伝えた。

その結果、日本文学に言文一致運動や個別のさまざまな影響や作用がもたらされることになったのだが、そこには西欧の近代化を目標にして発展を遂げようとした日露両国の後発国どうしの歴史的同質性が深く関係している。例えば、プーシキン、レールモントフ、ゴンチャロフ、トゥルゲーネフといったロシアの作家たちによる「余計者」と、夏目漱石らの描いた「高等遊民」が本質的に同系統のキャラクターであることはだれの目にも明らかである。直接的な影響関係があったかどうかは別にして、「余計者」と「高等遊民」は、日露双方の歴史に根ざしたメンタリティの相似性が生み出した分身と捉えることができよう。

亡命と抑留

一九一七年のロシア革命に際して、ソヴィエト政権を拒み亡命を選んだ白系（はっけい）ロシア人の一部が日本にやってきた。これは、日露戦争時に約七万人のロシア兵が捕虜として日本に滞在した出来事に続く日露の生身の接触となったが、生活をベースにした長期にわたる共生だったため、日本の文化的土壌が受けた影響ははるかに大きく深かった。詳細は「白系ロシア人」の項を参照していただくとして、ひとつだけ、当時の日本人にとってはかなりエキゾティックな白系ロシア人の様子を、谷崎潤一郎が『細雪』に描いていることを付け加えておこう。

一九四五年に第二次世界大戦が終結したときには、ソ連当局により約六〇万人の日本人がシベリアに送られ、強制労働に従事させられた。理不尽な極限状況における過酷な日々を耐えて帰国した人の中には、石原吉郎（いしはらよしろう）（一九一五―七七）のように自らの経験を文学作品に結晶化させて世に問うた詩人がいる。人間の生死や尊厳についての思索においても、詩的強度においても、石原はワルラム・シャラーモフ（一九〇七―八二）とともに抜きんでて、二本の大樹のように世界の収容所文学の中に屹立している。

大衆化する相互の関心

一九九一年のソ連崩壊とともに日本とロシアの文化交流は新たな段階に入った。顕著な現象は、ロシアで村上春樹が流行し、もともとロシアの若者に人気のあったマンガやアニメといった日本のサブカルチャーとともにロシアにおける日本ブームを牽引していることだ。歴史推理作家ボリス・アクーニン（一九五六―）が日本に関連したディテールを小説に取り入れたことも日本文化ブームを補強しているかもしれない。約一世紀前の銀の時代と比べると、日本文化への関心は一部の知識人や文化人にとどまらず、より広く浸透し「大衆化」しているといえる。

一方の日本では二一世紀に入ってドストエフスキー・ブームが起きた。とくに新訳『カラマーゾフの兄弟』（亀山郁夫訳、光文社）が文字どおりのミリオンセラーとなったことは記憶に新しい。ロシアの音楽やバレエも以前と変わらず愛されているが、ハイカルチャーのみならず、ロマン・カチャーノフ（一九二一―九三）の人形アニメ『チェブラーシカ』が人気を博し、ソ連時代の雑貨のマニアが現れるなど裾野が広がっているようだ。

（沼野恭子）

52

白系ロシア人——日本の庶民が初めて身近に接した外国人

図1　ロシア人のクリスマス（東京）

白系ロシア人とは

一九一七年のロシア革命後、内戦終了の一九二一年までに約二〇〇万人のロシア人がソヴィエト政権を受け入れず、国外へ亡命した。これらの人々は内戦時に旧帝政ロシアの白軍の一員としてソヴィエト政権樹立を目指す赤軍と戦い、あるいは白軍を支持したので、「白系ロシア人」と呼ばれる。

日本を亡命先に選んだロシア人もいたが、その数は少数にとどまる。彼らは函館、東京、横浜、神戸、長崎などに居住した。一九二五年一月に日ソ基本条約が調印されて日ソの国交が回復すると、彼らはわが国で無国籍人とみなされ、公文書には「旧露国人」と表記された。統計記録によれば、日本在留白系ロシア人の数が最高に達するのは一九三〇年のことで、一六六六名である。だがこれ以外に登録されていない、あるいは日本は単なる中継地にすぎないロシア人もかなりいた。その多くは最終的に第三国へと移住し、日本に残留したのは少数であるにもかかわらず、彼らとその二世が日本の社会と文化に与えた影響はきわめて大きい。

日常生活

白系ロシア人がよく従事した職業の一つがラシャ売りの行商であり、当時の日本の庶民にとってこのようなロシア人が初めて出会う西洋人だった。一九二〇年代に

図２　シロタと東京音楽学校の学生たち

彼らによるラシャ売りの行商は日本人の洋服化を促進した。東京新宿の「中村屋」はギリシア系ロシア人のパン職人キルピデスを雇い入れて純粋のロシアパンを提供し、後に元ロシア皇室付製菓技師スタンレー・オホツキーを高給で雇って、ピロシキやロシア・ケーキ、ロシア・チョコレートを製造・販売した。神戸に定住したフョードル（一八八〇―一九七一）とヴァレンチン（一九一一―九九）のモロゾフ父子の「コスモポリタン製菓」は、高級チョコレートを日本人に提供した。

ハルビンで生まれたエヴゲニー・アクショーノフ（一九二四―二〇一四）は、東京都港区で世界保健機関（ＷＨＯ）指定の「インターナショナル・クリニック」を開業し、在日外国人や日本訪問中の要人の診察にあたった。貧しい患者には無料で診察し、「六本木の赤ひげ」と呼ばれた。戦間期に一〇年間日本に暮らしたベアテ・シロタ＝ゴードン（一九二三―二〇一二）は、第二次世界大戦直前にアメリカに留学し、終戦後連合国軍最高司令官総司令部（ＧＨＱ）の一員として来日して、新しい日本国憲法に「男女平等」の条項を盛り込んだ。日本女性の恩人と言えよう。

芸術

芸術、とりわけ音楽とバレエの発展における白系ロシア人の影響ははかりしれず大きい。日本でピアノを教えたロシア人には、レオ・シロタ（ベアテの父、一八八五―一九六五）、レオニード・クロイツァー（一八八四―一九五三）、ポール・ヴィノグラードフ（一八八八―一九七四）、アレクサンドル・ルーチン（一八六五―一九三二）などがいる。小野アンナ（ロシア名アンナ・ブブノワ、一八九〇―一九七九）は日本人

図3　パヴロバ

図4　映画『光に立つ女』のスラーヴィナ

留学生と結婚して来日し、早期才能教育を採り入れて、前橋汀子、諏訪根自子、巌本真理など多くのバイオリニストを育てた。白系ロシア人音楽家の来日の時期は、わが国が西洋音楽を積極的に受容しようとした時期と符合し、彼らはその点で大きな役割を果たしたのである。

日本のバレエの発展の点ではエリアナ・パヴロバ（日本名・霧島エリ子、一八九七—一九四一）とオリガ・サファイア（一九〇七—八一）の功績が大きい。前者は一九一九年に来日し、鎌倉七里ヶ浜にバレエ・スクールを開設して、橘秋子、東勇作、服部智恵子など多くの日本人バレリーナを育成した。後者は日本人外交官と結婚して、一九三六年に来日。正統的なクラシック・バレエを日劇のダンシング・チームに教えた。キティー・スラーヴィナ（本名エカテリーナ・オブリーツカヤ＝ドーナル、一九〇〇—四九）は松竹キネマ合名社に入り、大正時代の日本映画草創期に銀幕のヒロインを演じた。一九一四年に設立された宝塚少女歌劇団は国際的雰囲気を重視したので、多くの白系ロシア人がそこで演奏し、教鞭を執った。

小野アンナの姉ワルワーラ・ブブノワ（一八八六—一九八三）はかつてペテルブルク帝室美術アカデミーで学び、ロシア・アヴァンギャルド美術家のグループに加わって活動したが、独自の技法の石版画で日本の画壇に新風を吹き込んだ。また画家で詩人のダヴィド・ブルリューク（一八八二—一九六七）はヴィクトル・パリモフ（一八八八—一九二九）とともに日本各地で展覧会を開催して、ロシア未来派の絵画を日本に紹介した。芸能界ではロシア系タタール人のロイ・ジェームス（日本名・湯浅祐道、一九二九—八二）がラジオの「意地悪ジョッキー」のべらんめえ調の司会

図5　ネフスキー

で評判になり、元ファッションモデルで指揮者小澤征爾夫人の入江美樹（ロシア名ヴェーラ・イリイナ、一九四四―）は、白系ロシア人の父と日本人の母の間に生まれた。俳優の小澤征悦はその長男である。

教育・学術・スポーツ

日本全国の大学、商業学校、専門学校のロシア語、ロシア文学の教育において、白系ロシア人が果たした役割は絶大である。文豪トルストイの末娘アレクサンドラ・トルスタヤ（一八八四―一九七九）は日本に二年間滞在して、トルストイ文学の普及に努めた。大泉黒石（本名・大泉清、ロシア名アレクサンドル・コクスキー、一八九三―一九五七）はロシア人を父に、日本人を母にもつ作家で、大正から昭和初期にかけて怪奇小説、ユーモア小説、紀行文など多彩な文筆活動を行った。日本学者ニコライ・ネフスキー（一八九二―一九三七）は金田一京助、柳田国男、折口信夫らと親交を結んで、日本の民俗学や西夏語の研究に従事した。

ヴィクトル・スタルヒン（日本名・須田博、一九一六―五七）は日本最初のプロ野球チーム「大日本東京野球倶楽部」（現・読売巨人軍）に入団し、投手として活躍、通算三〇三勝をあげた。一シーズン四二勝と通算八三完封の記録はいまだに破られていない。優勝三二回の記録を樹立した第四八代横綱・大鵬幸喜（本名・納谷幸喜、ロシア名イワン・ボリシコ、一九四〇―二〇一三）にもロシア人の血が半分流れている。子供の好きなものとして「巨人、大鵬、卵焼き」という流行語が生まれるほどの人気だった。

（沢田和彦）

53

ニコライ堂――東方正教の窓

図1　現在の「ニコライ堂」

建築の原案と竣工

「ニコライ堂」は、東京都千代田区神田駿河台に立つ日本ハリストス正教会の総本山的な大聖堂で、正式名称は「東京復活大聖堂」という。「ニコライ堂」という通称は、帝政期のロシア正教会の宣教師「日本のニコライ」（俗名「イワン・ドミートリエヴィチ・カサートキン」一八三六―一九一二）にちなんだものである。

このバジリカ式（基本平面が長方形）聖堂の原案は、ペテルブルク府主教イシィドル（当時ロシア正教会最高位者。ニコライはその愛弟子）が提案し、設計原図はロシア人建築家ミハイル・シチュルーポフが提供した。施工に当たったのは、鹿鳴館の建築で知られる「御雇外国人」のイギリス人ジョサイア・コンドルである。一八八四（明治一七）年三月起工、七年かけた大工事の末、一八九一年二月竣工。莫大な建築費はすべて、ニコライの国外宣教を支援するロシアの信仰篤い善男善女の寄進による。「三百坪一杯の建物」にて、その高さは「おおよそ二十間（けん）」、「頂上に鐘塔を設くるに付きては二十五六間」。「その壮大雄麗堅牢優美なること、東洋第一と称せらる」。

この年の三月八日には成聖式（献堂式）が執り行われた。これには、主催者側のニコライと司祭たちと「日本人伝教者一二四人」の、一五〇人近い「教役者」と、各国の宣教師、大使・公使、さらに日本の政府高官など著名日本人「百余人」が参列した。この日の参拝者は「三千を超えた」という。

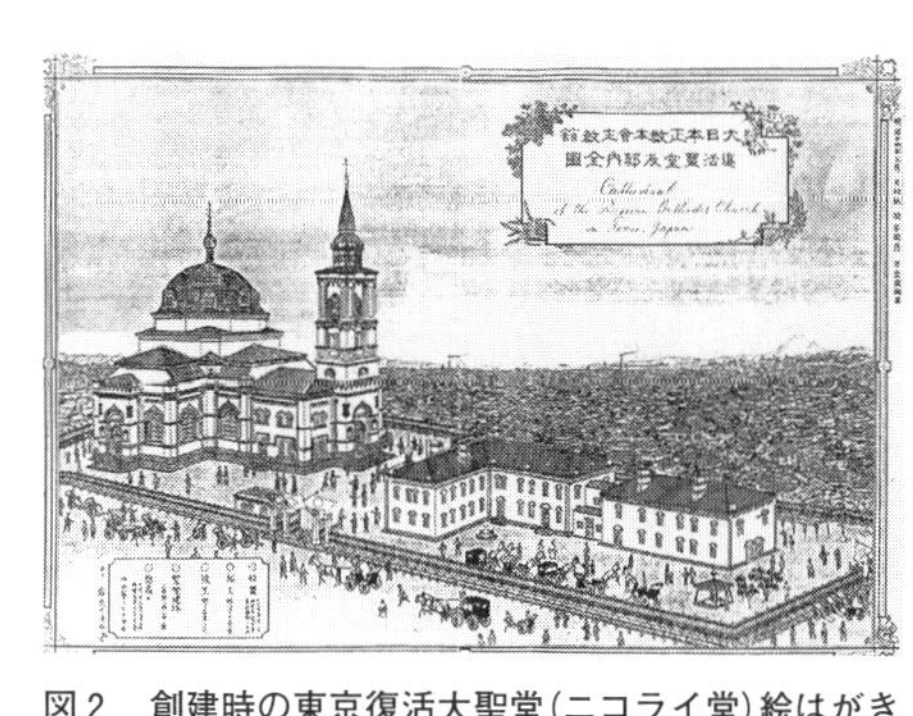

図２　創建時の東京復活大聖堂（ニコライ堂）絵はがき

「似たもの同士」から「悪いヤソ教」へ

新宿中村屋の創業者相馬黒光の一族は、正教徒もプロテスタントも混っている。当初日本人は、ニコライの正教（オーソドクス）もプロテスタントもみな同じ「西洋」の「ヤソ（耶蘇＝イエス）」教徒であると受け取っていた。ニコライ堂の華々しい竣工は、日本におけるヤソ教全体の興隆の徴だと肯定的に受け取られた。日本人は新しい「西洋」の宗教（洋魂）の聖堂に惹きつけられたのだった。「未信徒の参拝者」は「毎日平均百二三十人」にのぼったという。

ところが、日本人は同じ「ヤソ教」の中に「善い」と「悪い」の区別をするようになる。一八九五年五月の「三国干渉」からである。

明治維新に成功し東アジアで突出した「優等国」となった日本は、「脱亜入欧」を基本方針とし、兄事する欧州列強に倣って植民地獲得に乗り出し、朝鮮半島の領有を目指したが、日本のナショナリズムの高揚はロシア、ドイツ、フランス三国によって阻まれることになる。四年前の一八九一年、露国皇太子受難の「大津事件」では、日本全体がパニックに陥ったが、「露国宣教師ニコライ氏」のとりなしで事無きを得た。政府も国民も日本人全体がニコライに感謝したのだった。だが「三国同盟」に屈した日本は、ニコライのキリスト教を、「敵」であるロシアの国教だからと後から勝手な政治的理由をつけて、「悪い」ヤソ教と決めつけてしまった。すでに三万人近くになっていた日本の「ニコライ宗」の信徒たちは、一九〇四年の日露戦争時には、「敵国」ロシアに味方する「露探」とされ、村八分に遭い、その子供たちまでがいじめられ、警察もそれを制止しない恐ろしい状況が日本各地に生じた。単一性を善と思いたい国民感情だった。

ロシア公使ローゼンの「一緒に帰りましょう」の誘いも辞して、ニコライは一人「ニコライ堂」に残った。自分が「新しい命」だと説いてきた信仰のゆえに苦しんでいる者たちがいる。その苦しむ者の訴えを、少なくとも受け止める責任が自分にはある――その責任感はニコライの内に、自分は国家にではなくキリストに従う者であるという自覚を生み、また苦しい孤立感とともに信徒たちの信頼も得た。

ニコライという人

ニコライの魅力は、未知を惧れない「進取の気象」と、信仰という「変わらぬ世界観」の強い合体にある。彼は事実を認め、たとえば日露戦争で八万人にも膨れ上がったロシア人捕虜に日本の収容所で初等教育を施すなど、新しい考えでマイナスをプラスに転じてゆく。だが、神の造り給うた世界はすでに完成しているのだ、「科学的新発見」も実はすでに神の世界の内にあったという世界観は微動だにしない。

目の前に悩み苦しむ者があれば損得ぬきで助ける熱い同情心と力強い手、国家の動き、民族の潜在的能力をも感知し近未来を予想する広く遠くまでよく見える目――明治期の日本で、ニコライほど敬愛され、信頼された外国人は他にいない。

図3　若き日のニコライ，箱館で撮影

東方と西方

ニコライが「ニコライ堂」で永眠するその日まで日本人に伝え続けたキリスト教は、「ロシア正教」と呼ばれる。ロシア正教は「東方正教」に属する。その東方正教の根本は「不変」である。東方正教圏が、世界を変えようとする「先端技術」の発明に熱心でないのは、終末論が強いその宗教の所為ではないか。

それに対して、人間世界への強い関心から「変化」を認めたのは、西のキリスト教、ローマ派（カトリック）である。紀元三二五年、ニケアでのキリスト教初の世界会議で、ローマ派は「聖霊は父である神からのみ発する」とされてきた教義に「filioque（そして子からも）」聖霊は発する、と加えて教義の根本を「変更」した。

ガリレオもコロンブスも西から出てきた

神が不変である以上、神の約束である教義も「世の終わりまで」変更されないというのが、ギリシア派「東方正教」である。約束されているのは、「人間復興」ではなく、死後も続く「永遠の生」である。——一九世紀ロシア知識人では東西が混じる。ドストエフスキーの世界でも「死産児」が「生ける生」に生まれ変わる転生に憧れ、同時に死は無力化され永遠不変の「死後の再会」が約束される（『カラマーゾフの兄弟』）。ドストエフスキーの父ミハイルはカトリックと正教の合わされた「ウニアート教会」の司祭の子でその神学校で学んだ。

ギリシア派はローマ帝国の東の都コンスタンティノープルを拠点にギリシアと東欧スラヴの民に広がり、ギリシア正教会、ブルガリア正教会、セルビア正教会、ロシア正教会などそれぞれの国の宗教となる。ロシアが強大となるにつれ、ロシア正教会が「東方正教会グループ」の代表のようになった。「ニコライ堂」は、日本において「東方正教」を遠望できる窓なのである。

（中村健之介）

54

ジャポニスム——四つの視点から

図1　エイネム社のチョコレートの広告ポスター（1900）

図2　ゼレンコフ家の別荘のベランダ（オレンブルク，1898）

風俗の中のジャポニスム

ロシアでジャポニスム（日本趣味）が社会に広く浸透したのは一九世紀末―二〇世紀初頭のことだ。ロシア人コレクターによってこの時期に日本美術展が集中して開催されているのだが、最も有名なのは、ヨーロッパ有数のコレクション（現在プーシキン美術館に所蔵）を築いた海軍士官セルゲイ・キターエフ（一八六四―一九二七）の日本美術展（一八九六年ペテルブルク、一八九七年モスクワ、一九〇五―〇六年ペテルブルク）である。キターエフのコレクションは、最も早い時期に日本で収集されたコレクションのひとつであり、広範な収集範囲を誇っている。また日本女性を主人公にした小説や舞台芸術の西欧での流行は、ロシアのバレエに同様の作品をもたらしただけでなく、女性のファッションにも影響を与え、着物姿の日本女性（芸者）が商品のイメージキャラクターとして流通するきっかけにもなった。このような出来事と並行して、扇、提灯、屏風、日本人形などの日本（または日本風）の工芸品が室内を彩るアイテムとしてもてはやされるようになり、こうしてロシアの風俗の中にジャポニスムは浸透していったのである。その様子は、コンスタンチン・コローヴィン（一八六一―一九三九）の〈紙提灯〉（一八九八）のような美術作品だけでなく、アントン・チェーホフ（一八六〇―一九〇四）の『小犬を連れた奥さん』（一八九九）などの文学作品からもうかがい知ることができる。

図3　コローヴィン〈紙提灯〉(1898)

図4　オストロウーモワ＝レーベジェワ〈春のモチーフ〉(1904)

西欧のモダニズムを介したジャポニスム

ジャポニスムはロシアのさまざまな芸術分野に影響を及ぼしたが、とくに大きな影響を受けたのが、「芸術世界派」(一八九八―一九二七)と呼ばれるモダニズムを主導した美術家たちだ。彼らの多くが留学先のミュンヘンやパリで日本美術の芸術的価値を認識し、作品の収集を開始している。その一人、イーゴリ・グラバーリ(一八七一―一九六〇)は、執筆活動や展覧会の組織を通じて日本文化の紹介に努めた人物である。さらにグラバーリはロシア初の日本美術書となる『日本の色彩木版画』(一九〇三)を出版しているのだが、その冒頭で一八七〇年代にパリで紹介された日本美術が「当時の美術界に衝撃をもたらし、全ヨーロッパの美術の発展に大きな影響を与えた」と述べている。この一文からすでに、芸術世界派と日本美術の出会いが実は直接的なものではなく、西欧のモダニズムを経由しての間接的なものだったことがわかる。実際、グラバーリは印象主義の影響を通じて日本美術に傾倒していったし、版画家のアンナ・オストロウーモワ＝レーベジェワ(一八七一―一九五五)は、日本美術の特徴を「写実性と様式性の融合、瞬間的な動きの軽やかな伝達」という原理的部分に見ている。このように芸術世界派はジャポニスムを単なる日本趣味ではなく、西欧のモダニズムが日本美術から学んだ造形原理として認識していた。風俗に日本趣味が浸透していたにもかかわらず、それを描いた美術作品がロシアに少ない理由はここにある。グラバーリやオストロウーモワ＝レーベジェワの風景画で実践されているのは、西欧のジャポニスムの造形原理を踏まえた上での独自の表現の追求なのである。

日露戦争とジャポニスムの意外な関係

実はロシアでのジャポニスムの流行期には日露戦争が起きている。だが意外なことに戦争はロシアのジャポニスムにマイナスには働かなかった。それを象徴する出来事として、ロシア・シンボリズムの機関誌『天秤座』の一九〇四年一〇月号で組まれた日本特集が挙げられる。この号で『天秤座』誌の編集部は当初の排日路線を変更し、政治と切り離して日本文化の価値を認めるという中立的な立場を表明したのである。「大衆の美的な趣味を導く」という『天秤座』誌の唯美主義的使命が、排日論への安易な迎合にブレーキをかけたのだ。しかし編集部の解説に日本への好意的な見解だけでなく排日論への共感も示されている事実は見過ごせない。日本に関する二つの論文にしても「魅力を失った日本」と「春信」と対照的な論調のものが掲載されている。つまり『天秤座』誌の中立的立場は多分にアンビヴァレントなものだったのである。日露戦争はジャポニスムがもたらした「美術家の国」日本というイメージを損なうことはなかったが、戦前からあった黄禍論に基づく新たな日本のイメージ（ニホンザルや日本人スパイ等）を戦争諷刺画やアレクサンドル・クプリーン（一八七〇—一九三八）の『ルイブニコフ二等大尉』（一九〇六）といった文学作品の中で生み出すことになった。そして逆説的なことに、戦時下の二年間でロシアでは日本に関する書籍や論文の数が飛躍的に増え、ジャポニスムはより本格化していくのである。それはもはや「歌麿の国」日本ではなく、ロシアの圧倒的な勝利を覆した軍人「大山（巌）の国」日本に対する関心に根ざしたものだったのだが。

図5　クズネツォフ〈日本版画のある静物〉(1912)

ジャポニスムと「永遠に女性的なるもの」

とはいえ美術家たちは日露戦争後も「歌麿の国」に魅了され続けた。その一人であり、ロシア美術のシンボリズムを主導した「青薔薇派」のパーヴェル・クズネツォフ（一八七八―一九六八）は、一九一二年に〈日本版画のある静物〉という作品を手がけている。この作品の重要性は、初期の作風が大きく変化した時期に制作されたことと、ポール・ゴーギャン（一八四八―一九〇三）の同名の作品（一八八九）を参照していることにある。実はクズネツォフの作風が変化するきっかけは、一九〇六年にパリで目にしたゴーギャンの回顧展にあった。クズネツォフはゴーギャン（西欧のモダニズム）を介して中央アジアという身近な東方世界を発見し、その地の遊牧民の風俗を描くなかで、平明なフォルムと鮮やかで透明感のある色彩に特徴をもつ新しいスタイルを確立したのである。したがって〈日本版画のある静物〉は、ゴーギャンへのオマージュ作品とみなすことができる。ただしゴーギャンの作品では日本版画は武者絵だった。それがクズネツォフの作品では歌麿の美人画になっているのはなぜなのか。クズネツォフの東方世界をつかさどる幻影のような優雅な女性たちは、そこが文明に冒されていない楽園であり、静謐な美をたたえた世界であることを象徴しているかのようだ。おそらくクズネツォフにとって歌麿の美人画は、日本という「優美な国」の象徴だったのだろう。日本美術を「夢想」や「永遠に女性的なるもの」にたとえた美術批評家のニコライ・プーニン（一八八八―一九五三）の言葉は、「歌麿（美術家）の国」日本というイメージの根底に、日本文化を女性原理に位置づける言説が横たわっていることを示している。

（上野理恵）

55

ハルキ・ムラカミとドストエフスキー——近代はいまだ超克されていない

「ラスコーリニコフは自分だ」と明治の青年はうなった

村上春樹（一九四九—）は『ペット・サウンズ』（二〇〇八）のあとがきに「世の中には二種類の人間がいる。『カラマーゾフの兄弟』を読破したことのある人と、読破したことのない人だ」と挑発した。ドストエフスキーを今日まで、日本人がいかに真剣に読んできたかをいみじくも示す一言だ。

ドストエフスキー（一八二一—八一）の作品のうち日本に最初に紹介されたのは『罪と罰』（一八六六）である。シベリア流刑から戻った作家が「僕の心臓が血と共にまるごとこの小説の中に注ぎ込まれる」告白小説、「自分の総決算になるべき、自分が苦しみながら生きていかなければならないものを」書こうとした第一作だ。

内田魯庵（一八六八—一九二九）は、二二歳で迎えた一大挫折の年に読み「恰も曠野に落雷に會ふて眼眩めき耳聾ひたるごとき、今までに曾て覚えない甚深の感動（中略）直ちにドストエフスキーの偉大なる霊と相抱擁するやうな感に充たされた」という。魯庵がその本すなわち英訳の『罪と罰』を、盟友二葉亭四迷（一八六四—一九〇九）の協力をあおいで訳し『小説　罪と罰　巻之一』（一八九二）は出た。

当時現れた書評は魯庵自身が丹念に集め『巻之二』に付録として収録してくれている。すでに文豪としての地位を確立していた年長の作家たちは拒否感を表明している。饗庭篁村（一八五五—一九二二）は「云ふべからざる不快の念を起し申候」と

図1　ロシア語訳手塚治虫の『罪と罰』表紙

言い、坪内逍遥（一八五九―一九三五）は「弱志の人は之に対して厭世の念起るべく」と警戒した。それとは対照的に、青年たち、例えば北村透谷（一八六八―九四）の感情移入は激しく、彼は「殺人罪は必らずしも或見ゆべき原因によりて成立つものにあらざるなり」に始まり「見よ」！と絶叫する熱烈な書評を書いた。透谷はまた、主人公ラスコーリニコフが鬱々と閉じこもり、いったい何をしているのかと詰られ「考えることをしている（魯庵訳）」と答えたことを指し、まさに自分がそれだ、と青ざめた顔で語っていたことが島崎藤村の小説『春』に書き留められてもいる。

明治も半ば、将来に希望を失いつつあった東京の青年たちにとって、このロシア小説に描かれた時代の病理は実際まったく他人事ではなかった。かつてピョートル大帝（在位一六八二―一七二五）がペテルブルクに遷都しロシアの急激な近代化を図ったのであるが、大帝は近代化を「西洋化」と読みかえ、伝統的顎髭を剃り洋装でダンスを踊り、不自然でも滑稽でもしゃにむに頑張り、富国強兵策をとり、近代工業を興し、民法や徴兵制度を整備し、西洋から教授を招聘して大学教育を行った――似ている、明治維新にそっくりである。正確に言えば明治維新は大帝の政策をおおいに参照し進められたのである。明治初めに『彼得大帝偉績』（一八七八）をはじめ大帝の伝記が幾種類も発行されたことでもそれは明白だ。急激な社会と価値観の変化は深刻な問題を生み、一九世紀半ばにはペテルブルクに暗黒の貧民窟が形成されるに至った。東京にも貧民窟は形成されつつあった（松原岩五郎『最暗黒の東京』一八九三）。『罪と罰』で剔抉される問題は、自分たちがまもなく本格的に直面するものであることは疑いないと感じた日本人は懸命に読んだ。魯庵の訳は前半で中絶したため、幸徳秋水（一八七一―一九一一）は後半を英訳で読み継いだという。しかし『罪と罰』はいわばオープンエンディングの作品（作品ノートには二つのまったく異なる結末が残されている）で、続く『白痴』も『カラマーゾフの兄弟』（未完）も、むさぼるように同伴して読んでいった読者に解決を与えることはできなかった。

ハルキ・ムラカミは預言者なのか？

ロシア革命後、日／露は西／東に隔てられ、現代文学はほとんど接点を失ってしまった。一九九一年ソ連瓦解により約八〇年ぶりにロシアは「西側」と対面する、と同時に資本主義社会の物質文明に圧倒された。交換手に繋いでもらって市外電話をかけていたロシア人は、携帯電話で声高に話しながら歩きだす。「世界」のシステムに乗り遅れたと痛感したロシア人は劣等感に苛まれ、落ち着きを失った。一方日本は八〇年の間に敗戦、高度成長期、公害病、バブルとその崩壊を経験したあと、ロボットが寿司を握りウォシュレットがやさしくお尻を洗ってくれる、ロシア人から見たらSF的な領域に入っていた。当時ロシア人たちは「僕らはまだ一九世紀にいる。日本はもう二一世紀だ」と冗談めかしてため息をついていたのである。

　ドミトリー・コワレーニン（一九六六―）は大学の日本学科を卒業したものの行き場がなく新潟の港で通訳として何年も働いていた。そのときたまたま読んだのが村上春樹の『羊をめぐる冒険』（一九八二）で、最初の数頁で彼はそれが日本文学だというのを忘れたという。同書をコワレーニンは「日本の安保世代へのレクイエム」と読んだ。「資本主義、共産主義、その他の『世界をよりよくする』方法は、

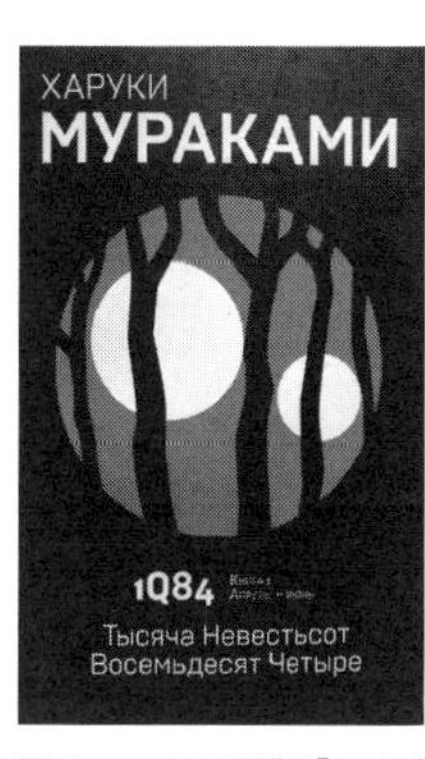

図 2　ロシア語版『1Q84』表紙

自らその威信を失墜させました。そして人々は、それぞれの利益と興味に従って、小さな集団に閉じこもってしまいました。なぜなら、もっぱら物質世界で生活することは、たかだか社会的な保証をもたらすに過ぎず、けっして喜びはもたらしてくれませんから。人々は信じたり喜んだりすることをやめてしまった。この点で日本はロシアによく似ています」。アメリカの資本主義的文化のもとに育ち瀟洒（しょうしゃ）で清潔な消費生活を享受しながら、そのなかで「居心地悪い」違和感を抱いている主人公は日露青年共通の新しい形象であり、彼がいつどのようにこの世界にハマるのか（それともそれは不可能なのか）、見届けることが、自分が今後生きていくために切実に必要だと九〇年代のロシア青年は感じたということである。

無名の翻訳者の新訳をひきうける出版社は無かったが、ウェブ上で『羊をめぐる冒険』を連載（一九九七）したところ、無数の無名の「読者」の支持が閲覧数を莫大なものに押し上げ、ついには各地の読者からの義援金によって翌年書籍として刊行された。現在でもハルキ・ムラカミの新作は書店のみならずどんなに小さなキヨスクにも積まれ、ロシア人たちは彼が書く「総決算」を切実に読みたがっている。

ロシアの日本研究者コンラッド（一八九一―一九七〇）は、「昇曙夢」（『東と西』一九六六）という論文中で「あの国で生まれる文学は、我々今日の問題の解決ないし表象である」という認識が生まれる時文学は翻訳され、そして読まれるのだ、と述べた。その言葉通り、ロシアと日本は、後になり先になり同じ苦難の道を歩んできたがゆえに、先に苦しみぬかれた難問を引き継ぎながら、互いの文学を預言書のように翻訳し合ってきた、と言えよう。

（加藤百合）

Column 7

日本語に入ったロシア語、ロシア語に入った日本語

　ウォッカ、ボルシチ、マトリョーシカなど、ロシア固有の文物が外来語としてそのままの名称で呼ばれるのはごく自然なことだが、イクラ（икра）、インテリ（интеллигенция）、ノルマ（норма）などのように、ロシア語に由来する外来語であると意識されずに用いられる単語もある。なかでもイクラはしばしば外来語であることすら忘れられているが、本来 икра は魚卵一般を意味するので必ずしも赤いとは限らず、青黒いキャビアもイクラの一種ということになる。またセイウチは本来トドを意味するロシア語の сивуч に由来するが、日本語が外来語を取り入れる際には意味のズレや拡大・縮小を伴うことが少なくない。

　なかにはヘアバンドの通称カチューシャ（Катюша）のように、本来のロシア語とまったく異なる意味で定着した珍しい例もある。これは、大正時代に新劇《復活》（トルストイ原作）が上演されて以降、主人公の名にあやかったヘアバンドがカチューシャという名で定着したものと見られる。現在、ゴムで留める新種のカチューシャが「カチューム」なる混成語（カチューシャ＋ゴム）で呼ばれているのも興味ぶかい。また酒肴として人気のあるドライソーセージの「カルパス」は、本来ソーセージを意味するロシア語の колбаса から商品名として考案された造語である。珍しい和製ロシア語の例といえよう。

　綿をロシア語で вата というのは偶然の一致で、これはドイツ語の Watte からロシア語に入った語であるが、ロシア語になった日本語もないではない。たとえば、スシ суши/суси は日本の寿司をそのまま名ざしているにすぎないが、цунами（津波）や соя（大豆）などはいまやロシア語辞典にも収録されているれっきとしたロシア語で、すでに日本とは無関係の文脈で用いられている（соя の語源はもちろん「醤油」である）。その他、Фудзияма（富士山）、харакири（切腹）、хокку（俳句）等、日本語としては必ずしも一般的ではない呼称が定着している例は歴史や伝統に関わる語彙に多い。

　他方、анимэ（アニメ）や манга（漫画）などの現代日本のサブカルチャーを愛好するロシア人の間では「かわいい」という形容詞までもが кавайный なる形で用いられ、名詞 кавайность（かわいさ）や、否定の接頭辞 не- を冠した反義語 некавайный（かわいくない）まで生まれている。няшный（かわいい）もやはり日本のサブカルチャーにおける猫の擬声語 ня（ニャ）から派生した日本語由来の新語である。

（古賀義顕）

世界文化シリーズ⑦
ロシア文化 55のキーワード

2021年6月25日　初版第1刷発行　〈検印省略〉

定価はカバーに
表示しています

編著者　沼野充義
　　　　沼野恭子
　　　　平松潤奈
　　　　乗松亨平
発行者　杉田啓三
印刷者　中村勝弘

発行所　株式会社　ミネルヴァ書房
607-8494　京都市山科区日ノ岡堤谷町1
電話代表　(075)581-5191
振替口座　01020-0-8076

中村印刷・新生製本

ISBN978-4-623-09225-3

Printed in Japan

編著者紹介

沼 野 充 義（ぬまの・みつよし）

現在　東京大学名誉教授，名古屋外国語大学副学長
著書　Joachim Küpper, ed., *Approaches to World Literature*（共著） Berlin: Akademie Verlag, 2013年
『チェーホフ　七分の絶望と三分の希望』講談社，2016年
『徹夜の塊 3　世界文学論』作品社，2020年
訳書　アントン・チェーホフ『新訳 チェーホフ短篇集』集英社，2010年
スタニスワフ・レム『ソラリス』早川書房，2015年
ウラジーミル・ナボコフ『賜物』新潮社，2019年

沼 野 恭 子（ぬまの・きょうこ）

現在　東京外国語大学教授
著書　『夢のありか——「未来の後」のロシア文学』作品社，2007年
『ロシア文学の食卓』日本放送出版協会，2009年
『ロシア万華鏡——社会・文学・芸術』五柳書院，2020年
訳書　リュドミラ・ウリツカヤ『女が嘘をつくとき』新潮社，2012年
リュドミラ・ペトルシェフスカヤ『私のいた場所』河出書房新社，2013年
ボリス・アクーニン『堕天使殺人事件』岩波書店，2015年
ヨシフ・ブロツキー『ちいさなタグボートのバラード』東京外国語大学出版会，2019年

平 松 潤 奈（ひらまつ・じゅんな）

現在　金沢大学准教授
著書　『講座ユーラシア世界　第４巻　公共圏と親密圏』（共著）東京大学出版会，2012年
『ロシア革命とソ連の世紀　第４巻　人間と文化の革新』（共著）岩波書店，2017年
『紅い戦争のメモリースケープ——ソ連，中国，ベトナム』（共著）北海道大学出版会，2019年
訳書　ミハイル・ヤンポリスキー『デーモンと迷宮——ダイアグラム・デフォルメ・ミメーシス』（共訳）水声社，2005年
アンドレイ・シニャフスキー『ソヴィエト文明の基礎』（共訳）みすず書房，2013年

乗 松 亨 平（のりまつ・きょうへい）

現在　東京大学准教授
著書　『リアリズムの条件——ロシア近代文学の成立と植民地表象』水声社，2009年
『ロシアあるいは対立の亡霊——「第二世界」のポストモダン』講談社選書メチエ，2015年
訳書　ミハイル・ヤンポリスキー『デーモンと迷宮——ダイアグラム・デフォルメ・ミメーシス』（共訳）水声社，2005年
トルストイ『コサック——1852年のコーカサス物語』光文社古典新訳文庫，2012年
トルストイ『ポケットマスターピース04　トルストイ』（共編訳）集英社文庫，2016年

執筆者紹介（五十音順，＊は編著者，執筆分担）

赤尾雄人（あかお・ゆうじん）24

現在　ロシア文化／バレエ研究家
著書　『バレエ・テクニックのすべて』新書館，2002年
　　　『これがロシア・バレエだ！』新書館，2010年
訳書　アキム・ヴォルィンスキー『歓喜の書』（共訳）新書館，1993年
　　　ジュディス・マックレル，デブラ・クライン編『オックスフォード　バレエダンス事典』（共訳）平凡社，2010年
　　　サイモン・モリソン『ボリショイ秘史』（共訳）白水社，2021年

安達大輔（あだち・だいすけ）コラム5

現在　北海道大学准教授
著書　『18世紀ロシア文学の諸相』（共著）水声社，2016年
　　　『ロシア文化事典』（共著）丸善出版，2019年
　　　Грамматика в обществе, общество в грамматике: Исследования по нормативной грамматике славянских языков（共著）Издательский Дом ЯСК. М., 2021

池田嘉郎（いけだ・よしろう）20

現在　東京大学准教授
著書　『革命ロシアの共和国とネイション』山川出版社，2007年
　　　『ロシア革命　破局の８か月』岩波新書，2017年
訳書　ミヒャエル・シュテュルマー『プーチンと甦るロシア』白水社，2009年

伊藤　愉（いとう・まさる）28

現在　明治大学専任講師
著書　『佐野碩　人と仕事：1905-1966』（共著）藤原書店，2015年
　　　『歌舞伎と革命ロシア――市川左團次一座の1928年ソ連公演と日露演劇交流』（共著）森話社，2017年
訳書　エドワード・ブローン『メイエルホリド　演劇の革命』（共訳）水声社，2008年
　　　キャサリン・ブリス・イートン『メイエルホリドとブレヒトの演劇』（共編訳）玉川大学出版部，2016年

岩本和久（いわもと・かずひさ）50

現在　札幌大学教授
著書　『フロイトとドストエフスキイ――精神分析とロシア文化』東洋書店，2010年
　　　『スポーツの世界史』（共著）一色出版，2018年
訳書　ヴィクトル・ペレーヴィン『寝台特急　黄色い矢』（共訳）群像社，2010年

上野理恵（うえの・りえ） 54

現在　早稲田大学，慶應義塾大学等非常勤講師

著書　『ジャポニスムから見たにロシア美術』東洋書店，2005年

　　　『ロシア・アヴァンギャルドから見た日本美術』東洋書店，2006年

訳書　アレクサンドル・ソルジェニーツィン『廃墟の中のロシア』（共訳）草思社，2000年

梅津紀雄（うめつ・のりお） 26

現在　工学院大学・埼玉大学等非常勤講師

著書　『ショスタコーヴィチ　揺れる作曲家像と作品解釈』東洋書店，2006年

　　　『ロシア革命とソ連の世紀４　人間と文化の革新』（分担執筆）岩波書店，2017年

　　　『日露異色の群像30　文化・相互理解に尽くした人々』（分担執筆）生活ジャーナル社，2019年

訳書　クリューコフ他『ロシア音楽史Ⅰ・Ⅱ』（共訳）全音楽譜出版社，1995年

　　　フランシス・マース『ロシア音楽史』（共訳）春秋社，2006年

大島幹雄（おおしま・みきお） コラム４

現在　早稲田大学非常勤講師，サーカス学会会長

著書　『明治のサーカス芸人はなぜロシアに消えたのか』祥伝社，2013年

　　　『サーカス学誕生』せりか書房，2015年

訳書　『日本滞在日記』岩波文庫，2000年

大西郁夫（おおにし・いくお） 47

現在　北海道大学教授

著書　レザーノフ『食と文化――時空をこえた食卓から』（共著）北海道大学出版会，2015年

貝澤　哉（かいざわ・はじめ） 14

現在　早稲田大学教授

著書　『引き裂かれた祝祭　バフチン・ナボコフ・ロシア文化』論創社，2008年

　　　『再考　ロシア・フォルマリズム　言語・メディア・知覚』（共編著）せりか書房，2012年

訳書　レオニード・アンドレーエフ『印象主義運動』水声社，1992年

　　　イーゴリ・ゴロムシトク『全体主義芸術』水声社，2007年

　　　ウラジーミル・ナボコフ『カメラ・オブスクーラ』光文社，2011年

　　　ウラジーミル・ナボコフ『絶望』光文社，2013年

　　　ウラジーミル・ナボコフ『偉業』光文社，2016年

加藤百合（かとう・ゆり） 55

現在　筑波大学教授

著書　『大正の夢の設計家――西村伊作と文化学院』（朝日選書）朝日新聞社，1990年

　　　『ロシア史の中の日本学』（ユーラシア・ブックレット）東洋書店，2008年

　　　『明治期露西亜文学翻訳論攷』東洋書店，2012年

神岡理恵子（かみおか・りえこ） 27

現在　早稲田大学，新潟県立大学非常勤講師

著書　『ロシア・中欧・バルカン世界のことばと文化』（共著）成文堂，2010年

　　　『ロシア文化の方舟——ソ連崩壊から二〇年』（共著）東洋書店，2011年

　　　『ロシア研究の未来——文化の根源を見つめ，展開を見とおす』（共著）『ロシア研究の未来』刊行委員会，2013年

河村　彩（かわむら・あや） 32，33

現在　東京工業大学助教

著書　『ロトチェンコとソヴィエト文化の建設』水声社，2014年

　　　『ロシア構成主義』共和国，2019年

訳書　エリ・リシツキー，ニコライ・タラブーキン他『革命の印刷術』水声社，2021年（予定）

北井聡子（きたい・さとこ） 22

現在　大阪大学講師

論文　「世界変容・ドグマ・反セックス——1920年代ソビエトの性愛論争」『現代思想』10月号，2017年

　　　「ファルスを持つ女——グラトコフの長編小説『セメント』のダーシャについて」『ロシア語ロシア文化研究』第50号，2018年

グーセワ，アンナ 48

現在　国立研究大学，経済高等学院准教授

論文　*Reconsideration of Japanese Dwelling Space in the works of Architects of 1920-40s.* [in Russian] Academia: Arkhitektura i Stroitelstvo, 2, 2015.

　　　"Will the Russian Dacha survive? Post-Soviet Trends in the Second Homes' Developments." In W. Kono et al. (Eds.), *Literature and History: Representation and Narrative.* Research Projects Reports No. 289. Chiba, Chiba University. 2015.

久野康彦（きゅうの・やすひこ） 15

現在　青山学院大学，立教大学非常勤講師

著書　『文字の都市。世界の文学・文化の現在10講』（共著）東京大学出版会，2007年

訳書　『ホームズ，ロシアを駆ける：ホームズ万国博覧会　ロシア篇』（編・訳）国書刊行会，2017年

熊野谷葉子（くまのや・ようこ） 12，35

現在　慶應義塾大学准教授

著書　『チャストゥーシカ　ロシアの暮らしを映す小さな歌』（ユーラシアブックレット No. 112）東洋書店，2007年

『ロシア歌物語ひろい読み　英雄叙事詩，歴史歌謡，道化歌』慶應義塾大学教養研究センター選書，2017年

『ロシアの歳時記』（編著）東洋書店新社，2018年

『ロシア語表現ハンドブック』（共著）白水社，2019年

『ロシア文化事典』（編著）丸善書店，2019年

訳書　チューネル・M. タクサミ他『アイヌ民族の歴史と文化』明石書店，1998年

栗生沢猛夫（くりうざわ・たけお） 16

現在　北海道大学名誉教授

著書　『ボリス・ゴドノフと偽のドミトリー』山川出版社，1997年

『タタールのくびき』東京大学出版会，2007年

『図説　ロシア史』河出書房新社，2010年

『《ロシア原初年代記》を読む』成文社，2015年

『イヴァン雷帝の《絵入り年代記集成》』成文社，2019年

訳書　R. G. スクルィンニコフ『イヴァン雷帝』成文社，1994年

モーリーン・ペリー『スターリンとイヴァン雷帝』成文社，2009年

古賀義顕（こが・よしあき） 36；コラム7

現在　東海大学准教授

著書　『ロシア語の教科書　第2版』（共著）ナウカ出版，2016年

訳書　ボリス・グロイス『全体芸術様式スターリン』（共訳）現代思潮新社，2000年

越野　剛（こしの・ごう） 19；コラム3

現在　慶應義塾大学准教授

著書　『ベラルーシを知るための50章』（共編著）明石書店，2017年

『紅い戦争のメモリースケープ――旧ソ連・東欧・中国・ベトナム』（共編著）北海道大学出版会，2019年

訳書　リホール・バラドゥーリン『風に祈りを』春風社，2007年

坂庭淳史（さかにわ・あつし） 4

現在　早稲田大学教授

著書　『フョードル・チュッチェフ研究』マニュアルハウス，2007年

『プーシキンを読む』ナウカ出版，2014年

訳書　アルセーニー・タルコフスキー『雪が降るまえに』鳥影社，2007年

アレクサンドル・プーシキン『大尉の娘』光文社，2019年

坂 上 陽 子（さかのうえ・ようこ） コラム6

現在　国際交流基金モスクワ日本文化センター所長代理
訳書　中村健之介監修『宣教師ニコライの全日記（全9巻）』（共訳）教文館，2007年

沢 田 和 彦（さわだ・かずひこ） 52

現在　埼玉大学名誉教授
著書　『白系ロシア人と日本文化』成文社，2007年
『日露交流都市物語』成文社，2014年
『ブロニスワフ・ピウスツキ伝――〈アイヌ王〉と呼ばれたポーランド人』成文社，2019年
編訳　『日本在留のロシア人 「極秘」文書（埼玉大学教養学部　リベラル・アーツ叢書9）』（共編訳）埼玉大学教養学部・人文社会科学研究科，2018年

鈴 木　 晶（すずき・しょう） 25

現在　法政大学名誉教授
著書　『ニジンスキー　神の道化』新書館，1998年
『バレエ誕生』新書館，2002年
『オペラ座の迷宮』新書館，2013年
訳書　ヴァーツラフ・ニジンスキー『ニジンスキーの手記』新書館，1998年
シェング・スヘイエン『ディアギレフ　芸術に捧げた生涯』みすず書房，2012年

高橋沙奈美（たかはし・さなみ） 10

現在　九州大学人間環境学研究院講師
著書　『ユーラシア地域大国の文化表象』（共著）ミネルヴァ書房，2014年
『ソヴィエト・ロシアの聖なる景観――社会主義体制下の宗教文化財，ツーリズム，ナショナリズム』北海道大学出版会，2018年
『聖地のポリティクス――ユーラシア地域大国の比較から』（共著）風響社，2019年
『アジアの公共宗教――ポスト社会主義国家の政教関係』（共著）北海道大学出版会，2020年

高 橋 知 之（たかはし・ともゆき） 38

現在　千葉大学大学院人文科学研究院助教
著書　『ロシア近代文学の青春――反省と直接性のあいだで』東京大学出版会，2019年
『ロシア文化事典』（共著）丸善出版，2019年
訳書　フョードル・ドストエフスキー『ポケットマスターピース10　ドストエフスキー』（共訳）集英社文庫ヘリテージシリーズ，2016年
フランコ・モレッティ『遠読――〈世界文学システム〉への挑戦』（共訳）みすず書房，2016年
ミハイル・レールモントフ『現代の英雄』光文社古典新訳文庫，2020年
デイヴィッド・ダムロッシュ『ハーバード大学ダムロッシュ教授の世界文学講義――日本文学を世界に開く』（共訳）東京大学出版会，近刊

田中まさき（たなか・まさき）30

現在　早稲田大学ロシア東欧研究所招聘研究員
論文　「イヴァン・プイリエフの幻の『雷帝』プロジェクト」『ロシア史研究』第89号，2012年
　　　「ソ連時代後半の娯楽映画――リャザーノフの挑戦」共編著『ロシア革命とソ連の世紀 4　人間と文化の革新』岩波書店，2017年

土肥恒之（どひ・つねゆき）18

現在　一橋大学名誉教授
著書　『ロシア社会史の世界』日本エディタースクール出版部，2010年
　　　『ピョートル大帝』山川出版社，2013年
訳書　ロバート・F. バーンズ『V. O. クリュチェフスキー――ロシアの歴史家』（共訳）彩流社，2010年

中澤敦夫（なかざわ・あつお）11

現在　富山大学名誉教授
著書　『暮らしの中のロシア・イコン』（共著）東洋書店，2012年
　　　『ロシア正教古儀式派の歴史と文化』（共編著）明石書店，2019年
訳書　アローン・グレーヴィチ『同時代人の見た中世ヨーロッパ』平凡社，1995年
　　　『東方正教会の絵画指南書　ディオニシオスのエルミニア』（共訳）金沢美術工芸大学美術工芸研究所，1999年

長縄宣博（ながなわ・のりひろ）2

現在　北海道大学スラブ・ユーラシア研究センター教授
著書　『越境者たちのユーラシア』（共著）ミネルヴァ書房，2015年
　　　『北西ユーラシア歴史空間の再構築――前近代ロシアと周辺世界』（共著）北海道大学出版会，2016年
　　　『イスラームのロシア――帝国・宗教・公共圏 1905-1917』名古屋大学出版会，2017年

中村健之介（なかむら・けんのすけ）53

現在　北海道大学名誉教授
著書　『ドストエフスキー・作家の誕生』みすず書房，1979年
　　　『ドストエフスキー・生と死の感覚』岩波書店，1984年
　　　『ドストエフスキー人物事典』朝日選書，1990年，講談社学術文庫，2011年
　　　『宣教師ニコライと明治日本』岩波新書，1996年
　　　『ミネルヴァ日本評伝選　ニコライ』ミネルヴァ書房，2013年
監訳　『宣教師ニコライの全日記（全９巻）』（共訳）教文館，2007年
編訳　『ニコライの日記（全３巻）』岩波文庫，2011年

中 村 喜 和（なかむら・よしかず） 13

現在　一橋大学名誉教授

著書　『おろしや盆踊唄考』現代企画室，1990年

『聖なるロシアを求めて――旧教徒のユートピア伝説』平凡社，1990年（平凡社ライブラリー，2003年）

『ロシアの風』風行社，2001年

『武器を焼け』山川出版社，2002年

『ロシアの木霊』風行社，2006年

『ロシアの空の下』風行社，2014年

編訳　『ロシア中世物語集』筑摩書房，1970年

『ロシア英雄叙事詩 ブィリーナ』平凡社，1992年

『宣教師ニコライの日記抄』（共編訳）北海道大学図書刊行会，2000年

訳書　D. S. リハチョフ他『中世ロシアの笑い』（共訳）平凡社，1989年

V. ベローフ『村の生きものたち』成文社，1997年

*沼 野 恭 子（ぬまの・きょうこ） 46，49；章概説 6，7

編著者紹介参照

*沼 野 充 義（ぬまの・みつよし） 1，23，37；章概説 1，2

編著者紹介参照

*乗 松 亨 平（のりまつ・きょうへい） 3，7，8，39；章概説 4，5

編著者紹介参照

長谷川　章（はせがわ・あきら） 31

現在　秋田大学教授

著書　『ロシア文化の方舟　ソ連崩壊から二〇年』（共著）東洋書店，2011年

『再考ロシア・フォルマリズム　言語・メディア・知覚』（共著）せりか書房，2012年

『プログレッシブ　ロシア語辞典』（共著）小学館，2015年

畠 山 宗 明（はたけやま・むねあき） 29

現在　聖学院大学准教授

著書　『デジタルの際――情報と物質が交わる現在地点』（共著）聖学院大学出版会，2014年

訳書　『隠喩・神話・事実性――ミハイル・ヤンポリスキー日本講演集』（共訳）水声社，2007年

鳩山紀一郎（はとやま・きいちろう）51

現在　日本先進会代表，元 長岡技術科学大学産学融合特任准教授

著書『Москва: транспортные проблемы мегаполиса（モスクワ――巨大都市の交通問題）』（共著）DPK Press，2010年

「都市――ロシアの都市インフラ・ビジネスの可能性」共編著『東大塾 社会人のための現代ロシア講義』東京大学出版会，2016年

坂 内 徳 明（ばんない・とくあき）9

現在　一橋大学名誉教授

著書『ロシア文化の基層』日本エディタースクール出版部，1991年

『ルボーク――ロシアの民衆版画』東洋書店，2006年

訳書　A. F. ネクルィローヴァ『ロシアの縁日――ペトルーシカがやってきた』平凡社，1986年

番 場　俊（ばんば・さとし）45

現在　新潟大学教授

著書『ドストエフスキーと小説の問い』水声社，2012年

『〈顔の世紀〉の果てに――ドストエフスキー『白痴』を読み直す』現代書館，2019年

*平 松 潤 奈（ひらまつ・じゅんな）21，42；章概説３，コラム１，２

編著者紹介参照

本 田 晃 子（ほんだ・あきこ）34

現在　岡山大学准教授

著書『ロシア文化の方舟――ソ連崩壊から二〇年』（共著）東洋書店，2011年

『天体建築論――レオニドフとソ連邦の紙上建築時代』東京大学出版会，2014年

『くらべてわかる世界の美しい美術と建築』（共著）エクスナレッジ，2015年

『ジブリの教科書13 ハウルの動く城』（共著）スタジオジブリ文春文庫，2016年

松 下 隆 志（まつした・たかし）43

現在　岩手大学准教授

著書『ナショナルな欲望のゆくえ――ソ連後のロシア文学を読み解く』共和国，2020年

訳書　ウラジーミル・ソローキン『テルリア』河出書房新社，2017年

ザミャーチン『われら』光文社古典新訳文庫，2019年

ウラジーミル・ソローキン『マリーナの三十番目の恋』河出書房新社，2020年

三浦清美（みうら・きよはる）17

現在　早稲田大学教授

著書　『ロシアの源流』講談社メチエ叢書，2003年
『朝倉世界地理講座10　東ヨーロッパ・ロシア』（共著）朝倉書店，2007年
『自叙の迷宮——近代ロシア文化における自伝的言説』（共著）水声社，2018年
『ロシア正教古儀式派の歴史と文化』（共著）明石書店，2019年

訳書　ヴィクトル・ペレーヴィン『眠れ』群像社，1996年
V. L. ヤーニン『白樺の手紙を送りました』（共訳）山川出版社，2001年
ユーリー・ストヤノフ『ヨーロッパ異端の源流』平凡社，2001年
『キエフ洞窟修道院聖者列伝』松籟社，2021年

宮風耕治（みやかぜ・こうじ）44

現在　ロシアSF研究

著書　『ロシア・ファンタスチカ（SF）の旅』東洋書店，2006年

村田真一（むらた・しんいち）40

現在　上智大学教授

著書　『ギリシャ劇と能の再生——声と身体の諸相』（共著）青山学院大学総合研究所叢書，水声社，2009年
『文学のアダプテーション——ヨーロッパの文化的変容』（共編著）春風社，2017年
『アヴァンギャルドの芸術的媒介性の詩学』（ロシア語・共編著）ベオグラード大学出版局，2018年

訳書　『現代日本戯曲集１』（ロシア語訳・共編）日露演劇会議編，オムスク大学出版局，2002年
『現代日本戯曲集２』（ロシア語訳・共編）日露演劇会議編，オムスク大学出版局，2006年
『ポケットのなかの東欧文学——ルネッサンスから現代まで』（共訳）成文社，2006年
『新装版ブルガーコフ戯曲集１・２』（監訳）日露演劇会議叢書，東洋書店新社，2017年

望月哲男（もちづき・てつお）5

現在　中央学院大学教授

著書　『ユーラシア地域大国の文化表象』（編著）ミネルヴァ書房，2014年
『ロシア語対訳　名場面でたどる「罪と罰」』NHK出版，2018年

訳書　レフ・トルストイ『アンナ・カレーニナ　I-IV』光文社古典新訳文庫，2008年
フョードル・ドストエフスキー『白痴１-３』河出文庫，2010年
フョードル・ドストエフスキー『死の家の記録』光文社古典新訳文庫，2013年
アレクサンドル・プーシキン『スペードのクイーン/ベールキン物語』光文社古典新訳文庫，2015年

八木君人（やぎ・なおと）41

現在　早稲田大学准教授

著書『再考ロシア・フォルマリズム——言語・メディア・知覚』（共著）せりか書房，2012年

渡邊日日（わたなべ・ひび）6

現在　東京大学大学院教員

著書『社会の探究としての民族誌——ポスト・ソヴィエト社会主義期南シベリア，セレンガ・ブリヤート人に於ける集団範疇と民族的知識の記述と解析，準拠概念に向けての試論』三元社，2010年

『ポスト社会主義以後のスラヴ・ユーラシア世界——比較民族誌的研究』（共編著）風響社，2016年

人名・作品名索引

＊原則として，人名に続けてその作品名（演劇，詩，絵画，映画，振付等含む）を列記している。

ア 行

アイゼンハワー，ドワイト・D. 119
アヴァクム，ペトロフ 57, 161
　『自伝』 161
饗庭篁村 244
アクーニン，ボリス 102, 103, 231
アクサーコフ，コンスタンチン・セルゲーエヴィチ 19
アクショーノフ，エヴゲニー・ニコラエヴィチ 233
アクショーノフ，ワシーリー・パーヴロヴィチ 102
東勇作 234
アタマーノフ，レフ・コンスタンチノヴィチ 136
　『雪の女王』 136
アナニアシヴィリ，ニーナ・ゲデヴァノヴナ 115
アフマートワ，アンナ・アンドレーエヴナ 166
アフマドゥーリナ，ベラ・アハトヴナ 166
アルセーニエフ，ウラジーミル・クラウディエヴィチ 27
　『デルス＝ウザラ』 27
アルマンド，イネッサ・フョードロヴナ 98
アレクサンドル２世 110, 141, 142
アレクサンドロフ，グリゴーリー・ワシーリエヴィチ 133
　『ヴォルガ—ヴォルガ』 133
　『陽気な連中』 133
アレクシエーヴィチ，スヴェトラーナ・アレクサンドロヴナ 87, 104, 203
　『戦争は女の顔をしていない』 87
　『チェルノブイリの祈り』 104
アレクセイ・ミハイロヴィチ 56, 57
アンダーソン，ピート 120
アンドレイ（愛神公） 49
アンドレヤーノワ，エレーナ・イワノヴナ 115
アントワーヌ，アンドレ 124
イーリー，クリストファー 143
イェルマーク・チモフェイェヴィチ 36
イオファン，ボリス・ミハイロヴィチ 151
イグナトヴィチ，ボリス・フセヴォロドヴィチ 147
石原吉郎 231
イストーミナ，アヴドーチャ・イリイニチナ 115
井上徹 139
　『ロシア・アニメ』 139
イラリオン 77
　『律法とと恩寵について』 77
入江美樹 235
イリフ，イリヤ・アルノルドヴィチ 214
　『黄金の子牛』 214
イワーノフ，ヴャチェスラフ・イワノヴィチ 62
イワーノフ，レフ・イワノヴィチ 112
巌本真理 234
イワン１世（カリター） 75
イワン３世 73, 78
イワン４世（雷帝） 17, 23, 68, 76, 77, 79, 178, 210
ヴァザリア，デムナ 219
ヴィシニョーワ，ディアーナ・ヴィクトロヴナ 115
ヴィソツキー，ウラジーミル・セミョーノヴィチ 22
　《ヴォルガの歌》 22
ヴィッテ，セルゲイ・ユーリエヴィチ 210
ヴィノクール，グリゴーリー・オーシポヴィチ

180
ヴィノグラードフ，ポール・ミハイロヴィチ
233
ウィリアムズ，ジョン　117
ヴェジビツカ，アンナ　5
ヴェスニン，アレクサンドル・アレクサンドロヴィチ　148
ウェルズ，ハーバート・ジョージ　193
ヴェルトフ，ジガ　88, 91, 128, 129, 146
『革命一周年』　88, 89
『カメラを持った男』　128
ヴォギュエ，ウジェーヌ＝メルキオール・ド
158
『ロシア小説』　158
ヴォドラスキン，エヴゲニー・ゲルマノヴィチ
68
『聖愚者ラヴル』　68
ヴォルコワ，ロッタ　219
ウチーチェリ，アレクセイ・エフィモヴィチ
30
『とりこ』　30
内田魯庵　244, 245
『小説 罪と罰　巻之一』　244
ウラジーミル1世（聖公，大公）　38, 41, 45, 76, 77, 160, 208
ウラノワ，ガリーナ・セルゲーエヴナ　115
ウルーソフ，ピョートル・ワシーリエヴィチ
110
エイゼンシュテイン，セルゲイ・ミハイロヴィチ　106, 128, 129, 131, 146
『戦艦ポチョムキン』　106, 128
エイヘンバウム，ボリス・ミハイロヴィチ
180, 182, 196
『映画の詩学』　182
「ゴーゴリの『外套』はいかにつくられているか」　196
「レスコフと現代の散文」　196
エヴレイノフ，ニコライ・ニコラエヴィチ
177, 179
『最も重要なこと』　177
エカテリーナ2世　23, 70, 76, 108, 161, 176
エクステル，アレクサンドラ・アレクサンドロヴナ　218
エセーニン，セルゲイ・アレクサンドロヴィチ
165
エプシュテイン，ミハイル・ナウモヴィチ
189
エフトゥシェンコ，エヴゲニー・アレクサンドロヴィチ　164, 166
エフレーモフ，イワン・アントノヴィチ　194
『アンドロメダ星雲』　194
エリザヴェータ・ペトローヴナ　216
エリセーエフ，セルゲイ・グリゴーリエヴィチ
230
エレンブルグ，イリヤ・グリゴーリエヴィチ
116
エロフェーエフ，ヴィクトル・ウラジーミロヴィチ　6, 7
『ロシア魂の百科事典』　6, 7
エロフェーエフ，ヴェネディクト・ワシーリエヴィチ　190
『酔いどれ列車，モスクワ発ペトゥシキ行』
190
エンゲルス，フリードリヒ　97
『家族・国家・私有財産の起源』　97
オイストラフ，ダヴィド・フョードロヴィチ
116
大泉黒石　235
オクジャワ，ブラート・シャルヴォヴィチ
166
小澤征爾　235
小澤征悦　235
オストロウーモワ＝レーベジェワ，アンナ・ペトローヴナ　241
〈春のモチーフ〉　241
オストロフスキー，アレクサンドル・ニコラエヴィチ　22, 124
『雷雨』　22
オストロフスキー，ニコライ・アレクセーエヴィチ　187
『鋼鉄はいかに鍛えられたか』　187
オドエフスキー，ウラジーミル・フョードロヴィチ　193
小野アンナ　233, 234
オホツキー，スタンレー　233
オホトニコフ，ワジム・ドミトリエヴィチ

194
折口信夫　235
オルコット，ヘンリー・スティール　65
オルローワ，リュボーフィ・ペトローヴナ　133

カ 行

ガイダイ，レオニード・イオヴィチ　30, 135
『犬のバルボスと大競争』　135
『イワン・ワシーリエヴィチ転職す』　135
『ウィ作戦』　135
『コーカサスのとりこ』　30, 135
『ダイヤモンドの腕』　135
カヴォス，アルベルト・カテリーノヴィチ　109
ガガーリン，ユーリー・アレクセーエヴィチ　1, 3, 33
カサートキン，ニコライ・アレクセーエヴィチ　⇒「ニコライ」を見よ
ガスチェフ，アレクセイ・カピトノヴィチ　193
カスパーロフ，ガリー・キモヴィチ　223
カチャーノフ，ロマン・アベレヴィチ　136, 138, 231
『オーロラ』　138
『チェブラーシカ』　136, 138, 231
カナエワ，エヴゲニヤ・オレゴヴナ　222
カネフスキー，ヴィターリー・エヴゲニエヴィチ　129
カバエワ，アリーナ・マラートヴナ　222, 223
カバコフ，イリヤ・ヨシフォヴィチ　215
〈共同キッチン〉　215
〈コムナルカ〉　215
亀山郁夫　231
カラムジン，ニコライ・ミハイロヴィチ　162
ガリレイ，ガリレオ　239
カルダン，ピエール　218
カルポフ，アナトーリー・エヴゲニエヴィチ　223
川路聖謨　230
カンディンスキー，ワシーリー・ワシーリエヴィチ　145
キートン，バスター　132
キターエフ，セルゲイ・ニコラエヴィチ　240
ギッザト，タジ　10
『火花』　10
キプレンスキー，オレスト・アダモヴィチ　162
〈プーシキンの肖像〉　162
キュスティーヌ，アストルフ・ド　4, 5
『1839年のロシア』　4
キルピデス　233
ギレリス，エミール・グリゴーリエヴィチ　116
ギンズブルグ，モイセイ・ヤーコヴレヴィチ　148
金田一京助　235
クァレンギ，ジャコモ　108
クインジ，アルヒープ・イワノヴィチ　143
〈白樺林〉　143
クシェシンスカヤ，マチルダ・フェリクソヴナ　115
クストージエフ，ボリス・ミハイロヴィチ　53
〈マースレニツァ〉　53
クズネツォフ，パーヴェル・ヴァルフォロメイエヴィチ　243
〈日本版画のある静物〉　243
クセヴィツキー，セルゲイ・アレクサンドロヴィチ　118
クプリーン，アレクサンドル・イワノヴィチ　200, 242
『ルイブニコフ二等大尉』　242
『決闘』　200
クラーク，カテリーナ　185
クライバーン，ヴァン　116-119
グラズノフ，アレクサンドル・コンスタンチノヴィチ　111
《ライモンダ》　111
グラツキー，アレクサンドル・ボリソヴィチ　120
グラバーリ，イーゴリ・エマヌイロヴィチ　241
『日本の色彩木版画』　241
クラムスコイ，イワン・ニコラエヴィチ　140, 142, 143
〈荒野のキリスト〉　142, 143

グリーン，アレクサンドル　192
クリジャーノフ，レフ・アレクサンドロヴィチ　91
『青いノート』　91
クリステヴァ，ジュリア　181
クリュチェフスキー，ワシーリー・オーシポヴィチ　70, 74, 88
グリンカ，ミハイル・イワノヴィチ　109
《皇帝に捧げし命》　109
クルサーノフ，パーヴェル・ワシーリエヴィチ　191
『天使に嚙まれて』　191
グルジエフ，ゲオルギー・イワノヴィチ　65
クルチョーヌィフ，アレクセイ・エリセーエヴィチ　167
クルツィス，グスタフ・グスタヴォヴィチ　146
クルトネ，ボードゥアン・ド　181
グルホフスキー，ドミトリー・アレクセーエヴィチ　19
『メトロ 2033』　19
クレイグ，エドワード・ゴードン　124
クレショフ，レフ・ウラジーミロヴィチ　128, 131, 132
『ボリシェヴィキの国におけるウェスト氏の異常な冒険』　133
グレベンシコフ，ボリス・ボリソヴィチ　122
グロイス，ボリス・エフィモヴィチ　147, 188
『総合芸術スターリン』　147
クロイツァー，レオニード・ダヴィドヴィチ　233
グロスマン，ワシーリー・セミョーノヴィチ　6
『万物は流転する』　6
クロポトキン，ピョートル・アレクセーエヴィチ　100
ゲー，ニコライ・ニコラエヴィチ　118, 141-143
〈ペテルゴフで皇太子アレクセイ・ペトロヴィチを尋問するピョートル大帝〉　141, 142
ゲオルグ 2 世　124
ケナン，ジョージ　92
『シベリアと流刑制度』　92
ゲニス，アレクサンドル・アレクサンドロヴィチ　195
『60年代人』　195
ゲルツェン，アレクサンドル・イワノヴィチ　17-19, 82, 100
「モスクワとペテルブルク」　18
ゲルマン，アレクセイ・ユーリエヴィチ　129
ケレンスキー，アレクサンドル・フョードロヴィチ　89
ゴーギャン，ポール　243
ゴーゴリ，ニコライ・ワシーリエヴィチ　18, 42, 132, 176, 196
『外套』　196
『検察官』　176, 196
コージナ，ワシリーサ　86, 87
ゴーリキー，マクシム　27, 81, 185, 194
『スターリン名称白海＝バルト海運河建設史』　194
『母』　185
幸徳秋水　246
コスモデミヤンスカヤ，ゾーヤ・アナトーリエヴナ　87
ゴルバチョフ，ミハイル・セルゲーエヴィチ　58, 119
ゴロヴィーン，アレクサンドル・ヤーコヴレヴィチ　217
コローヴィン，コンスタンチン・アレクセーエヴィチ　27, 240, 241
〈紙提灯〉　240, 241
〈サモエード人の野営地の残骸〉　27
コロリョフ，セルゲイ・パーヴロヴィチ　32, 33, 35
コロレンコ，ウラジーミル・ガラクチオノヴィチ　26
『マカールの夢』　26
コロンタイ，アレクサンドラ・ミハイロヴナ　98, 99
コロンブス，クリストファー　239
コワレーニン，ドミトリー・ヴィクトロヴィチ　246
コンスタンティノス11世　78
ゴンチャローワ，ナタリヤ・セルゲーエヴナ

144
ゴンチャロフ，イワン・アレクサンドロヴィチ
22, 170, 172, 174, 230
『オブローモフ』 170, 172, 174, 230
『断崖』 22
『フリゲート艦パルラダ号』 230
コンドラシン，キリル・ペトローヴィチ 118, 119
コンドル，ジョサイア 236
コンラッド，ニコライ・ヨシフォヴィチ 247
「昇曙夢」 247

サ 行

ザイツェフ，スラヴァ・ミハイロヴィチ 218, 219
ザヴァリシン，ドミトリー・イリナルホヴィチ 89
サヴェリエワ，リュドミラ・ミハイロヴナ 7
サヴラーソフ，アレクセイ・コンドラーチエヴィチ 143
〈ミヤマガラスの飛来〉 143
坂口ふみ 197, 198
サドーヴニコフ，ドミトリー・ニコラエヴィチ 22
《島かげから水脈へ》 22
ザハーロワ，スヴェトラーナ・ユーリエヴナ 115
サファイア，オリガ 234
サフォーノフ，ワシーリー・イリイチ 117
ザブジュコ，オクサナ・ステファニヴナ 104
ザミャーチン，エヴゲニー・イワノヴィチ 192, 193
『われら』 192, 193
サモキシ＝ストコフスカヤ，エレーナ・ペトローヴナ 172
サン＝レオン，アルテュール 112
シーシキン，イワン・イワノヴィチ 143
〈松林の朝〉 143
シーゲル，ジェリー 186
「世界一のヒロイン！」 186
ジェームス，ロイ（湯浅祐道） 234
シェストフ，レフ・イサーコヴィチ 62
シェフネル，ワジム・セルゲーエヴィチ 195
シェンキェヴィチ，ヘンリク 177
『クオ・ヴァディス』 177
シクロフスキー，ヴィクトル・ボリソヴィチ 180, 183
『センチメンタル・ジャーニー』 183
『ローザノフ――「文体の現れとしての主題」より』 183
ジダーノフ，アンドレイ・アレクサンドロヴィチ 133
シチェグロフ，ニコライ・ワレリアノヴィチ 174
シチュルーポフ，ミハイル・アレフィエヴィチ 236
シニャフスキー，アンドレイ・ドナートヴィチ 102, 211
ジノヴィエフ，グリゴーリー・エヴセーヴィチ 89, 91
島崎藤村 245
『春』 245
シムチェンコ，ユーリー・ボリソヴィチ 26
『シベリア物語』 26
『ツンドラは弱い者を好まない』 26
シャガール，マルク・ザハーロヴィチ 101
シャラーモフ，ワルラム・チーホノヴィチ 231
シュートキナ，オリガ 201
『ソヴィエト料理正史』 201
シュートキン，パーヴェル 201
『ソヴィエト料理正史』 201
シュヴァルツマン，レオニード・アロノヴィチ 138
ジュネット，ジェラール 181
ショスタコーヴィチ，ドミトリー・ドミトリエヴィチ 118
シロタ＝ゴードン，ベアテ 233
シロタ，レオ・グリゴーリエヴィチ 233
ジンバリスト，エフレム・アレクサンドロヴィチ 118
スィルニコフ，マクシム 205
スヴャトロフスキー，ウラジーミル・ウラジーミロヴィチ 192, 193
『ロシアのユートピア小説』 193
ズヴォーズドチキン，ワシーリー・ペトローヴ

イチ　155
スクリャービン，アレクサンドル・ニコラエヴィチ　117
スターソフ，ウラジーミル・ワシーリエヴィチ　142
スターリン，ヨシフ・ヴィッサリオノヴィチ　11, 33, 71, 76, 85, 89-91, 93, 106, 107, 116, 118, 133, 134, 137, 138, 147-151, 166, 184, 185, 199, 203, 215
スタニスラフスキー，コンスタンチン・セルゲーエヴィチ　106, 124-127
　《かもめ》　106
　《ワーニャおじさん》　125
スタルヒン，ヴィクトル・コンスタンチノヴィチ（須田博）　235
スタレーヴィチ，ウラジスラフ・アレクサンドロヴィチ　136, 137
　『カメラマンの復讐』　136
　『ベルギーのユリ』　137
ステパーノワ，ワルワーラ・フョードロヴナ　146, 218
ストーリ，ウラジーミル　212
ストラヴィンスキー，イーゴリ・フョードロヴィチ　101, 108, 118
　《ペトルーシュカ》　108
ストルイピン，ピョートル・アルカージエヴィチ　83
ストルガツキー，アルカージー・ナタノヴィチ　194, 195
　『ストーカー』　195
　『そろそろ登れカタツムリ』　195
　『滅びの都』　195
ストルガツキー，ボリス・ナタノヴィチ　194, 195
　『ストーカー』　195
　『そろそろ登れカタツムリ』　195
　『滅びの都』　195
スホヴォー＝コブイリン，アレクサンドル・ワシーリエヴィチ　176
　『タレールキンの死』　176
スーリコフ，ワシーリー・イワノヴィチ　57, 142
　〈銃兵処刑の朝〉　142
　〈大貴族夫人モロゾワ〉　57
スラーヴィナ，キティー　234
諏訪根自子　234
瀬沼夏葉　230
セメフスキー，ワシーリー・イワノヴィチ　83
　『女帝エカテリーナ二世治世下の農民』　83
ソクーロフ，アレクサンドル・ニコラエヴィチ　5, 129, 130
　『エルミタージュ幻想』　5, 130
ソコロフ，スタニスラフ・ミハイロヴィチ　139
　『ホフマニアダ』　139
ソコロフ，パーヴェル・ペトローヴィチ　173
ソビャーニン，セルゲイ・セミョーノヴィチ　224
ソルジェニーツィン，アレクサンドル・イサエヴィチ　8, 11, 92-94, 102, 190
　『収容所群島』　94
　『甦れ，わがロシアよ』　8
ソロヴィヨフ，ウラジーミル・セルゲーエヴィチ　34, 60-62
　『神人論講義』　60
　『善の基礎づけ』　60
　『抽象原理批判』　60
ソロヴィヨフ，セルゲイ・ミハイロヴィチ　74
ソロー，ヘンリー　175
ソローキン，ウラジーミル・ゲオルギエヴィチ　190, 191
　『テルリア』　191
　『ロマン』　190

タ　行

ダーリ，ウラジーミル・イワノヴィチ　212
　『ロシア語詳解辞典』　212
大鵬幸喜　235
ダヴィドフ，デニス・ワシーリエヴィチ　86
橘秋子　234
タトリン，ウラジーミル・エヴグラフォヴィチ　144, 145
　〈コーナー・カウンター・レリーフ〉　145
　〈第三インターナショナル記念塔〉　145
谷崎潤一郎　231
　『細雪』　231

ダネリヤ，ゲオルギー・ニコラエヴィチ　134, 135
『秋のマラソン』　135
『アフォーニャ』　135
『不思議惑星キン・ザ・ザ』　134
『僕はモスクワを歩く』　134
『ミミノ』　135
タルコフスキー，アンドレイ・アルセーニエヴィチ　102, 104, 129, 130
『サクリファイス』　104
『ストーカー』　104
タルレ，エヴゲニー・ヴィクトロヴィチ　85
『ナポレオン伝』　85
『ナポレオンのロシア侵攻』　85
ダンカン，イサドラ　223
チーホン（ベルラヴィン，ワシーリー・イワノヴィチ）　46
チェーホフ，アントン・パーヴロヴィチ　25, 92, 106, 106, 124, 127, 200, 240
『かもめ』　106, 127
『決闘』　200
『小犬を連れた奥さん』　240
チェルヌィシェフスキー，ニコライ・ガヴリーロヴィチ　21, 141, 193, 170
『何をなすべきか』　141, 170
チホミーロフ，ミハイル・ニコラエヴィチ　212
チャーダーエフ，ピョートル・ヤーコヴレヴィチ　12, 13
「哲学書簡（第一書簡）」　12
チャーチル，ウィンストン　4
チャイコフスキー，ピョートル・イリイチ　53, 106, 111, 117
《四季》　53
《スペードの女王》　111
《白鳥の湖》　106
チャップリン，チャーリー　132
チュッチェフ，フョードル・イワノヴィチ　4, 167
「ロシアは頭では分からない」　4
チンギス・ハン　72
ツィオルコフスキー，コンスタンチン・エドゥアルドヴィチ　34, 35, 192
ツヴェターエワ，マリーナ・イワノヴナ　165, 166
ツェハノフスキー，ミハイル・ミハイロヴィチ　137
『郵便』　137
ツォイ，ヴィクトル・ロベルトヴィチ　123
《45》　123
坪内逍遥　245
ディアギレフ，セルゲイ・パーヴロヴィチ　101, 114, 118, 217
ディドロ，シャルル　109, 112
《ゼフィールとフローラ》　109
手塚治虫　245
土居伸彰　139
『個人的なハーモニー』　139
トゥイニャーノフ，ユーリー・ニコラエヴィチ　180-182
トゥフマーノフ，ダヴィド・フョードロヴィチ　121
《世界はかくも素晴らしい》　121
ドヴラートフ，セルゲイ・ドナートヴィチ　102
トゥルゲーネフ，イワン・セルゲーエヴィチ　161, 162, 170, 172, 190, 200, 230
『父と子』　170, 200
「余計者の日記」　172
『ルージン』　172
ドストエフスキー，フョードル・ミハイロヴィチ　3, 5, 18, 25, 34, 38, 68, 75, 92, 160, 161, 163, 168-171, 172, 175, 197, 198, 200, 231, 239, 244
『カラマーゾフの兄弟』　3, 231, 239, 244, 246
『作家の日記』　5, 75, 160
『死の家の記録』　25
『罪と罰』　158, 159, 169, 171, 172, 244-246
『白痴』　68, 246
「プーシキン」　175
トドロフ，ツヴェタン　181
ドブロリューボフ，ニコライ・アレクサンドロヴィチ　173
ドミトリー（大公）　73
トルィチョワ，タチヤーナ　87

『1812年の目撃者の話』 87
トルスタヤ，アレクサンドラ・リヴォヴナ 235
トルストイ，アレクセイ・ニコラエヴィチ 192
『アエリータ』 192
トルストイ，レフ・ニコラエヴィチ 7, 28, 29, 34, 38, 68, 81, 87, 132, 143, 159, 162, 168-171, 173, 190, 200, 235, 248
『イワンの馬鹿』 68
「訓育と教育」 173
「コーカサスのとりこ」 28, 30
「地主の朝」 81
『神父セルギー』 132
『戦争と平和』 7, 87, 158, 162, 169, 200
『なぜ人は自らを麻痺させるのか』 171
トルベツコイ，エヴゲニー・ニコラエヴィチ 62
トルベツコイ，セルゲイ・ニコラエヴィチ 62
トルベツコイ，ニコライ・セルゲーエヴィチ 14
トレチヤコフ，パーヴェル・ミハイロヴィチ 141
トロイツキー，アルテーミー・キヴォヴィチ 120
トロツキー，レフ・ダヴィドヴィチ 88, 100

ナ 行

ナヴァリヌイ，アレクセイ・アナトーリエヴィチ 103
中村白葉 230
中村紘子 117
夏目漱石 230
ナプラーヴニク，エドゥアルド・フランツェヴィチ 110
ナボコフ，ウラジーミル・ウラジーミロヴィチ 101, 189
ナポレオン・ボナパルト 71, 74, 84-86, 158, 164, 228
ニーコン 56, 57
ニクーリン，ユーリー・ウラジーミロヴィチ 156
ニコライ 236-239
ニコライ1世 89
ニコライ2世 67, 115
ニジンスキー，ワツラフ・フォミチ 114
偽ドミトリー1世 79
ヌレエフ，ルドルフ・ハメトヴィチ 114
ネクラーソフ，ニコライ・アレクセーエヴィチ 167
「詩人と市民」 167
ネフスキー，ニコライ・アレクサンドロヴィチ 73, 235
ネムツォフ，ボリス・エフィモヴィチ 104
ノヴィコフ，ニコライ・イワノヴィチ 216
昇曙夢 230
ノルシュテイン，ユーリー・ボリソヴィチ 136-139
『25日 最初の日』 138
『話の話』 136, 139

ハ 行

ハイデガー，マルティン 63
ハイフェッツ，ヨシフ・ルヴィモヴィチ 118
バイロン，ジョージ・ゴードン 164
パヴロバ，エリアナ・ニコラエヴナ 234
パヴロワ，アンナ・パーヴロヴナ 115
バクーニン，ミハイル・アレクサンドロヴィチ 100
ハクストハウゼン，アウグスト・フォン 4, 81, 82
『ロシアの国内事情，民衆生活，とりわけ農村制度』 81
バクスト，レオン・サモイロヴィチ 105, 217
《シェヘラザード》 105
バザン，アンドレ 129
パステルナーク，ボリス・レオニードヴィチ 166
バック＝モース，スーザン 186
服部智恵子 234
バトゥ 72, 73, 78
バフチン，ミハイル・ミハイロヴィチ 54, 196-198
『ドストエフスキーの創作の諸問題』 197
バランシン，ジョージ（バランチワーゼ，ゲオルギー・メリトノヴィチ） 113

バリシニコフ，ミハイル・ニコラエヴィチ 102, 114
パリモフ，ヴィクトル・ニカンドロヴィチ 234
バルネット，ボリス・ワシーリエヴィチ 132, 133
『青い青い海』 132, 133
『ミス・メンド』 133
パルフョーノワ，タチヤーナ・ワレンチノヴナ 219
「無限の赤」 219
ハルムス，ダニイル・イワノヴィチ 178, 189
『エリザヴェータ・バム』 178
ハンジョンコフ，アレクサンドル・アレクセーエヴィチ 132
『神父セルギー』 132
『スペードの女王』 132
バンデラ，ステパン・アンドレーエヴィチ 86
ビートフ，アンドレイ・ゲオルギエヴィチ 190
『プーシキン館』 190
ヒトラー，アドルフ 84
ビューロウ，ハンス・フォン 118
ヒューロック，ソル 119
ピョートル1世（大帝） 17, 18, 23, 46, 58, 70, 76, 158, 161, 163, 173, 209, 216, 245
ピランデッロ，ルイジ 177
『作者を探す6人の登場人物』 177
ビリントン，ジェイムズ・ハドリー 199
『ロシアの顔』 199
ファヴォルスキー，ウラジーミル・アンドレーエヴィチ 161
ファジェーエフ，アレクサンドル・アレクサンドロヴィチ 187
『若き親衛隊』 187
プィリエフ，イワン・アレクサンドロヴィチ 134, 135
『全く大真面目に』 135
フィローノフ，パーヴェル・ニコラエヴィチ 157
〈知識人の再生〉 157
フィロフェイ 38, 45, 78
プーシキン，アレクサンドル・セルゲーエヴィチ 13, 18, 28, 29, 31, 43, 68, 109, 115, 132, 162, 164-167, 172, 200, 228, 230
『エヴゲニー・オネーギン』 167, 172, 200
「コーカサスのとりこ」 28, 29, 31
『スペードの女王』 132
『青銅の騎士』 18
「冬の朝」 228
『ボリス・ゴドゥノフ』 68
「ロシアを中傷する者たちへ」 13
プーチン，ウラジーミル・ウラジーミロヴィチ 76, 91
ブーニン，イワン・アレクセーエヴィチ 101
ブーニン，ニコライ・ニコラエヴィチ 243
フーリエ，フランソワ・マリー・シャルル 97
フェオドシア ⇒「モロゾワ」を見よ 57
フォーキン，ミハイル・ミハイロヴィチ 113
フォンヴィージン，デニス・イワノヴィチ 176
『親がかり』 176
プガチョフ，エメリヤン・イワノヴィチ 36
二葉亭四迷 230, 244
プチャーチン，エヴフィーミー・ワシーリエヴィチ 230
フッサール，エトムント・グスタフ・アルブレヒト 63
プティパ，マリウス・イワノヴィチ 106, 111-113
《ドン・キホーテ》 112
《眠れる森の美女》 111, 112
《白鳥の湖》 106, 112
《バヤデルカ》 112
プトゥシコ，アレクサンドル・ルキチ 137
『新ガリバー』 137
ブフゴリツ，フョードル・フョードロヴィチ 51
〈村の火事〉 51
ブブノワ，ワルワーラ・ドミトリエヴナ 234
フョードロフ，ニコライ・フョードロヴィチ 34, 35
ブラートフ，エリク・ウラジーミロヴィチ 189
〈ソ連共産党に栄光あれⅡ〉 189
ブラヴァツカヤ，エレーナ・ペトローヴナ

64-66
プラトン　97, 158
　『国家』　97
フランク，セミョーン・リュードヴィゴヴィチ　62, 63
　『道標』　63
ブリアンツァ，カルロッタ　115
フリードハイム，アルトゥール　117
プリセツカヤ，マイヤ・ミハイロヴナ　115
ブルガーコフ，セルゲイ・ニコラエヴィチ　62, 63
　『道標』　63
ブルガーコフ，ミハイル・アファナーシエヴィチ　177-179, 214
　『赤紫の島』　177
　『犬の心臓』　214
　『イワン・ワシーリエヴィチ』　178
　『巨匠とマルガリータ』　178
　『至福』　178
　『ゾーイカのアパート』　177
　『逃亡』　178
プルシェンコ，エヴゲニー・ヴィクトロヴィチ　222
フルシチョフ，ニキータ・セルゲーエヴィチ　33, 116, 118, 189, 215
ブルメイステル，ウラジーミル・パーヴロヴィチ　114
　《白鳥の湖》　114
ブルメリ，ワレリー・ニコラエヴィチ　221, 222
ブルリューク，ダヴィド・ダヴィドヴィチ　234
フレーブニコフ，ヴェリミール・ウラジーミロヴィチ　167
　「笑いの呪文」　167
プレスリー，エルヴィス　119, 120
プレハーノフ，ゲオルギー・ワレンチノヴィチ　100
フロイト，ジークムント　177
ブローク，アレクサンドル・アレクサンドロヴィチ　62
プロコフィエフ，セルゲイ・セルゲーエヴィチ　87, 118
プロタザーノフ，ヤーコフ・アレクサンドロヴィチ　132, 218
　『アエリータ』　132, 218
ブロツキー，ヨシフ・アレクサンドロヴィチ　101, 102, 165, 166
フロレンスキー，パーヴェル・アレクサンドロヴィチ　62, 198
　「イコノスタシス」　198
ベーリング，ヴィトゥス・ヨナセン　24
ベールイ，アンドレイ　62
ベクマンベトフ，ティムール・ヌルアヒートヴィチ　130
　『アンフレンデッド』　130
　『サーチ』　130
　『ハードコア』　130
ベストゥージェフ＝マルリンスキー，アレクサンドル・アレクサンドロヴィチ　200
ペトロフ，エヴゲニー・ペトローヴィチ　214
　『黄金の子牛』　214
ベヌア，アレクサンドル・ニコラエヴィチ　42
ベリャーエフ，アレクサンドル・ロマノヴィチ　192
ベリンスキー，ヴィッサリオン・グリゴーリエヴィチ　170
ベルクソン，アンリ　63
ベルジャーエフ，ニコライ・アレクサンドロヴィチ　62, 63, 101
　『道標』　63
ペレーヴィン，ヴィクトル・オレゴヴィチ　19, 190
　『オモン・ラー』　19
　『チャパーエフと空虚』　191
ペロー，ジュール　112
ペローフ，ワシーリー・グリゴーリエヴィチ　143
　〈フョードル・ミハイロヴィチ・ドストエフスキーの肖像〉　143
ホイジンガ，ヨハン　220
　『ホモ・ルーデンス』　220
ボヴェー，オーシプ・イワノヴィチ　110
ボグダーノフ，アレクサンドル・アレクサンドロヴィチ　193
ポクロフスキー，ミハイル・ニコラエヴィチ

85
ボゴリュプスキー，アンドレイ・ユーリエヴィチ 77
ポフリョプキン，ヴィリヤム・ワシーリエヴィチ 205, 208
ポポーワ，リュボーフィ・セルゲーエヴナ 146, 218
ホミャコフ，アレクセイ・ステパノヴィチ 13
ポレヴォイ，ボリス・ニコラエヴィチ 187
『本物の人間の物語』 187
ホロヴィッツ，ウラジーミル・サモイロヴィチ 118
ポロック，ジャクソン 118
ボロディン，アレクサンドル・ポルフィリエヴィチ 110
《イーゴリ公》 111
ポワレ，ポール 217
ボンダルチュク，セルゲイ・フョードロヴィチ 7
『戦争と平和』 7

マ 行

マーモントフ，アナトーリー・イワノヴィチ 154
マーモントフ，サッヴァ・イワノヴィチ 27, 154
マーモントワ，エリザヴェータ・グリゴーリエヴナ 154
マーモントワ，マリヤ・アレクサンドロヴナ 155
前橋汀子 234
マカーニン，ウラジーミル・セミョーノヴィチ 30
『コーカサスのとりこ』 30
マカレーヴィチ，アンドレイ・ワジモヴィチ 122
マスク，イーロン 35
マドックス，マイケル 110
マムーン，マルガリータ・アブドゥッラーエヴナ 222, 223
マムレーエフ，ユーリー・ヴィターリエヴィチ 190
マヤコフスキー，ウラジーミル・ウラジーミロヴィチ 144, 163, 165
マリヤ・アレクサンドロヴナ 110
マリューチン，セルゲイ・ワシーリエヴィチ 155
マルクス，カール 71, 75
マレーヴィチ，カジミール・セヴェリーノヴィチ 69, 106, 144, 145, 199
〈赤い騎兵隊〉 69
〈黒の正方形〉 106, 144, 199
マンデリシュターム，オーシプ・エミリエヴィチ 165, 166
ミハイロヴィチ，アレクサンダー 197
ミハルコフ，ニキータ・セルゲーエヴィチ 213
『太陽に灼かれて』 213
ミルシュテイン，ナタン・ミローノヴィチ 118
ムーニー，ジム 186
「世界一のヒロイン！」 186
ムーヒナ，ヴェーラ・イグナチエヴナ 186
「労働者とコルホーズ女性」 186
ムソルグスキー，モデスト・ペトローヴィチ 110, 142
《ボリス・ゴドゥノフ》 110
村上春樹（ハルキ・ムラカミ） 231, 244, 246, 247
『1Q84』（ロシア語版） 247
『羊をめぐる冒険』 246, 247
『ペット・サウンズ』 244
メイエルホリド，フセヴォロド・エミリエヴィチ 124-127, 131
《堂々たるコキュ》 126
メーリニコフ＝ペチェルスキー，パーヴェル・イワノヴィチ 21, 59
『森の中で』 21, 59
『山の上で』 21, 59
メエロヴィチ，マルク・グリゴーリエヴィチ 215
メドヴェージェワ，エヴゲニヤ・アルマノヴナ 222
メルヴィル，ハーマン 175
メレシコフスキー，ドミトリー・セルゲーエヴィチ 62

メンデレーエフ，ドミトリー・イワノヴィチ　211
モーソン，ゲーリー　169
モジューヒン，イワン・イリイチ　132
モロゾフ，ヴァレンチン・フョードロヴィチ　233
モロゾフ，フョードル・ドミトリエヴィチ　233
モロゾワ，フェオドシヤ・プロコフィエヴナ　57

ヤ 行

ヤコヴレフ，ニコライ・フェオファノヴィチ　180
ヤコブソン，ロマン・オーシポヴィチ　101, 167, 180, 181
ヤシン，レフ・イワノヴィチ　222
柳田国男　235
ヤロシェンコ，ニコライ・アレクサンドロヴィチ　60
〈ソロヴィヨフの肖像〉　60
ヤロスラフ（賢公）　20, 76
ユダシキン，ワレンチン・アブラモヴィチ　219
米川正夫　230

ラ 行

ラージン，ステンカ・チモフェイェヴィチ　22, 36
ラーマノワ，ナジェージダ・ペトローヴナ　217, 218
ラヴロフスキー，レオニード・ミハイロヴィチ　113
《ロメオとジュリエット》　113
ラスプーチン，グリゴーリー・エフィモヴィチ　66, 67
ラフマニノフ，セルゲイ・ワシーリエヴィチ　101, 117, 118
ラリオーノフ，ミハイル・フョードロヴィチ　144
ランデ，ジャン＝バプティスト　109
リガチョフ，エゴール・クジミチ　59
リシツキー，エル　146
リスト，フランツ　117
リトル・リチャード　120
リポヴェツキー，マルク・ナウモヴィチ　189
リムスキー＝コルサコフ，ニコライ・アンドレーエヴィチ　142
リモーノフ，エドゥアルド・ヴェニアミノヴィチ　164
『俺はエージチカ』　164
リャザーノフ，エリダル・アレクサンドロヴィチ　134
『運命の皮肉』　134
『カーニバルの夜（すべてを５分で）』　134
『職場恋愛』　134
『二人の駅』　134
ルィニン，ニコライ・アレクセーエヴィチ　192
『惑星間通信』　192
ルィバコフ，ヴャチェスラフ・ミハイロヴィチ　195
「救済の第一日」　195
「冬」　195
ルーチン，アレクサンドル・ミハイロヴィチ　233
ル・コルビュジエ　150
ルナチャルスキー，アナトーリー・ワシーリエヴィチ　111, 145
ルビンシュテイン，アントン・グリゴーリエヴィチ　117
ルプチンスキー，ゲオルギー・アレクサンドロヴィチ（日本では「ゴーシャ・ラブチンスキー」として知られる）　219
ルブリョフ，アンドレイ　48, 198
〈三位一体〉　48, 198
レヴァイン，ジェームズ　117
レヴィ＝ストロース，クロード　181, 206
レヴィタン，イサーク・イリイチ　21, 22
レーヴィナ，ロジーナ・ヤコヴレヴナ　117
〈夕べ。黄金のプリョース〉　21, 22
レーガン，ロナルド・ウィルソン　119
レーニン，ウラジーミル・イリイチ　21, 63, 85, 88, 90, 91, 99, 100, 132, 151
レーピン，イリヤ・エフィモヴィチ　カバー表, 21, 142, 143

〈ヴォルガの船曳〉 21
〈なんという広がりだ！〉 カバー表
〈予期せぬ帰宅〉 142
レーリッヒ，ニコライ・コンスタンチノヴィチ 37, 217
〈鳩の書〉 37
レールモントフ，ミハイル・ユーリエヴィチ 28, 29, 165, 172, 200, 230
『現代の英雄』 172, 200
「コーカサスのとりこ」 28
〈「コーカサスのとりこ」によせて〉 28
〈コビ付近の渓谷からのクレストーヴァヤ山の眺め〉 29
〈1840年 7 月11日ヴァレリク会戦のエピソード〉 29
レスコフ，ニコライ・セミョーノヴィチ 196
レニャーニ，ピエリーナ 115
レントゥーロフ，アリスタルフ・ワシーリエヴィチ カバー裏
〈鐘の音（イワン大帝の鐘楼）〉 カバー裏
ローザノフ，ワシーリー・ワシーリエヴィチ 62
ロスキー，ニコライ・オヌフリエヴィチ 5, 38
『ロシア民族の性格』 5, 38
ロストロポーヴィチ，ムスチスラフ・レオポルドヴィチ 102
ロトチェンコ，アレクサンドル・ミハイロヴィチ 95, 146
〈労働者クラブ〉 146
ロドニナ，イリーナ・コンスタンチノヴナ 222
ロトマン，ユーリー・ミハイロヴィチ 7
ロプシャンスキー，コンスタンチン・セルゲーエヴィチ 104
『死者の手紙』 104
ロマノフ，ミハイル 79
ロモノーソフ，ミハイル・ワシーリエヴィチ 161, 162
『ロシア文法』 162
ロンム，ミハイル・イリイチ 90
『十月のレーニン』 90

ワ 行

ワイリ，ピョートル・リヴォヴィチ 195
『60年代人』 195
ワシーリー 3 世 38, 78

写真・図版出典一覧

章　扉

第１章　沼野充義氏撮影。

第２章　国立東洋美術館（モスクワ）蔵。

第３章　*Kazimir Malevich in the Russian Museum*. St. Petersburg: State Russian Museum, Palace Editions, 2000.

第４章　Garafola, Lynn, and Nancy Van Norman Baer (eds.), *The Ballets Russes and Its World*. New Haven and London: Yale University Press, 1999.

第５章　*Мислер Н., Боулт Дж.Э.* Филонов. Аналитическое искусство. М., 1990.

第６章　*Сюткина* О., *Сюткин П.* Непридуманная история советской кухни. М., 2013.

第７章　「『ロマノフ王朝と近代日本』展」カタログ，印象社，2006年。

第１章

1

図１　ロシア国立文学芸術アーカイヴ（РГАЛИ）蔵。

図２　ソクーロフ監督『エルミタージュ幻想』（2002年）DVD。

図３　*Ерофеев В.* Энциклопедия русской души. М., 1999.

図４　ボンダルチュク監督，ソ連映画『戦争と平和』（1965-67年）DVD。

2

図１・４　長縄宣博氏撮影。

図２　ʻAbd al-Khaliq b. ʻAin al-Din Ahmerof. *Yapon muharabası yakhud Tatar saldatı*. Kazan: "Ürnäk" Matbaʻası, 1909.

図３　История татарского театра в плакатном искусстве. Казань, 2017.

3

図１　*Чаадаев П.Я.* Пол. соб. соч. и избранные письма. Т. 1. М., 1991.

図２　А.С. Хомяков - мыслитель, поэт, публицист. Т. 2. М., 2007.

図３　*N.S. Trubetzkoy's Letters and Notes*. Berlin and New York: Mouton, 1985.

4

図１～３　坂庭淳史氏撮影。

5

図１　伊藤薫氏作成。

図２　国立ロシア美術館蔵。

図３　トレチヤコフ美術館蔵。

6

図1　Российские железные дороги на старинной почтовой открытке. М., 2012.

図2　渡邊日日氏撮影。

図3　Bowlt, John E., Nicoletta Misler, Evgenia Petrova (eds.), *The Russian Avant-Garde Siberia and the East*. Milano: Skira, 2013.

7

図1～3　*Лермонтов М.Ю.* Пол. соб. соч. в 10 т. Т. 8. М., 2001.

図4・5　乗松亨平氏撮影。

8

図1　Harford, James. *Korolev: How One Man Masterminded the Soviet Drive to Beat America to the Moon*. NY et al.: John Wiley & Sons, 1997.

図2　平松潤奈氏撮影。

図3・4　Andrews, James T. *Red Cosmos: K.E. Tsiolkovskii, Grandfather of Soviet Rocketry*. Texas A&M University Press, 2009.

第2章

9

図1　*Рыбаков Б.А.* Язычество древних славян. М., 1981.

図2　*Бенуа А.Н.* Азбука в картинах. СПб., 1904.

図3　Народное искусство. Исследования и материалы. СПб., 1995.

図4　*Цявловская Т.Г.* Рисунки Пушкина. М., 1980.

10

図1～3　高橋沙奈美氏撮影。

11

図1・2　トレチヤコフ美術館蔵。

図3　Святая Русь. Большая энциклопедия русского народа. Русская икона и религиозная живопись. Т. 1-2. М., 2011 より筆者が構成。

図4　*Юхименко Е.М., Горшкова В.В.* Иконы все самые睡 пречудные, письма самого искусного. Собрание Григория Лепса. М., 2012.

図5　*Забылин М.* (сост.) Русский народ. Кн. 2. Суеверия, приметы, заговоры. М., 2005.

12

図1・3　熊野谷葉子氏撮影。

図2　国立ロシア美術館蔵。

13

図1　トレチヤコフ美術館蔵。

14

図1　*Порудоминский В.* Николай Ярошенко. М., 1979.

図2　*Паршин А.Н.* (ред.) Павел Александрович Флоренский. М., 2013.

図3　*Бердяев Н.А.* Субъективизм и индивидуализм в общественной философии. М., 2008.

図4　*Главацкий М.Е.* «Философский пароход»: год 1922-й. Екатеринбург, 2002.

15

図1　Cranston, Sylvia. *HPB: The Extraordinary Life and Influence of Helena Blavatsky, Founder of the Modern Theosophical Movement.* New York: G.P. Putnam's Sons, 1993.

図2　Wilson, Colin. *G.I. Gurdjieff: The War Against Sleep.* San Bernardino, Calif.: R. Reginald/Borgo Press, 1986.

図3　Sutcliffe, Mark (managing editor), Robert Timms (editor), Frank Althaus, Darya Lakha, (translation), *Nicholas & Alexandra: The Last Imperial Family of Tsarist Russia, from the State Hermitage Museum and the State Archive of the Russian Federation.* London: Booth-Clibborn Editions. New York: H.N. Abrams, 1998.

第3章

16

図1　Gilbert, Martin. *Imperial Russian History Atlas.* London: Routledge and Kegan Paul, 1978 から作成（栗生沢猛夫『図説　ロシアの歴史』河出書房新社，2010）。

図2～4　Лицевой летописный свод XVI века. Русская летописная история. М., 2010-2011 より（栗生沢猛夫『イヴァン雷帝の《絵入り年代記集成》』成文社，2019）。

17

図1　三浦清美氏撮影。

図2　*Флоря Б.* Иван Грозный. М., 2009.

図3　*Козляков В.* Лжедмитрий. М., 2009.

18

図1～4　土肥恒之『「死せる魂」の社会史――近世ロシア農民の世界』日本エディタースクール出版部，1989年。

19

図1　Родина-мать зовет! Плакаты Великой Отечественной войны. М., 2014.

図2　*Тарле Е.В.* Сочинения в двенадцати томах. Т. 1. М., 1957.

図3　1812-ый год в карикатуре. М., 1912.

図4　*Космодемьянская Л.* Повесть о Зое и Щуре. М., 1979.

図5　*Алексиевич С.* У войны не женское лицо... Минск, 1985.

20

図1～3　池田嘉郎氏撮影。

図4　*Юткевич С.*（ред.）Кино. Энциклопедический словарь. М., 1986.

21

図1　Kennan, George. *Siberia and the Exile System.* Vol. 2. New York: The Century Co., 1891.

図2・3　Scammell, Michael. *Solzhenitsyn: A Biography.* New York and London: W.W. Norton & Company, 1984.

図4　Applebaum, Anne. *Gulag: A History*. New York: Doubleday, 2003.

図5　Lavrentiev, Alexander. *Rodchenko: Photography, 1924-1954*. Köln: Köneman, 1995.

22

図1・2　Работница. 1925. № 4.

図3　*Коллонтай А.* Летопись моей жизни. М., 2004.

23

図1　*Корляков А.* (ред.) Великий русский исход. Paris: YMCA-Press, 2009.

図2・4　沼野恭子氏撮影。

図3　沼野充義氏撮影。

第4章

24

図1　*Крунтяева Т.С.* (сост.) Театр оперы и балета имени С. Кирова. Л., 1983.

図2　*Кузнецова А.И., Либсон В.Я.* Большой театр: история сооружения и реконструкция (2-е изд., доп.) М., 1995.

図3〜7　赤尾雄人氏撮影。

25

図1　Балетмейстер Мариус Петипа: статьи, исследования, размышления. Владимир, 2006.

図2　*Nijinsky Dancing*. New York: Alfred A. Knopf, 1975.

図3・5　Smakov, Gennady. *The Great Russian Dancers*. New York: Alfred A. Knopf, 1984.

図4　Анна Павлова, СПб., 2006.

26

図1・2・4　*Хентова С.* Вэн Клайберн. М., 1959.

図3・5　Isacoff, Stuart. *When the World Stopped to Listen: Van Cliburn's Cold War Triumph, and Its Aftermath*. New York: Alfred A. Knopf, 2017.

27

図1　神岡理恵子氏撮影。

図2　*Троицкий А.К.* Рок в Союзе: 60-е, 70-е, 80-е... М., 1991.

図3　Группа «Кино». Сингл из альбома «Начальник Камчатки». Мелодия, 1987.

28

図1　*Бубнова М.* Неизвестный Станиславский: материалы к постановкам, мотивы декораций, эскизы костюмов, гримы. М., 2018.

図2・4　Мейерхольд и художники. Изд. 2-е. М., 2015.

図3・5　Русский театр: 1824-1941. 2-е изд. М., 2006.

29

図1　Beumers, Birgit (ed.), *Directory of World Cinema: Russia 2*. Bristol: Intellect Books, 2015.

図2　O'Mahony, Mike. *Sergei Eisenstein*. London: Reaktion Books, 2008.

図3　Beumers, Birgit. *Directory of World Cinema: Russia*. Bristol: Intellect Books, 2011.

図4・5　*Аркус Л.* (ред.) Новейшая история отечественного кино. 1986–2000. Часть I. Кинословарь. Т. 1. СПб., 2001.

図6　Yampolsky, Mikhail. "Kuleshov's Experiments and the New Anthropology of the Actor," in Ian Christie and Richard Taylor (eds.), *Inside the Film Factory: New Approaches to Russian and Soviet Cinema*. London: Routledge, 1991.

30

図1　*Евграфов К.В.* Николай Крючков. М., 2003.

図2　*Сааков Ю.А.* Любовь Орлова и Григорий Александров. М., 2005.

図3　*Рязанов Э.А.* Грустное лицо комедии, или Наконец подведенные итоги. М., 2010.

図4　*Данелия Г.* Джентльмены удачи: киносценария. СПб., 2008.

図5　*Повицкий Е.И.* Леонид Гайдай. М., 2017.

31

図1　*Кукулин И., Липовецкий М.* (сост. и ред.) Веселые человечки: культурные герои советского детства. М., 2008.

図2　Katz, Maya Balakirsky. *Drawing the Iron Curtain: Jews and the Golden Age of Soviet Animation*. New Brunswick, N.J.: Rutgers University Press, 2016.

図3　井上徹『ロシア・アニメ――アヴァンギャルドからノルシュテインまで』東洋書店，2005年。

図4　土居伸彰『個人的なハーモニー――ノルシュテインと現代アニメーション論』フィルムアート社，2016年。

32

図1～5　*State Tretyakov Gallery Guidebook*. Moscow: Avant-Garde, 2000.

33

図1　*Хан-Магомедов С.О.* Супрематизм и архитектура: проблемы формообразования. М., 2007.

図2・4　河村彩氏撮影。

図3　Museum Tinguely, Barsel (ed.), *Tatlin: New Art for a New World*. Ostfildern: Hatje Cantz Verlag, 2012.

図5　*Хан-Магомедов С.О.* Конструктивизм: концепция формообразования. М., 2003.

34

図1　Современная архитектура. 1927. № 4–5.

図2・3　本田晃子氏撮影。

図4　Архитектура СССР. 1937. № 6.

35

図1～3　熊野谷葉子氏撮影。

第5章

36

図1　«Слово о полку Игореве». Памятники литературы и искусства XI-XVII веков. М., 1978.

図2　*Орлова Е.* Орест Адамович Кипренский. Альбом. М., 2014.

図3　古賀義顕氏撮影。

37

図1　Почтовая марка. К 200-летию со дня рождения А.С. Пушкина. 1999.

図2　*Цветаева М.* Сочинения в двух томах. М., 1980.

図3　*Лосев Л.* Иосиф Бродский. М., 2006.

図4　沼野充義氏撮影。

38

図1　*Толстой Л.Н.* Полное собрание сочинений в ста томах. Т. 3. М., 2007.

図2　*Достоевский Ф.М.* Полное собрание сочинений и писем в тридцати пяти томах. Т. 5. СПб., 2016.

図3　高橋知之氏撮影。

図4　*Толстой Л.Н.* Для чего люди одурманиваются? М., 1906.

39

図1・2　*Пушкин А.С.* Евгений Онегин. Иллюстрированное энциклопедическое издание. М., 2005.

図3・4　*Гончаров И.* Обломов. М., 1973.

40

図1　*Рыженков В.Ю.* Николай Евреинов в культурной жизни России и Зарубежья. СПб., 2013.

図2　*Булгаков М.А.* Собрание сочинений в 10 томах. Т. 6. Кабала святош. Пьесы. Роман. М., 1999.

41

図1・2・4　*Шкловский В.* «Еще ничего не кончилось...». М., 2002.

図3　*Moissej Nappelbaum (1869-1958). Portraits of Soviet Intellectual Life*. Berlin: Galerie Berinson, 2012.

42

図1　平松潤奈氏撮影。

図2　Siegel, Jerry (w), and Jim Mooney (a). "The World's Greatest Heroine!" *Supergirl Archives*. Vol. 2. New York: DC Comics, 2003.

図3　*Островский Н.* Как закалялась сталь. Рожденные бурей. М., 1951.

図4　*Островский Н.* Как закалялась сталь: роман. М., 1974.

43

図1　Bulatov, Erik. *Freiheit ist Freiheit - Freedom is Freedom*. Bielefeld: Kerber, 2006.

図2　松下隆志氏撮影。

図3　*Полотовский С., Козак Р.* Пелевин и поколение пустоты. М., 2012.

44

図1　*Рынин Н.* Межпланетные сообщения. Мечты, легенды и первые фантазии; Космические

корабли; Лучистая энергия. М., 2016.

図2　*Охотников В.* На грани возможного. М., 1947.

図3　*Рыбаков В.* Письмо живым людям. М., 2004.

45

図1　*Бранг П.* Звучащее слово. Заметки по теории и истории декламационного искусства в России. М., 2010.

図2　Беседы В.Д. Дувакина с М.М. Бахтиным. М., 1996.

図3　Троица Андрея Рублева. Антология. М., 1989.

図4　*Шатских А.* Казимир Малевич. М., 1996.

第6章

46

図1　*Воробьева Л.* Книга о вкусной и здоровой пище. М., 2014.

図2・3　沼野恭子氏撮影。

図4　Lubok: Russische Volksbilderbogen. Leningrad: Aurora-Kunstverlag, 1984.

47

図1・2　*Кручина Е.Н.* Водка: путеводитель. М., 2003.

図3・4　大西郁夫氏撮影。

48

図1　Nasmyth, Peter (ed.), *The Art Nouveau Dacha: Designs by Vladimir Story.* London: Mta Publications, 2009.

図2・3　アンナ・グーセワ氏撮影。

図4　Kabakov, Ilya and Emilia. *"Incident in the Museum" and Other Installations.* Bielefeld: Kunsthalle Bielefeld, 2004.

49

図1・5　Картина, стиль, мода. СПб., 2009.

図2　*Коршунова Т.Т.* Русский модельер. Надежда Ламанова. СПб., 2002.

図3・4　*Revolutionary Costume: Soviet Clothing and Textiles of the 1920s.* NY: Rizzoli Publications, 1989.

50

図1〜4　*Мельникова Н.Ю., Трескин А.В.* История физической культуры и спорта. М., 2017.

51

図1・3・4　鳩山紀一郎氏撮影。

図2・5　松村翼氏撮影。

第7章

52

図1　沢田和彦氏所蔵。

図２　Sirota Gordon, Beate. *The Only Woman in the Room*. Tokyo, New York, London: Kodansha International, 1997.

図３　『エリアナ・パブロバをふりかえる――没後六〇周年展』チャコット，2001年。

図４　『活動雑誌』第６巻12号，1920年12月。

図５　『きんきら五〇年　大阪外国語大学同窓会五〇周年記念誌』大阪外国語大学同窓会，1972年。

53

図１　待田晋哉氏撮影。

図２・３　中村健之介『ニコライ』ミネルヴァ書房，2013年。

54

図１　Lim, Susanna Soojung. *China and Japan in the Russian Imagination, 1685-1922: To the Ends of the Orient*. London, New York: Routledge, 2013.

図２　*Васильев А.* Русский интерьер в старинных фотографиях. М., 2008.

図３　*Киселев М.* Константин Коровин. М., 2000.

図４　Остроумова-Лебедева: художник и коллекционер. СПб., 2016.

図５　*Давыдова О.* Павел Кузнецов. М., 2000.

55

図１　*Тэдзука О.* Преступление и наказание. Екатеринбург, 2012.

図２　*Мураками Х.* 1Q84. Тысяча Невестьсот Восемьдесят Четыре. Книга 1. Апрель-июнь. Пер. с яп. Коваленин Д. М., 2018.

参考文献

▒ 第1章

1

沼野充義・望月哲男・池田嘉郎編集代表『ロシア文化事典』丸善出版，2019年。

Wierzbicka, Anna. *Semantics, Culture, and Cognition: Universal Human Concepts in Culture-Specific Configurations*. New York and Oxford: Oxford University Press, 1992.

ワシーリー・グロスマン『万物は流転する』齋藤紘一訳，亀山郁夫解説，みすず書房，2013年。

トルストイ『戦争と平和（全6巻)』藤沼貴訳，岩波文庫，2012-13年。

2

Norris, Stephen and Willard Sunderland (eds.), *Russia's People of Empire: Life Stories from Eurasia, 1500 to the Present*. Bloomington: Indiana University Press, 2012.

Riga, Liliana. *The Bolsheviks and the Russian Empire*. New York: Cambridge University Press, 2012.

テリー・マーチン『アファーマティヴ・アクションの帝国——ソ連の民族とナショナリズム，1923年～1939年』半谷史郎監修，明石書店，2011年。

塩川伸明『国家の構築と解体（多民族国家ソ連の興亡Ⅱ)』岩波書店，2007年。

3

ペー・ヤー・チャアダーエフ「哲学書簡」外川継男訳，『スラヴ研究』6，1962年。

勝田吉太郎『近代ロシヤ政治思想史　西欧主義とスラヴ主義』創文社，1961年。

チャールズ・クローヴァー『ユーラシアニズム　ロシア新ナショナリズムの台頭』越智道雄訳，NHK出版，2016年。

4

プーシキン『青銅の騎士　小さな悲劇』郡伸也訳，群像社，2002年。

ドミトリー・グルホフスキー『メトロ二〇三三（上・下)』小賀明子訳，小学館，2011年。

ヴィクトル・ペレーヴィン『宇宙飛行士オモン・ラー』尾山慎二訳，群像社，2010年。

大石雅彦『聖ペテルブルク』水声社，1996年。

Исупов К.Г. (сост.) Москва-Петербург: pro et contra. Диалог культур в истории национального самосознания. Антология. СПб., 2000.［イスーポフ，K. G. 編『モスクワ—ペテルブルク：プロとコントラ：国民意識の歴史における文化の対話：アンソロジー』］

5

「ヴォルガ」『新版　ロシアを知る事典』平凡社，2004年。

鳥山祐介「エカテリーナ期—ナポレオン戦争期のロシア詩の中のヴォルガ——「ロシアの母なる川」が誕生するまで——」望月哲男・前田しほ編『文化空間としてのヴォルガ』北海道大学スラブ研究センター，2012年。

「沿ヴォルガ」『ロシア文化事典』丸善出版，2019年。

6

加藤九祚『シベリアの歴史　新装版』紀伊國屋書店，2018年。

永山ゆかり・吉田睦編『アジアとしてのシベリア――ロシアの中のシベリア先住民世界』勉誠出版，2018年。

渡邊日日『社会の探究としての民族誌――ポスト・ソヴィエト社会主義期南シベリア，セレンガ・ブリヤート人に於ける集団範疇と民族的知識の記述と解析，準拠概念に向けての試論』三元社，2010年。

7

プーシキン「コーカサスの捕虜」川端香男里訳，『プーシキン全集（一）』河出書房新社，1973年。

木村崇・鈴木董・篠野志郎・早坂眞理編『カフカース――二つの文明が交差する境界』彩流社，2006年。

乗松亨平『リアリズムの条件――ロシア近代文学の成立と植民地表象』水声社，2009年。

8

冨田信之『ロシア宇宙開発史――気球からヴォストークまで』東京大学出版会，2012年。

S. G. セミョーノヴァ，A. G. ガーチェヴァ編『ロシアの宇宙精神』西中村浩訳，せりか書房，1997年。

スヴェトラーナ・セミョーノヴァ『フョードロフ伝』安岡治子・亀山郁夫訳，水声社，1998年。

コラム1

植田樹『コサックのロシア　戦う民族主義の先兵』中央公論新社，2000年。

土肥恒之『ステンカ・ラージン――自由なロシアを求めて』山川出版社，2002年。

Kornblatt, Judith Deutsch. *The Cossack Hero in Russian Literature: A Study in Cultural Mythology*. Madison: University of Wisconsin Press, 1992.

第2章

9

Славянская мифология. Энциклопедический словарь. М., 1995.［『スラヴ神話　百科事典』］

Вагурина Л.М. (сост.) Славянская мифология. Словарь-справочник. М., 2004.［ヴァグリナ，L. M. 編『スラヴ神話　事典・便覧』］

Капица Ф.С. (сост.) Славянская мифология. Справочник. М., 1999.［カピツァ，F. S. 編『スラヴ神話　便覧』］

Warner, Elizabeth. *Russian Myths*. London: The British Museum Press, 2002.

佐野洋子『ロシヤの神話――自然に息づく精霊たち』三弥井書店，2008年。

10

森安達也『近代国家とキリスト教』平凡社，2002年。

久松英二『ギリシア正教　東方の智』講談社，2012年。

オルガ・メドヴェドコヴァ『ロシア正教のイコン』黒川知文監修，遠藤ゆかり訳，創元社，2011年。

11

オルガ・メドヴェドコヴァ『ロシア正教のイコン』黒川知文監修，遠藤ゆかり訳，創元社，2011年。

Лазарев В.Н. Русская иконопись от истоков до начала XVI века. М., 2000. ［ラザレフ，V. N.『ロシア・イコン――始まりから16世紀初めまで』］

中沢敦夫・宮崎衣澄『暮らしの中のロシア・イコン』東洋書店（ユーラシアブックレット No. 176），2012年。

Тарасов О.Ю. Икона и благочестие: очерки иконного дела в императорской России. М., 1995. ［タラーソフ，O. Yu.『イコンと敬虔――帝政ロシアにおけるイコン』］

12

D. S. リハチョフ，A. M. パンチェンコ，N. V. ポヌィルコ『中世ロシアの笑い』中村喜和・中沢敦夫訳，平凡社，1989年。

ロシア・フォークロアの会なろうど編『ロシアの歳時記』東洋書店新社，2018年。

A. F. ネクルィローヴァ『ロシアの縁日――ペトルーシカがやってきた』坂内徳明訳，平凡社，1986年。

ミハイール・バフチーン『フランソワ・ラブレーの作品と中世・ルネッサンスの民衆文化』川端香男里訳，せりか書房，1974年。

13

阪本秀昭・中沢敦夫編著『ロシア正教古儀式派の歴史と文化』明石書店，2019年。

中村喜和『聖なるロシアを求めて――旧教徒のユートピア伝説』平凡社ライブラリー，2006年。

14

ピエール・パスカル『ロシア・ルネサンス』川崎浹訳，みすず書房，1980年。

『ソロヴィヨフ選集1　西欧哲学の危機』御子柴道夫訳，東宣出版，1973年。

ニコライ・ベルジャーエフ『ロシヤ思想史』田口貞夫訳，ぺりかん社，1974年。

『道標　ロシア革命批判論文集』長縄光男訳，現代企画室，1999年。

15

Carlson, Maria. *"No Religion Higher Than Truth": A History of The Theosophical Movement in Russia, 1875-1922.* Princeton, N.J.: Princeton University Press, 1993.

ジェイムズ・ムア『グルジェフ伝――神話の解剖』浅井雅志訳，平河出版社，2002年。

P. D. ウスペンスキー『奇蹟を求めて――グルジェフの神秘宇宙論』浅井雅志訳，平河出版社，1981年。

エドワード・ラジンスキー『真説 ラスプーチン（上・下）』沼野充義・望月哲男訳，NHK 出版，2004年。

フェリクス・ユスポフ『ラスプーチン暗殺秘録』原瓦全訳，青弓社，1994年。

コラム2

D. S. リハチョフ，A. M. パンチェンコ，N. V. ポヌィルコ『中世ロシアの笑い』中村喜和・中沢敦夫訳，平凡社，1989年。

Иванов С.А. Блаженные похабы: культурная история юродства. М., 2005. ［イワノフ，S. A.『おめでたい無礼者――聖愚の文化史』］

▩ 第3章

16

栗生沢猛夫『タタールのくびき』東京大学出版会，2007年。

栗生沢猛夫「〈ロシアとモンゴル〉覚書」『西洋史論集』（北海道大学大学院文学研究科西洋史研究室）11，2008年。

ハルパリン『ロシアとモンゴル』中村正巳訳，図書新聞，2008年。

浜由樹子『ユーラシア主義とは何か』成文社，2010年。

17

三浦清美『ロシアの源流』講談社選書メチエ，2003年。

18

Семевский В.И. Крестьяне в царствование имп. Екатерины Ⅱ. Т. 1. СПб., 1882(2 изд. 1903); Т. 2. СПб., 1901. ［セメフスキー，V. I.『女帝エカテリーナ２世治世下の農民』］

Громыко М.М. Мир русской деревни. М., 1991. ［グロムイコ，M. M.『ロシア農民の世界』］

Moon, David. *The Russian Peasantry 1600-1930.* London: Longman, 1999.

土肥恒之「なぜ農民の歴史を学ぶのか」『一橋論叢』103巻４号，1990年（『ロシア社会史の世界』日本エディタースクール出版部，2010年所収）。

土肥恒之「移住と定住のあいだ――近世ロシア農民再考」『一橋論叢』122巻４号，1999年。

鈴木健夫『帝政ロシアの共同体と農民』早稲田大学出版部，1990年。

鈴木健夫『近代ロシアと農村共同体』創文社，2004年。

青木恭子「帝政ロシアの移住農民家族とアジアロシア植民事業」『富山大学人文学部紀要』第65号，2016年。

マクシム・ゴーリキー「ロシアの農民について」松井俊和訳，『札幌国際大学紀要』第32号，2001年。

ニコラス・ワース『ロシア農民生活誌，1917-1939年』荒田洋訳，平凡社，1985年。

奥田央編『20世紀ロシア農民史』社会評論社，2006年。

19

Мельникова Л.В. и др. Отечественная война 1812 года в культурной памяти России. М., 2012. ［メリニコワ，L. V. 他『ロシアの文化的記憶における1812年祖国戦争』］

高山陽子・越野剛編『紅い戦争のメモリースケープ――旧ソ連・東欧・中国・ベトナム』北海道大学出版会，2019年。

Tumarkin, Nina. *The Living and the Dead: The Rise and Fall of the Cult of World War II in Russia.* New York: Basic Books, 1994.

20

池田嘉郎「記憶の中のロシア革命――ロンム『十月のレーニン』とスターリン時代の革命映画」塩川伸明・小松久男・沼野充義編『記憶とユートピア（ユーラシア世界・三）』東京大学出版会，2012年。

池田嘉郎「総説　ロシア革命とは何だったのか」池田嘉郎責任編集『世界戦争から革命へ（ロシア革命とソ連の世紀・一）』岩波書店，2017年。

Завалишин Д. И. Записки декабриста Д. И. Завалишина. В двух томах. München: Dr. J.

Marchlewski & Co., 1904. ［ザヴァリシン，D. I.『デカブリスト，D. I. ザヴァリシンの手記』］
21
アン・アプルボーム『グラーグ――ソ連集中収容所の歴史』川上洸訳，白水社，2006年。
Alexopoulos, Golfo. *Illness and Inhumanity in Stalin's Gulag*. New Haven: Yale University Press, 2017.
Barnes, Steven A. *Death and Redemption: The Gulag and the Shaping of Soviet Society*. Princeton: Princeton University Press, 2011.
Khlevniuk, Oleg V. *The History of the Gulag: From Collectivization to the Great Terror*. Trans. Vadim A. Staklo, New Haven: Yale University Press, 2004.
Саломон А.П. Ссылка в Сибирь: очерк ее истории и современного положения. СПб., 1900. ［サロモン，A. P.『シベリア流刑：歴史・現状概説』］
22
高柳聡子『ロシアの女性誌――時代を映す女たち』群像社，2018年。
アンナ・イトキナ『革命家・雄弁家・外交官――ロシア革命に生きたコロンタイ』中山一郎訳，大月書店，1971年。
Stites, Richard. *The Women's Liberation Movement in Russia: Feminism, Nihilism and Bolshevism, 1860-1930*. Princeton and New Jersey: Princeton University Press, 1978.
Goldman, Wendy Z. *Women, the State & Revolution: Soviet Family Policy & Social Life, 1917-1936*. Cambridge: Cambridge University Press, 1993.
23
沼野充義『徹夜の塊　亡命文学論』作品社，2002年。
諫早勇一『ロシア人たちのベルリン　革命と大量亡命の時代』東洋書店，2014年。
Karlinsky, Simon and Alfred Appel, Jr. (eds.), *The Bitter Air of Exile: Russian Writers in the West 1922-1972*. Berkley: University of California Press, 1977.
Raeff, Marc. *Russia Abroad: A Cultural History of the Russian Emigration 1919-1939*. New York and Oxford: Oxford University Press, 1990.

第4章

24
ジェームズ・バクスト『ロシア・ソヴィエト音楽史』森田稔訳，音楽之友社，1971年。
森田稔『永遠の「白鳥の湖」――チャイコフスキーとバレエ音楽』新書館，1999年。
矢沢栄一『帝政ロシアの農奴劇場』新時代社，2001年。
Morrison, Simon. *Bolshoi Confidential: Secret of the Russian Ballet from the Rule of the Tsars to Today*. New York: Liveright, 2016. ［サイモン・モリソン『ボリショイ秘史――帝政期から現代までのロシア・バレエ』（赤尾雄人監訳，加藤裕理・斎藤慶子訳，白水社，2021年）］
25
鈴木晶『踊る世紀』新書館，1994年。
赤尾雄人『これがロシア・バレエだ！』新書館，2010年。

26

梅津紀雄「芸術音楽から見たソ連　雪どけ期のショスタコーヴィチを中心に」浅岡善治・中嶋毅責任編集『ロシア革命とソ連の世紀４　人間と文化の革新』岩波書店，2017年。

ナイジェル・クリフ『ホワイトハウスのピアニスト　ヴァン・クライバーンと冷戦』松村哲哉訳，白水社，2017年。

半谷史郎「チャイコフスキー・コンクールの政治力学　対外文化政策の一事例として」『愛知県立大学大学院国際文化研究科論集』第16号，2015年。

Isacoff, Stuart. *When the World Stopped to Listen: Van Cliburn's Cold War Triumph, and Its Aftermath*. New York: Alfred A. Knopf, 2017.

Tomoff, Kiril. *Virtuosi Abroad: Soviet Music and Imperial Competition during the Early Cold War, 1945-1958*. Ithaca: Cornell University Press, 2015.

Хентова С. Вэн Клайберн. М., 1959.［ヘーントワ，S.『ヴァン・クライバーン』］

27

アルテーミー・トロイツキー『ゴルバチョフはロックが好き？　ロシアのロック』菅野彰子訳，晶文社，1991年。

ティモシー・ライバック『自由・平等・ロック』水上はるこ訳，晶文社，1993年。

四方宏明『共産テクノ　ソ連編』合同会社パブリブ，2016年。

アレクセイ・ユルチャク『最後のソ連世代――ブレジネフからペレストロイカまで』半谷史郎訳，みすず書房，2017年。

神岡理恵子「Ｒポップ・ロックの世界へようこそ！――ロシアのポップス・ロック小史」『NHK ラジオ まいにちロシア語』NHK 出版，2020年４月号～11月号（2021年３月号まで連載）。

Кушнир А. 100 магнитоальбомов советского рока. 1977-1991: 15 лет подпольной звукозаписи. М., 2003（1990).［クシニル，A.『ソヴィエト・ロックのカセットアルバム100選　1977-1991：アンダーグラウンド・レコーディングの15年』］

28

スタニスラフスキー『芸術におけるわが生涯（上・中・下)』蔵原惟人・江川卓訳，岩波文庫，2008年。

コンスタンチン・スタニスラフスキー『俳優の仕事――俳優教育システム（第一～三部)』岩田貴・堀江新二他訳，未來社，2008-2009年。

フセヴォロド・メイエルホリド『メイエルホリド・ベストセレクション』諫早勇一他訳，作品社，2001年。

エドワード・ブローン『メイエルホリド――演劇の革命』浦雅春・伊藤愉訳，水声社，2008年。

29

大石雅彦・田中陽編『ロシア・アヴァンギャルド３　キノ――映像言語の創造』国書刊行会，1994年。

アンドレ・バザン『映画とは何か（上・下)』野崎歓・大原宣久・谷本道昭訳，岩波書店，2015年。

Yampolsky, Mikhail. “Kuleshov's Experiments and the New Anthropology of the Actor,” in Ian Christie and Richard Taylor（eds.), *Inside the Film Factory: New Approaches to Russian and Soviet Cinema*. London: Routledge, 1991.

30

Stites, Richard. *Russian Popular Culture. Entertainment and Society since 1900.* Cambridge University Press, 1992.

田中まさき「ソ連時代後半の娯楽映画——リャザーノフの挑戦」浅岡善治・中嶋毅責任編集『ロシア革命とソ連の世紀４　人間と文化の革新』岩波書店，2017年。

31

井上徹『ロシア・アニメ——アヴァンギャルドからノルシュテインまで』東洋書店，2005年。

クレア・キッソン『『話の話』の話　アニメーターの旅——ユーリー・ノルシュテイン』小原信利訳，未知谷，2008年。

佐藤千登勢『チェブラーシカ』東洋書店，2010年。

土居伸彰『個人的なハーモニー——ノルシュテインと現代アニメーション論』フィルムアート社，2016年。

32

籾山昌夫『レーピンとロシア近代絵画の煌めき』東京美術，2018年。

『忘れえぬロシア——リアリズムから印象主義へ　国立トレチャコフ美術館展』アートインプレッション，2009年。

上野理恵「移動展派の創作における個の問題——クラムスコイとレーピンの作品を中心に」『慶應義塾大学日吉紀要，人文科学』2008年。

Ely, Christopher. *This Meager Nature: Landscape and National Identity in Imperial Russia.* Dekalb: Northern Illinois University Press, 2002.

Стернин Г.Ю. Художественная жизнь России второй половины XIX века 70-80-е годы. М., 1997［ステルニン，G. Yu.『19世紀後半1870-80年代のロシアの芸術生活』］

33

J. E. ボウルト編著『ロシア・アヴァンギャルド芸術』川端香男里・望月哲男・西中村浩訳，岩波書店，1988年。

『ロシア・アヴァンギャルド（一～八）』国書刊行会，1988-95年。

桑野隆『夢みる権利　ロシア・アヴァンギャルド再考』東京大学出版会，1996年。

亀山郁夫『ロシア・アヴァンギャルド』岩波書店，1996年。

Ракитин В.И., Сарабьянов А.Д. Энциклопедия русского авангарда. Т. 1-4. М., 2014.［ラキーチン，V. I., サラビヤノフ，A. D.『ロシアアヴァンギャルド事典』］

Gray, Camilla. *The Russian Experiment in Art, 1863-1922.* London: Thames and Hudson, 1986.

The Great Utopia: The Russian and Soviet Avant-garde, 1915-1932. New York: Guggenheim Museum, 1992.

34

本田晃子『天体建築論——レオニドフとソ連邦の紙上建築時代』東京大学出版会，2014年。

八束はじめ『ロシア・アヴァンギャルド建築（増補版）』LIXIL 出版，2015年。

Paperny, Vladimir. *Architecture in the Age of Stalin: Culture Two.* Cambridge: Cambridge University Press, 2002.

Хмельницкий Д. Архитектура Сталина: психология и стиль. М., 2007.［フメリニツキー，D.『スターリン建築――心理と様式』］

35

スヴェトラーナ・ゴロジャーニナ『ロシアのマトリョーシカ』有信優子訳，スペースシャワーブックス，2013年。

熊野谷葉子「マトリョーシカのルーツを探して（1）～（12）」ロシア・フォークロアの会会報『なろうど』56-76号，2008-2019年。

▒ 第5章

36

G. O. ヴィノクール，石田修一編著『ロシア語の歴史』吾妻書房，1996年。

佐藤純一『ロシア語史入門』大学書林，2012年。

中沢敦夫『ロシア古文鑑賞ハンドブック』群像社，2011年。

中村喜和編訳『ロシア中世物語集』筑摩書房，1970年。

米川正夫訳『ドストエフスキー全集14　作家の日記（上）』河出書房新社，1970年。

Виноградов В.В. Очерки по истории русского литературного языка XVII-XIX веков. Изд. 3-е. М., 1982.［ヴィノグラードフ，V. V.『17-19世紀ロシア標準語史概説』］

Молдован А.М. (ред.) Русский язык: энциклопедия. М., 2020.［モルドヴァン，A. M. 編『ロシア語百科事典』］

Comrie, Bernard, Gerald Stone & Maria Polinsky. *The Russian Language in the Twentieth Century*. 2nd edition. Oxford, New York: Clarendon Press, 1996.

37

中沢敦夫『ロシア詩鑑賞ハンドブック』群像社，2005年。

沼野充義『永遠の一駅手前　現代ロシア文学案内』作品社，1989年。

Bristol, Evelyn. *A History of Russian Poetry*. New York, Oxford: Oxford University Press, 1991.

38

高橋知之『ロシア近代文学の青春――反省と直接性のあいだで』東京大学出版会，2019年。

Morson, Gary Saul. *Narrative and Freedom: The Shadows of Time*. New Haven: Yale University Press, 1994.

Morson, Gary Saul. “Tradition and Counter-tradition: The Radical Intelligentsia and Classical Russian Literature,” in William Leatherbarrow and Derek Offord (eds.), *A History of Russian Thought*. Cambridge: Cambridge University Press, 2010.

39

ドストエーフスキイ「プーシキン論」『作家の日記（6）』米川正夫訳，岩波文庫，1959年。

ドブロリューボフ『オブローモフ主義とは何か？　他一編』金子幸彦訳，岩波文庫，1975年。

トルストイ「訓育と教育」『トルストイ全集（17）』中村融訳，河出書房新社，1973年。

40

Евреинов Н.Н. Самое главное. Ревель, 1921.［エヴレイノフ，N. N.『もっとも重要なこと』］

ミハイル・ブルガーコフ『新装版ブルガーコフ戯曲集Ⅰ・Ⅱ』（日露演劇会議叢書），村田真一監訳，秋月準也・大森雅子・佐藤貴之訳，東洋書店新社，2017年。

Pirandello, Luigi. *Maschere nude,* a cura di Alessandro D'Amico, volume secondo, Opere di Luigi Pirandello, nuova edizione, diretta da Giovanni Macchia, Arnoldo Mondadori Editore, Milano, 1993.［ピランデッロ，L.『むき出しの仮面』］

41

ミシェル・オクチュリエ『ロシア・フォルマリズム』桑野隆・赤塚若樹訳，白水社，1995年。

桑野隆『言語学のアヴァンギャルド――ボードアン・ド・クルトネからロシア・フォルマリズムへ』水声社，2021年。

佐藤千登勢『シクロフスキー――規範の破壊者』南雲堂フェニックス，2006年。

山口巌『パロールの復権――ロシア・フォルマリズムからプラーグ言語美学へ』ゆまに書房，1999年。

貝澤哉・野中進・中村唯史編『再考ロシア・フォルマリズム――言語・メディア・知覚』せりか書房，2012年。

42

浦雅春「社会主義と文学――社会主義リアリズムの消滅」川端香男里・中村喜和・望月哲男編『スラブの文化』弘文堂，1996年。

スーザン・バック－モース『夢の世界とカタストロフィ――東西における大衆ユートピアの消滅』堀江則雄訳，岩波書店，2008年。

Clark, Katerina. *The Soviet Novel: History as Ritual.* Bloomington and Indianapolis: Indiana University Press, 1981.

Kaganovsky, Lilya. *How the Soviet Man Was Unmade: Cultural Fantasy and Male Subjectivity under Stalin.* Pittsburgh: University of Pittsburgh Press, 2008.

43

乗松亨平『ロシアあるいは対立の亡霊――「第二世界」のポストモダン』講談社選書メチエ，2015年。

松下隆志『ナショナルな欲望のゆくえ――ソ連後のロシア文学を読み解く』共和国，2020年。

ボリス・グロイス『全体芸術様式スターリン』亀山郁夫・古賀義顕訳，現代思潮新社，2000年。

Epstein, Mikhail N. *After the Future: The Paradoxes of Postmodernism and Contemporary Russian Culture.* Trans. with an introduction by Anesa Miller-Pogacar. Amherst: The University of Massachusetts Press, 1995.

44

宮風耕治『ロシア・ファンタスチカ（SF）の旅』東洋書店，2006年。

沼野充義『徹夜の塊　ユートピア文学論』作品社，2003年。

深見弾編『ロシア・ソビエトSF傑作集（上・下）』東京創元社，1979年。

Clark, Katerina. *The Soviet Novel: History as Ritual.* Bloomington and Indianapolis: Indiana University Press, 1981.

Howell, Yvonne. *Apocalyptic Realism: The Science Fiction of Arkady and Boris Strugatsky.* New York: Peter Lang, 1994.

45
貝澤哉『引き裂かれた祝祭――バフチン・ナボコフ・ロシア文化』論創社，2008年。
坂口ふみ『〈個〉の誕生――キリスト教教理をつくった人びと』岩波書店，1996年。
ツヴェタン・トドロフ『ミハイル・バフチン――対話の原理』大谷尚文訳，法政大学出版局，2001年。
Billington, James H. *The Face of Russia: Anguish, Aspiration, and Achievement in Russian Culture.* New York: TV Books, 1998.
Mihailovic, Alexandar. *Corporeal Words: Mikhail Bakhtin's Theology of Discourse.* Evanston: Northwestern University Press, 1997.
コラム5
川端香男里編『ロシア文学史』東京大学出版会，1986年。
ユーリー・ミハイロヴィチ・ロートマン『ロシア貴族』桑野隆・望月哲男・渡辺雅司訳，筑摩書房，1997年。
Emerson, Caryl. *The Cambridge Introduction to Russian Literature.* Cambridge: Cambridge University Press, 2008.
Kahn, Andrew et al. *A History of Russian Literature.* Oxford: Oxford University Press, 2018.
Reyfman, Irina. *Ritualized Violence Russian Style: The Duel in Russian Culture and Literature.* Stanford: Stanford University Press, 1999.

第6章

46
沼野充義・沼野恭子『世界の食文化⑲ロシア』農山漁村文化協会，2006年。
沼野恭子『ロシア文学の食卓』日本放送出版協会，2009年。
ロバート・アーネスト・フレデリック・スミス，デーヴィド・クリスチャン『パンと塩――ロシア食生活の社会経済史』鈴木健夫・斎藤君子・豊川浩一訳，平凡社，1999年。
クロード・レヴィ＝ストロース『神話論理Ⅰ　生のものと火を通したもの』早水洋太郎訳，みすず書房，2006年。
Похлебкин В.В. Большая энциклопедия кулинарного искусства. Все рецепты. М., 2002.［ポフリョプキン，V. V.『食文化大百科事典――全レシピ』］
47
沼野充義・沼野恭子『世界の食文化⑲ロシア』農山漁村文化協会，2006年。
パトリシア・ハーリヒー『ウォッカの歴史』大山晶訳，原書房，2019年。
Christian, David. *'Living Water': Vodka and Russian Society on the Eve of Emancipation.* Oxford: Clarendon Press, 1990.
Кручина Е.Н. Водка: путеводитель. М., 2003.［クルーチナ，E. N.『ウォッカ：ガイドブック』］
Куркин И.В., Никулина Е.А. «Государево кабацкое дело»: очерки питейной политики и традиций в России. М., 2005.［クールキン，I. V.，ニクーリナ，E. A.『国家専売所事業――ロシアにおける飲酒政策と伝統の探訪』］

48

Nasmyth, Peter (ed.), *The Art Nouveau Dacha: Designs by Vladimir Story*. London: Mta Publications, 2009.

49

Васильев А. Русская мода. 150 лет в фотографиях. М., 2012.［ワシーリエフ，A.『ロシア・ファッション　写真で見る150年』］

Картина, стиль, мода.（Русский музей）СПб., 2009.［『絵画・様式・ファッション』］

Zaletova, Lidya, Fabio Ciofi degli Atti, Franco Panzini, and others. *Revolutionary Costume: Soviet Clothing and Textiles of the 1920s*. NY: Rizzoli Publications, 1989.

深井晃子監修『世界服飾史』美術出版社，1998年。

50

里見悦郎『最新ソビエトスポーツ研究――その歴史と制度』不昧堂出版，1991年。

ジェームス・リオーダン『ソビエトのスポーツ――ロシアとソビエト社会主義共和国連邦における体育・スポーツの発達』藤原健固訳，道和書院，1979年

Мельникова Н.Ю., Трескин А.В. История физической культуры и спорта. М., 2017.［メリニコワ，N. Iu., トレスキン，A. V.『体育とスポーツの歴史』］

O'Mahony, Mike. *Sport in the USSR: Physical Culture — Visual Culture*. London: Reaktion Books, 2006.

51

モスクワ地下鉄ウェブサイト　https://www.mosmetro.ru/press/digits/

モスクワ市長公式サイト　https://www.mos.ru/news/item/70346073/

モスクワ市投資ポータルウェブサイト　https://investmoscow.ru/investor-guide/opportunities-for-investment/ppp/

モスクワ市交通公社ウェブサイト　https://www.mosgortrans.ru/tram/newtraws/

第7章

52

沢田和彦『白系ロシア人と日本文化』成文社，2007年。

ポダルコ・ピョートル『白系ロシア人とニッポン』成文社，2010年。

『異郷に生きる　来日ロシア人の足跡（シリーズ全6巻)』成文社，2001-16年。

53

Дневник святого Николая Японского в 5 томах. СПб., 2004.［『聖ニコライ・日本の全日記』全5巻］

ニコライ（カサートキン）『宣教師ニコライの全日記（全9巻)』中村健之介他訳，教文館，2007年。

ニコライ『ニコライの日記――ロシア人宣教師が生きた明治日本（上・中・下)』中村健之介編訳，岩波文庫，2011年。

ニコライ『ニコライの見た幕末日本（原題訳は「キリスト教宣教団から見た日本｣)』中村健之介訳・註解，講談社学術文庫，1979年。

ニコライ『明治の日本ハリストス正教会——ニコライの報告書』中村健之介訳，教文館，1993年。

『教会報知』『正教報知』『正教時報』（いずれも「日本ハリストス正教会」の機関誌。ニコライの日記 1880・11・18参照）

石川喜三郎編『日本正教伝道誌』日本正教会編集局，1901年。

柴山準行編『大主教ニコライ師事蹟』日本ハリストス正教会総務局，1937年。

日本ハリストス正教会教団『正教会の手引き』2004年。

長縄光男『ニコライ堂の人びと——日本近代史のなかのロシア正教会』現代企画室，2000年。

中村健之介・中村悦子『ニコライ堂の女性たち』教文館，2003年。

中村健之介『宣教師ニコライとその時代』講談社現代新書，2012年。

中村健之介『ニコライ』日本評伝選，ミネルヴァ書房，2013年。

ポズニェーエフ『明治日本とニコライ大主教』中村健之介訳，講談社，1986年

54

ワシーリー・モロジャコフ『ジャポニスムのロシア——知られざる日露文化関係史』藤原書店，2011年。
上野理恵『ジャポニスムから見た日本美術』東洋書店，2005年。
Николаева Н. Япония-Европа: диалог в искусстве. Середина XVI - начало XX века. М., 1996.［ニコラエワ，N.『日本・ヨーロッパ』］
Завьялова А. Мир искусства. Японизм. М., 2014.［ザヴィヤロワ，A.『芸術世界　ジャポニスム』］

55

松本健一『ドストエフスキイと日本人』朝日新聞社，1975年。

井桁貞義『ドストエフスキイと日本文化——漱石・春樹，そして伊坂幸太郎まで』教育評論社，2011年。

Коваленин Д. Суси Нуар. Занимательное муракамиЕдение. 2004.［コワレーニン，D. Sushi-Noir／スシ・ノワール　心躍るムラカ「味」読］